I0118950

www.ingramcontent.com/pod-product-compliance
Lightning Source LLC
Chambersburg PA
CBHW052126270326
41930CB00012B/2781
* 9 7 8 3 9 4 4 1 9 1 9 6 6 *

داستان ناتمام
مادران و خانواده‌های خاوران؛

سه دهه جست‌وجوی حقیقت و عدالت

عدالت برای ایران

Justice
For Iran
عدالت برای ایران

داستان ناتمام
مادران و خانواده‌های خاوران؛
سه دهه جست‌وجوی حقیقت و عدالت

تحقیق و تدوین: مریم حسین‌خواه
مدیر پروژه: شادی صدر

ویراست اول: شهریور ۱۳۹۴

طرح روی جلد: منیرا
صفحه‌آرایی: نشر آیدا، آلمان
ناشر: عدالت برای ایران

سایت اینترنتی عدالت برای ایران: www.justiceforiran.org
پست الکترونیکی: info@justiceforiran.org

ISBN 978-3-944191-96-6

قدردانی

از **شادی امین**، که به عنوان مشاور، همراه این تحقیق بود و بررسی و مرور نهایی محتوای گزارش را برعهده داشت، **صفیه تورای** که بخشی از تحقیق حقوقی این کار را انجام داد، **رها بحرینی** که از نظراتش در زمینه حقوق بین‌الملل راجع به قربانیان نقض شدید حقوق بشر استفاده کردیم، **لیلا نبوی** که کار سخت شنیدن و پیاده کردن تمامی مصاحبه‌ها و فیلم‌های مادران خاوران را انجام داد، **پروفسور پیام اخوان**، دکتر احمد شهید و **پروفسور نایجل رادلی** که در زمینه ناپدیدشدگان قهری به ما مشاوره حقوقی دادند، تمامی **مادران و خانواده‌های خاوران** که به ما اعتماد کردند و از سخت‌ترین تجارب زندگی‌شان گفتند، به خصوص از تمامی کسانی که در ایران، خطرات امنیتی را به جان خریدند، تا صدای عزیزان‌شان بلندتر به گوش برسد، و به ویژه از تمام خانواده‌ها و بازماندگانی که با ثبت و گزارش‌دهی وقایع، منبع اطلاعاتی بسیار ارزشمندی را در اختیار قرار داده‌اند، کمال سپاسگزاری را داریم. این کار، بدون همراهی و همکاری هر یک از این عزیزان ممکن نبود. هرچند مسئولیت کاستی‌ها و نقائص احتمالی آن با «عدالت برای ایران» است.

عدالت برای ایران که در تیرماه ۱۳۸۹ کار خود را آغاز کرد، یک سازمان حقوق بشری غیردولتی غیرانتفاعی است.

هدف عدالت برای ایران، پاسخگو کردن مقامات جمهوری اسلامی در برابر اعمال‌شان و مبارزه با مصونیتی است که در حال حاضر، مقامات جمهوری اسلامی را قادر به نقض گسترده حقوق شهروندان خود می‌کند.

عدالت برای ایران، در جست‌وجوی حقیقت و دستیابی به عدالت به خصوص در مورد اقلیت‌های ملیتی و مذهبی، همجنسگرایان و ترنسجندرها، زنان، و کسانی که به دلیل عقاید سیاسی‌شان تحت تعقیب قرار می‌گیرند است.

برای تحقق این اهداف، عدالت برای ایران دست به مستندسازی و تحقیق می‌زند و علیه ناقضان حقوق بشر به طرح دعوی حقوقی می‌پردازد. همچنین آگاه کردن افکار عمومی و نیز نهادهای بین‌المللی مانند سازمان ملل نیز یکی دیگر از فعالیت‌های این سازمان است.

یک هفته بعد، ما به خاوران رفتیم. حدود ۱۲ یا ۱۳ نفـر بـودیم. بیشتر مادر بودند و خواهرهای بزرگ ما. دیدیم که خیلی عوض شده. از قسمت بالا وارد شدیم و دیدیم که پلاستیک‌های سیاه رنگی از زیر خاک زده بیرون. کلاغ‌های زیادی روی زمین بودند. تکه‌های لباس از زیر خاک زده بیرون. ما گیج و منـگ بـودیم. یعنی این‌ها بچه‌های ما هستند؟ اینها عزیزان مـا هـستند کـه این‌جوری انداختن‌شون توی این کانال‌ها؟ یعنی امکان داره کـه یک همچین بلایی سر این بچه‌ها آورده باشند. خانواده‌ها دیگر حالت عادی نداشتند، به خصوص مادرها. شروع کردند زمین را با چنگ کندن. من چون سنم کم بود نمی‌دونستم بایـد چکـار کنم. از یک طرف می‌ترسـیدم کـه صـحنه‌ای رو ببیـنم. فکـر می‌کردم شاید اولین نفر [برادرم] هیبت باشـه. مـادرم دسـت کشید، یک تکه شلوار کرم‌رنگ از زیر زمین کشید بیرون گفت خاطره بیا کمکم کن، هیبت رو پیـدا کـردم. کـشیدمش، فکـر کردم راست می‌گه، دیدم جدا شد، از همدیگه جدا شـد، تکـه تکه شد، گفتم نکنیم این کار رو، نکَنیم. زمین، تمام، تکـه بـه تکه، روی هم روی هم انداخته بودند... یه تکه دست، یه تکـه... فقط اون‌جا یکی از مادرها شاید عاقلانه برخورد کرد با اون همه فشاری که بهش بود گفت نکنید، این بچه‌ها با هم بودند، بذارید با هم باشند، کنار هم باشند. فقط کمـک کنیـد خـاک بریـزیم روشون، کلاغ‌ها از این بیشتر...[1]

---

[1] شهادت خاطره معینی در مقابل کمیسیون حقیقت یاب در اجلاس ایران تریبونال.

فهرست

خلاصه

هزاران زندانی سیاسی که عضو یا هوادار سازمان‌های سیاسی مخالف یا منتقد جمهوری اسلامی بودند، در دهه ۶۰ بدون برخورداری از حق محاکمه منصفانه و عادلانه به اتهام محاربه و ارتداد در زندان‌های جمهوری اسلامی ایران اعدام شدند. با وجود این‌که از همان روزهای نخست پس از اعدام‌ها در سال ۱۳۶۰ هرگونه اعتراض به این کشتارها یا اطلاع‌رسانی دربارهٔ آن به شدت مجازات می‌شد، خانوادهٔ اعدام‌شدگان و به‌ویژه مادران و خانوادهٔ زندانیان سیاسی طیف چپِ اعدام شده در زندان‌های تهران که به «مادران و خانواده‌های خاوران» معروف هستند، در بیش از سه دهه گذشته با استفاده از تمامی مجاری ممکن برای دادخواهی و پیگیری سرنوشت قربانیان تلاش کرده‌اند. همچنین در شرایطی که حکومت، هرگونه اطلاع-رسانی رسمی و عمومی دربارهٔ اعدام هزاران زندانی سیاسی در تابستان ۱۳۶۷ را ممنوع کرده و حاضر به پذیرفتن مسئولیت این اعدام‌ها نبود، مادران خاوران توانستند با کشف گورهای دسته‌جمعی در خاوران و اطلاع‌رسانی دربارهٔ آن، سندی محکم و غیرقابل انکار مبنی بر کشتار مخفیانه زندانیان سیاسی ارائه کنند.

تحقیق پیش رو که بر اساس مطالعهٔ ادبیات موجود در این زمینه، اسناد حقوقی بین‌المللی و مصاحبه با ۲۱ تن از خانواده قربانیان اعدام‌های مخفیانه و مطلعان انجام شده، از یک سو به دنبال پاسخ به این سوال است که آیا می‌توان قربانیان کشتار زندانیان سیاسی در دهه ۶۰ را در زمره «ناپدید شدگان قهری» به شمار آورد؟ و از سوی دیگر بررسی حقوق خانواده اعدام‌شدگان در قوانین بین‌المللی و مسئولیت حکومت در برابر آنها را در دستور کار قرار داده است.

درحالی‌که پژوهش‌های پیشین انجام شده از سوی سازمان و نهادهای حقوق بشری، ثابت کرده بودند که اعدام زندانیان سیاسی دهه ۶۰ در ایران در زمره «جنایت علیه بشریت» و «نقض فاحش و گسترده حقوق بشر» به شمار می‌روند. تحقیقات عدالت برای ایران نشان می‌دهد که اکثر قربانیان این دهه بر اساس تعاریف حقوق بین‌الملل و به دلیل بازداشت خودسرانه از سوی نیروهای دولتی یا شبه دولتی، پنهان‌کاری در مورد سرنوشت و مکان آنها در دوران بازداشت و پس از اعدام و خارج کردن آنها از حمایت قانون، در زمره «ناپدیدشدگان قهری» محسوب می‌شوند.

علاوه بر زندانیان سیاسی اعدام و ناپدید شده، خانواده‌های آنها نیز به سبب آنچه بر عزیزان‌شان گذشته و آنچه خودشان پس از اعدام آنها و به‌ویژه در فرآیند دادخواهی تجربه کرده‌اند، جزو قربانیان نقض حقوق بشر محسوب می‌شوند. بر

همین مبنا دولت وظیفه دارد براساس تعهدات بین‌المللی خود نسبت به «احقاق حق»[1] آنها اقدام کند و حق‌شان را برای «دانستن حقیقت»، «برخورداری از عدالت» و «اقدامات ترمیمی و جبران خسارت» به رسمیت بشناسد. از نقطه نظر موازین بین‌المللی، تا زمانی که حقیقت دربارهٔ سرنوشت و محل قربانیان این دهه روشن نشود، نقض حقوق آنها و خانواده‌های‌شان به عنوان یک نقض مستمر، درنظر گرفته می شود و جمهوری اسلامی ایران نیز به عنوان یک مسئله جاری و نه امری صرفاً مربوط به گذشته، باید نسبت به آن پاسخ‌گو باشد.

این پژوهش با تکیه بر نتایج تحقیقات پیشین دربارهٔ اعدام زندانیان سیاسی در دهه ۶۰ بر تلاش خانواده‌های اعدام‌شدگان برای مطالبهٔ حقیقت و عدالت و نقض گسترده حقوق آنها در فرآیند دادخواهی متمرکز شده و تلاش کرده است در چارچوب اسناد حقوقی بین‌المللی تصویری از حق خانواده‌ها برای «احقاق حق» و مسئولیت‌های دولت در این زمینه ارائه دهد.

[1] Rigt to remedy

مقدمه

اعدام مخفیانه بیش از ۱۵ هزار زندانی سیاسی در دهه ۶۰ یکی از گسترده‌ترین موارد نقض حقوق بشر در جمهوری اسلامی ایران است که اعتراض و دادخواهی برای آن همچنان ادامه دارد. اولین موج گستردهٔ اعدام زندانیان سیاسی از سال ۱۳۶۰ آغاز شد و بر اساس آمارهای غیررسمی نزدیک به ۱۱ هزار زندانی سیاسی در سال‌های نخست دهه ۶۰ اعدام شدند. کشتار زندانیان سیاسی در سال ۱۳۶۷ شدت بیشتری گرفت و در حدود پنج هزار زندانی در تابستان ۱۳۶۷ به صورت دسته‌جمعی اعدام شدند.[1] اغلب اعدام‌شدگان اعضا و هواداران سازمان مجاهدین خلق و سازمان‌های سیاسی چپ و غیرمذهبی هم‌چون سازمان فداییان خلق ایران (اکثریت)، سازمان چریک‌های فدایی خلق ایران (اقلیت)، حزب توده ایران، سازمان کارگران انقلابی ایران (راه کارگر)، سازمان پیکار در راه آزادی طبقه کارگر، سازمان انقلابی زحمتکشان کردستان ایران (کومه‌له)، اتحادیه کمونیست‌های ایران (سربداران)، اتحاد مبارزان کمونیست، حزب دموکرات کردستان ایران، طرفدران بیانیه شانزده آذر (انشعاب از سازمان فداییان خلق اکثریت) و.... بودند.

در سال‌های ۱۳۵۸ و ۱۳۵۹، مطبوعات مستقل و نیز کانون وکلا و تشکل‌های مستقل وکلا به همراه بسیاری از گروه‌ها و تشکل‌های رسمی و غیررسمی دیگر هدف توقیف و تهدید و بسته شدن قرار گرفتند و در اوایل سال ۱۳۵۹، با اعلام انقلاب فرهنگی[2] و بسته شدن دانشگاه‌ها که فضای اصلی فعالیت‌های سیاسی بود،

---

[1] آمار دقیقی از تعداد زندانیان سیاسی اعدام شده در دهه ۶۰ وجود ندارد. مقامات رسمی ایران هیچ‌گاه آماری در این زمینه اعلام نکرده‌اند و به ویژه آمار دقیق اعدام شدگان سال ۱۳۶۷ همچنان نامشخص است. بر اساس آمارهای جمع‌آوری شده از سوی کمیسیون حقوق بشر ایران در سوئد، گفت‌وگوهای زندان طی سال‌های ۱۳۶۰ تا ۱۳۶۴ تعداد ۱۰ هزار و ۷۸۷ زندانی سیاسی و در سال ۱۳۶۷ نیز چهار هزار و ۷۹۹ زندانی سیاسی در ایران اعدام شده‌اند. دادگاه ایران تریبونال آمار زندانیان سیاسی اعدام‌شده بین سال‌های ۱۳۶۰ تا ۱۳۶۴ را بیش از ۱۲هزار تن اعلام کرده است. آمار دقیق اعدام‌ها بدون دسترسی به اسناد رسمی دولتی امکان‌پذیر نیست. این دو فهرست را می‌توانید در وبسایت‌های زیر ببینید:
http://www.iran-archive.com/edamiha
http://dialogt.de/wp-content/uploads/2016/03/ketab-Siah67.pdf

[2] برای اطلاعات بیشتر دربارهٔ انقلاب فرهنگی، ن.ک.ب: شادی امین و شادی صدر، جنایت بی‌عقوبت، شکنجه و خشونت جنسی علیه زندانیان سیاسی زن در جمهوری اسلامی، گزارش اول: دهه ۶۰، عدالت برای ایران، آذر ۱۳۹۰ ص ۲۹-۲۸، قابل دسترسی در:
http://justiceforiran.org/persian/wp-content/uploads/2011/12/Crime-without-Aida-final2.pdf

آخرین امکان فعالیت علنی مخالفان حکومت از میان رفت. در فقدان نهادهای جامعه مدنی، از نخستین روزهای شروع بازداشت‌ها و اعدام‌ها در سال ۱۳۶۰ مادران و خانواده‌های زندانیان سیاسی مهم‌ترین و گاه تنها گروه پیگیر وضعیت زندانیان سیاسی بودند که به بازداشت و اعدام‌ها به صورت علنی و پیگیر اعتراض می‌کردند. خانواده‌ها از لحظه بازداشت این زندانیان سیاسی نقض حقوق بشر را به صورت گسترده و به اشکال مختلف تجربه کرده‌اند و نادیده گرفتن بدیهی‌ترین حقوق آنها، پس از اعدام عزیزان‌شان نیز به شدت ادامه داشته است.

بسیاری از خانواده‌ها هیچ‌گاه از چرایی و چگونگی اعدام عزیزان‌شان مطلع نشدند و پیکر فرزندان‌شان به آنها تحویل داده نشد. اعدام‌شدگان در اغلب موارد از سوی ماموران زندان و در گورستان‌هایی متروک یا زمین‌هایی بایر دفن می‌شدند و گاه حتی محل دفن آنها به خانواده‌هایشان اعلام نمی‌شد، معدود خانواده‌هایی که از محل دفن فرزندشان اطلاع داشتند نیز هیچ‌گاه اجازه حضور آزادانه بر سر گور آن‌ها، گذاشتن سنگ قبر و سوگواری را نداشته‌اند.

تمامی این محرومیت‌ها و ممنوعیت‌ها همچنان ادامه دارد و هرگونه تخطی از این ممنوعیت‌ها، اعتراض به اعدام‌ها و پیگیری و دادخواهی، مجازات‌های شدیدی از توهین و تهدید تا بازجویی، ضرب‌وشتم، بازداشت، حبس و محرومیت از حقوق اولیه‌شان را در پی داشته و اطلاع‌رسانی و پیگیری دربارهٔ اعدام‌ها و رخدادهای پس از آن نیز ممنوع بوده است. بسیاری از خانواده‌ها همچنین در یک فشار مضاعف از حقوق اولیه هم‌چون حق کار و تحصیل آزادانه نیز محروم شده و یا در مواردی نیز ممنوع‌الخروج شده‌اند. با این همه، خانواده‌ها در تمامی این سال‌ها به دنبال دانستن حقیقت دربارهٔ چرایی و چگونگی اعدام‌ها بوده‌اند.

هدف این تحقیق، پاسخ دادن به این سئوال است که خانواده‌های قربانیان دهه ۶۰ براساس موازین بین‌المللی از چه حقوقی برخوردار هستند و این حقوق، تا چه اندازه نقض شده است. علاوه بر این، تحقیق حاضر تلاشی است برای مستند کردن و ثبت مقاومت مستمر خانواده‌ها برای دستیابی به حقیقت و عدالت و آزار و اذیت مضاعف آنها به دلیل پیگیری این مطالبات.

چرایی تحقیق

در طول سه دهه گذشته و به‌ویژه در سال‌های اخیر مقالات و تحقیقات زیادی در رابطه با اعدام‌های مخفیانه زندانیان سیاسی منتشر شده است اما تاکید اصلی این تحقیقات بر اثبات نقض حقوق زندانیان سیاسی در روند صدور و اجرای

حکم اعدام بوده و در هیچ‌کدام از آنها حقوق خانوادهٔ اعدام‌شدگان و ثبت تجربه مقاومت و دادخواهی آنها به‌طور مستقل مورد مطالعه قرار نگرفته است.[۳]

از همین‌رو، عدالت برای ایران در این تحقیق با تکیه بر نتایج گزارش‌ها و تلاش‌های پیشین که اعدام زندانیان سیاسی در دهه ۶۰ و به ویژه در سال ۱۳۶۷ را «کشتار فراقضایی»، «جنایت علیه بشریت» و «نقض حقوق بین‌الملل» دانسته‌اند، با مستند کردن رخدادهای پس از کشتار زندانیان سیاسی و از زاویه نقض حقوق خانواده‌های اعدام‌شدگان از روزهای نخست دهه ۶۰ تا کنون به بررسی این موضوع پرداخته است. فارغ از تفاوت نقطه تمرکز این تحقیق با پژوهش‌های پیشین، دوره تاریخی که در این تحقیق مورد بررسی قرار گرفته نیز با بیشتر تحقیقات پیشین متفاوت است و علاوه بر کشتار سال ۱۳۶۷ اعدام زندانیان سیاسی طی دهه ۶۰ نیز گسترده‌تر از تحقیقات قبلی مورد توجه قرار گرفته است.

این گزارش گام نخست در راستای ثبت نقض حقوق مادران و خانواده‌های اعدام‌شدگان از یک سو و تلاش و پیگیری آنها برای دادخواهی و روشن شدن حقیقت از سوی دیگر است.

گستره تحقیق

تحقیقی جامع دربارهٔ خانواده اعدام‌شدگان با توجه به پراکندگی جغرافیایی زندان‌ها و تنوع وابستگی سازمانی اعدام‌شدگان مستلزم وقت و امکانات وسیعی است که ما، در عدالت برای ایران فاقد آن بودیم. بنابر این تمرکز این پژوهش بر وضعیت خانواده‌های زندانیان سیاسی چپ (مجموعه سازمان‌های غیرمذهبی و مارکسیست) که در دهه ۶۰ و به‌ویژه در سال ۱۳۶۷ در تهران اعدام شده‌اند و به «مادران و خانواده‌های خاوران» معروفند، قرار دارد و تلاش کرده تا شواهدی از نقض حقوق خانواده‌های اعدام‌شدگان طیف چپ در زندان‌های تهران و تلاش آنها برای دادخواهی را مستند کند.

«مادران و خانواده‌های خاوران» از این رو موضوع این پژوهش قرار گرفته‌اند که تنها گروه شناخته‌شده‌ای از خانواده‌های اعدام‌شدگان دهه ۶۰ هستند که در تمامی بیش از سه دهه گذشته به صورت جمعی و مستمر به دنبال زنده نگاه

---

[۳] تنها تحقیق مستقلی که در رابطه با دادخواهی خانواده مخالفان سیاسی کشته‌شده پس از استقرار جمهوری اسلامی پرداخته، کتاب «مفاهیم دادخواهی به زبان ساده و مروری بر فعالیت‌های دادخواهانه» است که بخشی از آن نیز به مرور فعالیت مادران و خانواده‌های خاوران اختصاص دارد. ن.ک.ب: مادران پارک لاله، مفاهیم دادخواهی به زبان ساده و مروری بر فعالیت‌های دادخواهانه، انتشارات خاوران، زمستان ۱۳۹۳

داشتن یاد اعدام‌شدگان و دادخواهی برای آنها بوده‌اند و به صورت علنی در این زمینه فعالیت کرده‌اند.

انجام پژوهشی مشابه در رابطه با اعدام‌شدگان شهرهای دیگر، زندانیان سیاسی که در دو سال نخست استقرار جمهوری اسلامی اعدام شده‌اند و همچنین اعدام شدگان عضو یا هوادار سازمان مجاهدین خلق، موضوع تحقیقات دیگری است که امید است در آینده انجام شوند. با این حال بر اساس تحقیقات مقدماتی که در این زمینه انجام شده می‌توان گفت که اگرچه نتایج این پژوهش قابل تعمیم به تمامی خانواده‌های زندانیان سیاسی اعدام شده نیست اما بسیاری از الگوها و روش‌ها، در موارد دیگر و در مورد دیگر خانواده‌ها هم اعمال شده است. کار دربارهٔ سایر مکان‌هایی که به عنوان گورستان‌های غیررسمی یا گورهای دسته‌جمعی در شهرستان‌ها محل دفن مخالفان سیاسی بود، یکی دیگر از خلاءهایی است که باید با تحقیقاتی دیگر جبران شود.

چارچوب حقوقی تحقیق

چارچوب حقوقی این تحقیق، متکی بر اسناد بین‌المللی حقوقی و به‌ویژه میثاق بین‌المللی حقوق سیاسی- مدنی است که ایران ملزم به اجرای مفاد آن است. هم‌چنین اعلامیه‌ها، مصوبات و گزارش‌های سازمان ملل متحد دربارهٔ «نقض آشکار قوانین بین‌المللی ناظر بر حقوق بشر و نقض فاحش قوانین بشردوستانه بین‌المللی» که به بررسی حقوق خانواده‌ها در روند «احقاق حق» پرداخته‌اند، نیز مورد استفاده قرار گرفته است. در این روند همچنین از مصوبات بین‌المللی پیرامون ناپدیدشدگان قهری و نیز گزارش‌های گروه کاری سازمان ملل برای ناپدیدشدگان قهری بهره‌برده‌ایم.

بر اساس بسیاری از اسناد و قوانین بین‌المللی در هنگام وقوع نقض گسترده و جدی حقوق بشر، دولت‌ها موظف به «احقاق حق»[۴] قربانیان این نقض حقوق بشر هستند.[۵] علاوه بر خود قربانیان، خانواده‌های آنها نیز قربانی نقض حقوق بشر به شمار می‌روند و باید در چارچوب مقررات در نظر گرفته شده برای «احقاق حق»، تلاش شود تا در حد ممکن به وضعیت قبل از وقوع نقض گسترده حقوق بشر

---

[4] Right to Remedy

[5] Promotion And Protection Of Human Rights Study On The Right To The Truth Report Of The Office Of The United Nations High Commissioner For Human Rights, E/CN.4/2006/91 8 February 2006

بازگردانده شوند.[۶] در شرایطی همچون کشتارهای دهه ۶۰ ایران که با توجه به اعدام زندانیان سیاسی امکان برگرداندن وضعیت به شرایط قبل از اعمال نقض حقوق بشر وجود ندارد، باید با به‌رسمیت شناختن حقوقی همچون «حق دانستن حقیقت»، «حق برخورداری از عدالت» و «اقدامات ترمیمی و جبران خسارت» تلاش شود تا حق ضایع شده از خانواده اعدام‌شدگان و جامعه‌ای که به سبب این اعدام‌ها صدمه دیده تا حد امکان جبران شود و از وقوع دوبارهٔ آن جنایت‌ها جلوگیری شود.[۷]

علاوه بر این، در ادامه خواهیم دید که چگونه می‌توان براساس حقوق بین‌الملل، گروه زیادی از قربانیان سرکوب سیاسی دهه۶۰ را ناپدیدشدهٔ قهری قلمداد کرد و در چارچوب همین قوانین، مجدداً حقوق مذکور را برای خانواده‌های ناپدیدشدگان، طلب کرد.

روش تحقیق

گام نخست این تحقیق، مرور ادبیات موجود در این زمینه شامل پژوهش‌های انجام شده در رابطه با اعدام‌های دهه ۶۰ از سوی سازمان‌های حقوق بشری، مقالات نوشته شده دربارهٔ آزار و اذیت خانواده‌ها و دادخواهی آنها و همچنین برخی گفت‌وگوها با خانواده‌ها و مادران بود که تمامی آنها در سایت‌های اینترنتی و رسانه‌های فارسی زبان خارج از ایران منتشر شده‌اند. مصاحبه با ۲۱ نفر شامل ۱۸ مصاحبه با اعضای خانواده اعدام‌شدگان و سه مصاحبه با روزنامه‌نگاران به عنوان مطلع یا شاهد، گام بعدی این تحقیق بود.

برای این تحقیق با دو تن از مادران اعدام‌شدگان، چهار تن از فرزندان اعدام‌شدگان، شش تن از خواهران و برادران اعدام‌شدگان، چهار تن از همسران اعدام‌شدگان که سه تن از آنها برادرشان نیز اعدام شده است، خاله یکی از اعدام‌شدگان و سه روزنامه‌نگار مصاحبه شده است. بیشتر مصاحبه‌ها از طریق تلفن یا اسکایپ انجام شده و فایل صوتی آنها موجود است و با دو تن از روزنامه‌نگاران نیز به صورت کتبی مصاحبه شده است. با احتساب اینکه برخی از مصاحبه شوندگان چند تن از اعضای خانواده‌شان را در این اعدام‌ها از دست داده‌اند، طی این تحقیق با خانواده‌های ۱۲ تن از اعدام‌شدگان سال ۱۳۶۷ و ۱۵ تن از

---

[6] General Assembly, *Declaration of Basic Principles of Justice for Victims of Crime and Abuse of Power*, A/Res 40/34, 29 November 1985.

[7] UN Sub-Commission on the Promotion and Protection of Human Rights, Question of the impunity of perpetrators of human rights violations (civil and political), 26 June 1997, E/CN.4/Sub.2/1997/20

خانواده‌های قربانیان اعدام‌های مخفیانه سال‌های ۱۳۶۰ تا ۱۳۶۴ و همچنین خانواده یکی از اعدام‌شدگان سال ۱۳۶۸ مصاحبه شده است.[8]

چالش‌های تحقیق

این تحقیق در شرایطی انجام شده که حکومتی که مسئولیت نقض حقوق بشر در دهه ۶۰ و پس از آن را در رابطه با اعدام زندانیان سیاسی و آزار و اذیت خانواده آنها بر عهده داشته، همچنان قدرت را در ایران در دست دارد و با هرگونه تلاش برای دادخواهی در رابطه با اعدام‌های دهه ۶۰ به شدت مقابله می‌کند. از همین‌رو از یک سو دسترسی به اسناد و آمار رسمی مربوط به اعدام‌ها و برخوردهای پس از آن همچنان ممکن نیست و از سوی دیگر خانواده اعدام‌شدگان هنوز از امنیت کافی برای اطلاع‌رسانی در این زمینه برخوردار نیستند. به همین دلیل، با وجود گسترده بودن تعداد خانواده‌هایی که به جهت دادخواهی یا داشتن نسبت خانوادگی با اعدام شدگان از بسیاری از حقوق بنیادین خود محروم شده‌اند، بسیاری از آنها هیچ‌گاه این موارد را رسانه‌ای نکرده‌اند و دسترسی به اسناد و اطلاعات مشخص در این زمینه برای ما ممکن نشد.

به دلیل فشارهای امنیتی که همچنان بر خانواده اعدام‌شدگان دهه ۶۰ وارد می‌شود، تعداد معدودی از خانواده‌ها که در ایران زندگی می‌کنند، درخواست مصاحبه با ما را پذیرفتند. برخی مصاحبه‌شوندگان که در خارج از ایران اقامت دارند نیز به دلیل حفظ امنیت بقیه اعضای خانواده در پاسخ به برخی سوالات سکوت کردند و ترجیح دادند بخشی از موارد نقض حقوق بشری که متحمل شده‌اند را ناگفته بگذارند. از سوی دیگر، یادآوری و تکرار فجایعی که خانواده‌های اعدام شدگان از سر گذرانده‌اند در حدی دشوار است که برخی خانواده‌ها اعلام کردند از لحاظ روحی توان بازگشت به خاطرات تلخ آن دوران را ندارند و یا به برخی سوالات پاسخ ندادند. درگذشت بسیاری از مادران و بیمار و کهنسال بودن شمار بسیاری از آنها نیز چالش دیگری بود. ضمن اینکه مانند هر تحقیق دیگری که دربارهٔ وقایع

---

[8] از ۱۸ نفری که به عنوان خانواده اعدام‌شدگان با آنها مصاحبه شده، ۱۵ تن از خانواده زندانیان سیاسی چپ و سه تن آنها از خانواده‌های سازمان مجاهدین خلق هستند. افراد اعدام‌شده‌ای که با خانواده آنها مصاحبه شده از اعضا یا هواداران سازمان کارگران انقلابی ایران (راه کارگر)، سازمان فداییان خلق ایران (اکثریت)، سازمان چریک‌های فدایی خلق ایران (اقلیت)، اتحادیه کمونیست های ایران (سربداران)، انشعاب بیانیه شانزده آذر از سازمان فداییان خلق اکثریت، سازمان پیکار در راه آزادی طبقه کارگر و هواداران سازمان زحمتکشان کردستان ایران (کومه‌له) هستند.

دهه ۶۰ صورت می‌گیرد، در این تحقیق نیز ما با مسئله تاثیر گذر زمان بر حافظه افراد مواجه بودیم که احتمال خطا در شهادت‌ها را ایجاد می‌کند. به همین دلیل، در موارد متعدد ناگزیر شدیم شهادت‌های متناقضی را که امکان راستی‌آزمایی‌شان وجود نداشت، حذف کنیم.

به دلیل نبود امکانات مالی کافی، امکان سفر به محل اقامت خانواده‌هایی که خارج از ایران و درکشورهای مختلف اقامت دارند نیز برای ما مقدور نبود. با وجود اینکه شهادت‌های ارائه شده در مصاحبه‌های اسکایپی و تلفنی نیز بسیار دقیق هستند و تلاش شده تا حد امکان ابعاد مختلف ماجرا شکافته شود اما مصاحبه رودررو و حضوری می‌توانست به غنای بیشتر کار بیفزاید.

خلاصه یافته‌های تحقیق

فصل اول این گزارش نگاهی دارد بر سه دهه دادخواهی خانواده‌های اعدام شدگان در دهه ۶۰. در این فصل علاوه بر مرور تاریخی اعدام مخالفان جمهوری اسلامی از نخستین روزهای پس از پیروزی انقلاب تا تابستان ۱۳۶۷، تلاش خانواده‌های اعدام‌شدگان برای پیگیری این اعدام‌ها و پاسخگو کردن آمران و عاملان آن نیز بررسی شده است. شکل‌گیری «مادران و خانواده‌های خاوران» و تاثیر آنها در فراموش نشدن کشتار هزاران زندانی سیاسی دهه ۶۰ از دیگر مواردی است که در این فصل به آن پرداخته شده است.

در دومین فصل این تحقیق «ناپدیدشدگی قهری» مورد توجه قرار گرفته و بر اساس اسناد حقوقی بین‌المللی اثبات شده است که اعدام‌های مخفیانه دهه ۶۰ کاملاً با شرایط ناپدیدشدن قهری طبق حقوق بین‌الملل تطبیق داشته و بسیاری از قربانیان دهه ۶۰ به دلیل محرومیت از آزادی توسط ماموران دولتی، اختفای سرنوشت یا محل قربانی و خارج شدن از دایرهٔ حمایت قانون در زمرهٔ ناپدیدشدگان قهری محسوب می‌شوند. در این فصل همچنین بر این تاکید می‌شود که بر اساس حقوق بین‌الملل، تا زمانی که وضعیت «ناپدیدشدگی قهری» تداوم دارد- همچون مورد دهه ۶۰- خانواده‌های قربانیان می‌توانند حقوق خود را به عنوان یک مسئله روز و یک نقض حقوق بشر جاری مطالبه کنند.

بررسی تفصیلی «حقوق خانواده‌های اعدام‌شدگان و موارد نقض آنها» موضوع فصل سوم این پژوهش است. جمهوری اسلامی ایران در زندانی کردن، ناپدیدسازی و اعدام هزاران زندانی سیاسی طی سال‌های ۱۳۶۰ تا ۱۳۶۷ بسیاری از قوانین و مقررات بین‌المللی را نقض کرده است. بر اساس حقوق بین‌الملل علاوه بر زندانیان سیاسی که به صورت مستقیم در معرض نقض فاحش حقوق بشر یا ناپدیدسازی

اجباری بوده‌اند، خانواده‌های آنها نیز به عنوان قربانیان نقض حقوق بشر شناخته می‌شوند و دولت‌ها در راستای احقاق حق آنها مسئول هستند. در همین راستا فصل سوم این تحقیق با تمرکز بر حق خانواده‌های اعدام‌شدگان دهه ۶۰ برای «احقاق حق»[9] تلاش دارد این موضوع را در راستای سه حق «دانستن حقیقت»، «برخورداری از عدالت» و «اقدامات ترمیمی و جبران خسارت» بررسی کند. بر اساس نتایج این بخش از تحقیق، جمهوری اسلامی ایران نه تنها تاکنون هیچ کدام از حقوق خانواده‌ها برای احقاق حق را به رسمیت نشناخته است، بلکه در تمامی سه دهه گذشته بارها و بارها خانواده قربانیان دهه ۶۰ را به دلیل تلاش‌شان برای دادخواهی و احقاق حق مورد تهدید و آزار و اذیت قرار داده، بازداشت و محکوم کرده و از حقوق اولیه‌ای همچون حق آموزش و اشتغال محروم کرده است.

---

[9] Remedy

فصل اول

مروری بر

سه دهه اعدام زندانیان سیاسی و

دادخواهی خانواده‌ها

پس از انقلاب بهمن ۱۳۵۷ و روی کار آمدن اسلام‌گرایان به رهبری آیت‌الله خمینی، جمهوری اسلامی سرکوب شدید و نابودی مخالفان و منتقدانش را در دستور کار قرار داد و هزاران تن از آنها را در دهه اول انقلاب اعدام کرد. کشتار مخالفان از ۲۶ بهمن‌ماه با اعدام بیش از ۴۰۰ تن از مقامات حکومت پهلوی آغاز شد[۱] و در طی ماه‌های بعد، ابتدا فعالان عرب، کرد و ترکمن، اعضای جامعه بهایی و سپس، اعضا و هواداران سازمان‌های سیاسی که تمامی آنها در پیروزی انقلاب نقش داشتند را نیز در بر گرفت.

این موج سرکوب به‌طور ویژه فعالان سازمان‌های سیاسی طیف چپ و سازمان مجاهدین خلق را هدف گرفته بود. نیروهای سیاسی چپ در کردستان و ترکمن‌صحرا نیز یکی از اولین قربانیان ماشین اعدام جمهوری اسلامی بودند. در پی سرکوب خشونت‌بار اعتراضات مردم و جریانات سیاسی چپ در این دو منطقه و درگیری مسلحانه بین نیروهای دولتی و فعالان سیاسی چپ، بسیاری از فعالان سیاسی و افراد غیرمسلح در کردستان و ترکمن‌صحرا کشته شدند و صادق خلخالی، قاضی سیار دادگاه‌های انقلاب (حاکم شرع) حکم اعدام شمار زیادی از اعضا و هواداران این سازمان‌ها را طی روندی ناعادلانه و بدون دادن حق دفاع به متهمان، صادر کرد.

در مرداد و شهریور ۱۳۵۸ بیش از ۱۰۰ تن از فعالان سیاسی چپ در شهرهای مختلف کردستان[۲] اعدام شدند. در بهمن همان سال نیز دست‌کم ۹۴ تن از فعالان چپ در ترکمن‌صحرا اعدام شدند.[۳] در خوزستان نیز در درگیری‌ها میان برخی گروه‌های عرب با نیروهای دولتی در هشت خرداد ۱۳۵۸، معروف به «چهارشنبه سیاه»، شمار زیادی از اعضای این گروه‌ها و همچنین شهروندان دیگر

---

[1] Amnesty International, Law And Human Rights in The Islamic Republic of Iran, February 1, 1980,Accesse on: http://www.iranrights.org/library/document/338/law-and-human-rights-in-the-islamic-republic-of-iran

[2] Amnesty International, Law And Human Rights in The Islamic Republic of Iran, February 1, 1980,Accesse on: http://www.iranrights.org/library/document/338/law-and-human-rights-in-the-islamic-republic-of-iran

[۳] صادق خلخالی در مصاحبه‌ای که در روزنامه صبح آزادگان منتشر شد، به صراحت اعلام کرد که دستور اعدام ۹۴ نفر را در ترکمن‌صحرا صادر کرده است. ن.ک.ب: روزنامه صبح آزادگان، ۲۸ شهریور ۱۳۶۳، منتشر شده در وب سایت دیدگاه، قابل دسترسی در:
www.didgah.net/print_Maghaleh.php?id=177

در خرمشهر و آبادان کشته شدند. پس از آن بود که با استقرار صادق خلخالی در اهواز، ده‌ها تن از فعالان عرب در پی دادگاه‌هایی چند دقیقه‌ای، اعدام شدند.[۴]

از اواخر سال ۱۳۵۹ فشار بر فعالان سیاسی وارد فاز جدیدی شد و اعضای سازمان‌های سیاسی فعال در تهران و شهرهای دیگر که فعالیت سیاسی مسالمت‌آمیز داشتند نیز مشمول محدودیت‌های جدید شدند. در بهمن ۱۳۵۹ در جلسه‌ای که با حضور مسئولان نهادهای مختلف قضایی- سیاسی و امنیتی برگزار شد، طرحی به تصویب رسید که بر اساس آن وزارت کشور به هیچ‌یک از احزاب و گروه‌ها اجازه برگزاری تظاهرات و میتینگ ندهد و هرنوع جلسه و تجمع احزاب و گروه‌های سیاسی غیرقانونی محسوب شود. بر اساس این طرح دادستانی انقلاب موظف شد که به همه نیروهای سیاسی که در روند انقلاب، اسلحه به دست آورده بودند مهلت دهد که اسلحه‌های خود را به مراکز سپاه و کمیته تحویل دهند. پس از پایان این مهلت و در صورت عدم تحویل سلاح‌ها قرار شد که این سازمان‌ها، غیرقانونی اعلام شوند و با آنها مقابله شود. در صورت‌جلسه این مصوبه آمده بود: «با شدت کلیه سران و کادرهای سازمان دستگیر و محاکمه و به اشد مجازات [اعدام] برسند و حتی کلیه سمپات‌ها که در حین فروش روزنامه، پخش اعلامیه و پلاکارد و یا هرگونه فعالیت به نفع این گروه‌ها دستگیر و در جهت ارشاد، مجازات شوند.»[۵]

دادستانی کل به ریاست علی قدوسی نیز ۱۹ فروردین ۱۳۶۰ طی بیانیه‌ای محدودیت‌های جدید برای نشریات و سازمان‌های سیاسی را اعلام کرد. دستگیری فعالان سیاسی اما پیش از صدور این بیانیه آغاز شده بود و دست کم ۳۶۲۰ زندانی سیاسی تا قبل از فرودین ۱۳۶۰ در زندان‌های ایران حبس بودند.[۶] گزارشی دیگر نیز حاکی از بازداشت بیش از ۱۸۱۰تن از اعضا و هواداران سازمان مجاهدین خلق تا پیش از خرداد۱۳۶۰است.[۷]

---

[۴] کریم دحیمی، اعدام شهروندان عرب ایرانی از انقلاب تا کنون، بی‌بی‌سی فارسی، ۲۶ شهریور ۱۳۹۲ ، قابل دسترسی در:
http://www.bbc.com/persian/iran/2013/09/130917_25_anniversary_arabs_execution_political

[۵] مصوبه این دو جلسه در صفحه ۸ نشریه کار، ارگان سازمان چریک‌های فدایی خلق ایران– اقلیت شماره ۱۱۲ مورخ ۱۳ خرداد ۱۳۶۰ منتشر شده است. برای اطلاعات بیشتر ن.ک.ب: شادی امین، شادی صدر، جنایت بی‌عقوبت، ص ۲۹.

[۶] گزارش «هیات بررسی شایعه شکنجه»، روزنامه اطلاعات،۳۰ فروردین ۱۳۶۰، ص ۱۵ به نقل از شادی، امین شادی، صدر جنایت بی‌عقوبت، ص ۳۱.

[۷] اسلام رادیکال مجاهدین ایرانی، یرواند آبراهامیان، ترجمه فرهاد مهدوی، نشر نیما، آلمان، ۱۳۸۶، ص ۲۷۰.

۱. اعدام نزدیک به ۱۱ هزار زندانی سیاسی در سال‌های ۱۳۶۰-۱۳۶۶

موج گسترده اعدام زندانیان سیاسی از خرداد ۱۳۶۰ و تظاهرات گسترده هواداران سازمان مجاهدین خلق در ۳۰ خرداد آن سال آغاز شد.[8] براساس گزارش عفوبین‌الملل در یک دوره سه‌ماه‌ونیمه پس از ۳۰ خرداد ۱۳۶۰ دست‌کم ۱۶۰۰ تن[9] بدون رعایت موازین قضایی، داشتن حق دفاع و برگزاری دادگاه‌های منصفانه اعدام شدند.[10] این اعدام‌ها منحصر به اعضا و هواداران سازمان مجاهدین نبود و بسیاری از فعالان سیاسی طیف چپ نیز در همین دوره بازداشت و پس از محکومیت در دادگاه‌های چند دقیقه‌ای به سرعت اعدام شدند.

از خرداد ۱۳۶۰ شهرداری تهران تکه زمینی را که در جاده خراسان در ۱۵ کیلومتری تهران و در کنار گورستان‌های اقلیت‌های دینی بود به محلی برای دفن «کافران» اختصاص داد و زندانیان سیاسی چپ اعدام شده در زندان‌های تهران در آن به خاک سپرده شدند. خاوران، تکه زمینی خشک و فاقد هرگونه امکانات اولیه یک گورستان رسمی است که مقامات حکومتی به آن «لعنت‌آباد» یا «کفرآباد» می‌گفتند. پروانه میلانی[11] که برادرش رحیم[12] سال ۱۳۶۰ اعدام شده می‌گوید:

---

[8] برای اطلاعات بیشتر دربارهٔ وقایع منتهی به ۳۰ خرداد ۱۳۶۰ و دربارهٔ انقلاب فرهنگی، رک: جنایت بی‌عقوبت، ص ۳۲-۲۹، قابل دسترسی در:
http://justiceforiran.org/persian/wp-content/uploads/2011/12/Crime-without-Aida-final2.pdf
[9] عفو بین‌الملل در گزارشی که ۲۰ مهر ۱۳۶۰ منتشر کرد آمار اعدام شدگان در بازه زمانی ۳۰ خرداد تا ۲۰ مهر ۱۳۶۰ را ۱۸۰۰ تن اعلام کرده بود. ن.ک.ب:
www.iranrights.org/library/document/174/amnesty-international-seeks-to-send-mission-to-iran-in-effort-to-stop-executions
[10] عفو بین‌الملل، اعدام در ایران در پرتو ضوابط بین المللی حقوق بشر، بیش از ۱۶۰۰ حکم اعدام در سه ماه، ۲۲ آذر ۱۳۶۰ قابل دسترسی در:
http://www.iranrights.org/fa/library/document/144/executions-in-iran-in-light-of-international-human-rights-standard-june-september-1981-more-than-1600-executions
[11] پروانه میلانی، خواهر رحیم میلانی زندانی سیاسی اعدام شده در دهه ۶۰ و از فعالان جنبش دادخواهی در ایران که دهم دی ماه ۱۳۹۳ درگذشت، از نخستین روزهای پس از اعدام برادرش در پی دادخواهی زندانیان سیاسی اعدام شده و حق خانواده‌ها برای دانستن حقیقت و سوگواری بود و تا آخرین روزهای زندگی از این تلاش دست نکشید. او که همواره با حضور در خاوران و مراسم بزرگداشت اعدام‌شدگان سعی در زنده‌نگاه داشتن یاد

«بعد از دادن خبر اعدام برادرم به ما گفتند می‌توانیم برویم بهشت زهرا سراغ بگیریم. ما وقتی رفتیم بهشت زهرا گفتند که در لعنت‌آباد است. شما بروید لعنت‌آباد را پیدا کنید. گفتیم کجاست؟ گفتند در جاده خراسان. ما رفتیم بالاخره پرسان پرسان آن‌جا را پیدا کردیم و دیدیم بله روی دیوار بلوک سیمانی‌اش نوشته‌اند لعنت‌آباد که بعدها ما نام آن‌جا را خاوران گذاشتیم.»[۱۳] مساحت فعلی خاوران، که از دو زمین مستطیل شکل تشکیل شده، ۸۶۰۰ متر مربع است. (نقشه صفحه ۴۴ و ۴۵)

زندانیان طیف چپ که در ۳۱ خرداد ۱۳۶۰ در پی آغاز سرکوب‌های گسترده، بازداشت و اعدام شدند[۱۴] و ۱۵ تن از اعضای سازمان پیکار که در ۳۱ تیر ماه ۱۳۶۰ اعدام شدند، از جمله نخستین افرادی هستند که در خاوران به خاک سپرده شدند.[۱۵] همچنین شماری از مجاهدینی که در سال‌های نخست دهه ۶۰ در درگیری کشته شده بودند[۱۶] از جمله موسی خیابانی[۱۷] و کسانی که به همراه او

و راه آنها داشت، شعرهای بسیاری نیز در این رابطه سروده است پروانه میلانی تا آخرین ماه‌های زندگی‌اش صدای دادخواهی جانباختگان دهه ۶۰ و خانواده‌های‌شان بود و در اردیبهشت ۱۳۹۳ به همراه معصومه دانشمند (مادر بازرگان) برای دریافت جایزه حقوق بشری بین‌المللی گوانگجو، به مادران خاوران، راهی کره جنوبی شد. ن.ک.ب: جنبش دادخواهی در سوگ پروانه میلانی، عدالت برای ایران، ۱۴ دی ۱۳۹۳ ، قابل دسترسی در:
http://justice4iran.org/persian/publication/call-for-action/parvaneh-milani/

۱۲ رحیم میلانی شش مهر ۱۳۶۰ به دلیل وابستگی سیاسی‌اش به راه کارگر بازداشت شد و هفت آبان همان سال در زندان اوین اعدام شد.

۱۳ شهادت پروانه میلانی، عدالت برای ایران، اردیبهشت ۱۳۹۳

۱۴ زندانیان چپ که در ۳۱ خرداد ۱۳۶۰ اعدام شدند، در ابتدا در بهشت‌زهرا دفن شدند و پس از چند هفته از سوی ماموران نبش قبر و به خاوران منتقل شدند. ن.ک.ب: درباره خاوران مجازی، تارنمای بیداران،۲۲ اردیبهشت ۱۳۸۹، قابل دسترسی در:
http://www.bidaran.net/spip.php?article270

۱۵ در آرامگاه بلشویک‌ها، نشریه پیکار، ۹ شهریور ۱۳۶۰، شماره ۱۱۶،ص ۴، قابل دسترسی در:
http://www.iran-archive.com/sites/default/files/sanad/sazmane_peykar_-Peykar_116.pdf

۱۶ درباره خاوران مجازی، تارنمای بیداران،۲۲ اردیبهشت ۱۳۸۹، قابل دسترسی در:
http://www.bidaran.net/spip.php?article270

۱۷ موسی نصیر اوغلو ملقب به موسی خیابانی، از اعضای باسابقه سازمان مجاهدین خلق ایران و کادر مرکزی این سازمان، ۱۹ بهمن ۱۳۶۰ در حمله نیروهای کمیته انقلاب اسلامی به یکی از خانه‌های تیمی مجاهدین کشته شد. ۲۲ تن دیگر از اعضای مجاهدین نیز هم زمان با موسی خیابانی در این حمله مسلحانه کشته شدند. ن.ک.ب: مهدی اصلانی، نوزده بهمن؛ موسی خیابانی؛ سیاهکل؛ پایکوبی اکثریت، گویا نیوز، ۱۹ بهمن ۱۳۹۲، قابل دسترسی در:
http://news.gooya.com/politics/archives/2014/02/175014.php

کشته شدند نیز در خاوران دفن شده‌اند.[۱۸] بر اساس اعلام جامعه بین‌المللی بهاییان علاوه بر زندانیان سیاسی، بیش از ۵۰ بهایی اعدام شده نیز بدون اطلاع به خانواده‌های‌شان و در شرایطی مشابه با زندانیان سیاسی دهه ۶۰ در خاوران (و به‌طور مشخص در بخش متعلق به زندانیان سیاسی) به خاک سپرده شدند.[۱۹] در مجموع، اسامی ۵۲ نفر از اعضای جامعه بهایی ثبت شده است که مقامات قضایی به خانواده‌های‌شان اطلاع داده‌اند که آنها را پس از اعدام در محلی در خاوران دفن کرده‌اند. برخی از آنها به‌طور دسته جمعی به خاک سپرده شده‌اند. نخستین بهایی که پس از اعدام توسط مقامات و به‌طور مخفیانه در خاوران دفن شده، یدالله سپهر ارفع است که تاریخ اعدام وی ۱۲ آبان ۱۳۶۰ اعلام شده است. به این ترتیب، پس از زندانیان طیف چپ، بهاییان و شماری از مجاهدین، به شکل مخفیانه و بدون اطلاع خانواده‌ها در خاوران، بدون به‌جا آوردن مراسم وداع و احترام، دفن می‌شوند.

شهره روشنی، دختر سیروس روشنی، سال ۱۳۶۴ در خاوران، محل دفن پدرش،
عضو تیرباران شده محفل ملی بهائیان ایران در سال ۱۳۶۰

به دلیل سرکوب شدید حاکم بر جامعه در این دوران، اعتراضات خانواده‌ها در این دوران بیشتر به صورت فردی بود و بسیاری از آنها هیچ‌گاه ثبت و رسانه‌ای نشده است. با آغاز بازداشت فعالان سیاسی که بسیاری از آنها از زندانیان سیاسی دوران پهلوی بودند، خانواده‌های آنها که سابقه آشنایی‌شان به بازداشت فرزندان‌شان در دوران سلطنت محمدرضا پهلوی و تلاش برای آزادی آنها، برمی‌گشت، بار دیگر برای پیگیری وضعیت زندانیان سیاسی و اعتراض به بازداشت آنها پشت دیوار

---

[۱۸] جعفر بهکیش، نگاهی به مقاله آقای همنشین بهار به نام انسان، گرگ انسان است، در حاشیه قتل عام سال ۱۳۶۷،گویا نیوز، ۱۵ شهریور ۱۳۸۴ قابل دسترسی در:
http://news.gooya.com/politics/archives/035461.php
[19] Baha'i International Community deplores destruction of Khavaran cemetery,Bahaei world news service, 30 January 2009, Access online at: http://news.bahai.org/story/691

زندان‌ها جمع شدند.[۲۰] با اینکه اغلب اعتراض‌های دسته‌جمعی در این دوران از طرف خانواده زندانیان سیاسی بود اما برخی خانواده‌های اعدام‌شدگان سال‌های نخست دهه ۶۰ نیز با اعتراضات خانواده‌های زندانیان سیاسی همراه می‌شدند و در کنار آنها به صورت جمعی به نهادها و شخصیت‌های مختلف مراجعه می‌کردند و معترض دستگیری و یا اعدام فرزندان‌شان بودند. چنان‌که عفت ماهباز که همسر[۲۱] و برادرش[۲۲] در دهه ۶۰ اعدام شده‌اند، می‌گوید در سال ۱۳۶۰ در حدود ۱۲ تن از مادران و خانواده‌های زندانیان سیاسی چندین بار برای اعتراض و پیگیری وضعیت فرزندان‌شان به مجلس رفتند و در این مراجعه مادران برخی اعدام‌شدگان از جمله مادر شریفی،[۲۳] نیز همراه آنها بوده‌اند.[۲۴] مادر فرزین شریفی نیز با تایید حضور مادران اعدام‌شدگان در این تجمع‌ها می‌گوید که مادران دیگری که فرزندان‌شان اعدام شده بودند نیز در تجمع‌ها در برابر مجلس حضور داشته‌اند و هربار ماموران آنها را متفرق کرده‌اند.[۲۵]

پس از سرکوب شدید مخالفان در تابستان و پاییز ۱۳۶۰ دوران فعالیت علنی سازمان‌ها و نیروهای سیاسی پایان یافت و بسیاری از اعضای و هواداران آنها به زندگی مخفی روی آورند. طی سه سال ۱۳۶۳-۱۳۶۰ اعضا و هواداران این سازمان‌ها

---

[۲۰] شهادت لادن بازرگان، عدالت برای ایران، مهر ۱۳۹۳

[۲۱] علیرضا (شاپور) اسکندری همسر عفت ماهباز متولد ۱۳۳۲ از هواداران سازمان فداییان خلق ایران (اکثریت) بود. او فروردین ۱۳۶۳بازداشت و در شهریور ۱۳۶۷ اعدام شد. ن.ک.ب: یک سرگذشت: علیرضا اسکندری، بنیاد برومند، قابل دسترسی در:
https://www.iranrights.org/fa/memorial/story/-4277/ali-reza-eskandari

[۲۲] علی ماهباز متولد ۱۳۲۶ از هواداران سازمان فدائیان خلق (اکثریت) بود. او شهریور ۱۳۶۰ بازداشت شد و ۲۸ آذر همان سال با شلیک ۹ گلوله اعدام شد. بیشتر بخوانید:
یک سرگذشت،علی ماهباز، بنیاد برومند، قابل دسترسی در:
https://www.iranrights.org/fa/memorial/story/33594/ali-mahbaz

[۲۳] مادر فرزین و فرامرز شریفی که در این گزارش از او به عنوان مادر شریفی یاد می‌شود.
فرامرز شریفی از اعضای چریک‌های فدایی خلق بود که در سال ۱۳۵۱ در درگیری با نیروهای ساواک کشته شد.
فرزین شریفی متولد ۱۳۳۳ از هوادران سازمان چریک‌های فدایی خلق اکثریت در تاریخ ۵ مهر ۱۳۶۰ در حاشیه یکی از تجمع‌های خیابانی هواداران سازمان مجاهدین در حالی‌که فقط شاهد این تجمع و درگیری نیروهای دولتی و تجمع‌کنندگان بود بازداشت شد. نیروهای امنیتی پس از اطلاع از وابستگی سیاسی او به سازمان چریک‌های فدایی خلق اکثریت او را به سرعت اعدام کردند.

[۲۴] شهادت عفت ماهباز، عدالت برای ایران، مهر ۱۳۹۳

[۲۵] شهادت پوران‌دخت مختاری (مادر شریفی)، عدالت برای ایران، تیر ۱۳۹۴

شدیدترین فشارها را تجربه کردند و بسیاری از اعضای آنها در این دوران بازداشت و اعدام شدند. بنیاد برومند اسامی ۳۸۹۵ نفر را که در فاصله ۳۰ خرداد ۱۳۶۰ تا ۳۰ خرداد ۱۳۶۳ اعدام شده‌اند، ثبت کرده است، اما از آنجا که بسیاری از اعدام‌ها هرگز از طریق منابع رسمی اعلام نشده، دسترسی به آمار دقیق اعدام‌شدگان در این دوره ممکن نیست. آنچه بر اساس گزارش سازمان‌های حقوق بشری،[۲۶] سازمان ملل[۲۷] و همچنین شهادت زندانیان سیاسی و خانواده‌های‌شان اثبات شده، برگزاری دادگاه‌های چند دقیقه‌ای برای زندانیان سیاسی، عدم دسترسی آنها به وکیل مدافع، نداشتن حق تجدیدنظرخواهی، شکنجه شدید زندانیان در دوران بازجویی و بازداشت و اجرای سریع احکام اعدام است که اغلب به صورت تیرباران بوده است.

بر اساس آمارهای غیررسمی که از سوی سازمان‌های سیاسی و حقوق بشری جمع‌آوری شده طی سال‌های ۱۳۶۰ تا ۱۳۶۶ نزدیک به ۱۱ هزار زندانی سیاسی در شهرهای مختلف ایران اعدام شده یا در زیر شکنجه جان باخته‌اند.[۲۸]

با اعدام گسترده فعالان شناخته شده طی سه سال ۱۳۶۰ تا ۶۳، صدور احکام حبس بسیاری از زندانیان جان به‌در برده و اعتراض‌ها به وضعیت زندان‌ها و شکنجه و اعدام زندانیان که منجربه تغییراتی در مدیریت زندان‌ها در تهران و بسیاری از شهرستان‌ها شد، ماشین اعدام از سال ۱۳۶۴ کم‌سرعت‌تر شد. با رفع خطر موقت اعدام برای زندانیان سیاسی باقی‌مانده در زندان‌ها، نامه‌های اعتراضی و حرکت‌های جمعی خانواده‌ها نیز تا حدودی کم‌تر شد. هرچند مراجعاتی به دفتر آیت‌الله منتظری، قائم مقام وقت رهبری جمهوری اسلامی و تجمع در برابر ساختمان دادگستری، در همین دوران و طی سال‌های ۱۳۶۴ و ۱۳۶۵اتفاق افتاده است.[۲۹]

تقریباً تمامی اعدام‌شدگان سال‌های نخست دهه ۶۰ از سوی ماموران زندان و بدون اطلاع به خانواده‌ها دفن می‌شدند و گاه محل تقریبی قبر به آنها خبر داده

---

[26] Amnesty International,IRAN BREIFING 1987, 13 Aguste 1987, Access online at: http://www.iranrights.org/library/document/104/iran-breifing-1987

[27] UN Commission on Human Rights Resolution on the Situation of Human Rights in Iran, 14 March 1984, Access online at: http://www.iranrights.org/library/document/371/un-commission-on-human-rights-resolution-on-the-situation-of-human-rights-in-iran-14-march-1984

[۲۸] فهرست منتشر شده از سوی کمیسیون حقوق بشر ایران در سوئد شامل اسامی و مشخصات ۱۰۷۸۷ زندانی سیاسی اعدام و کشته شده در این بازه زمانی است. قابل دسترسی در:
http://www.iran-archive.com/edamiha
http://justice4iran.org/persian/wp-content/uploads/2016/07/1.3.kometeh-defa.pdf

[۲۹] میهن روستا، متن سخنرانی در برنامه بزرگداشت جان باختگان ۶۷ در مراسم یادمان فرانکفورت ، تارنمای بیداران، ۲۶ شهریور ۱۳۸۵ قابل دسترسی در:
http://www.bidaran.net/spip.php?article117

می‌شد. این شیوه اما در رابطه با همه اعمال نمی‌شد و تا زمان مشخص نشدن وضعیت دفن اعدام‌شدگان، نمی‌توان احتمال دفن برخی اعدام‌شدگان آن دوره در گورهای دسته‌جمعی را با قطعیت رد کرد. به عنوان مثال، به یکی از نزدیکان روبرت پاپازیان گفته شده که وی را به همراه حدود ۱۵۰ تن از اعدام‌شدگان تیر ۱۳۶۱ در یک گور دسته‌جمعی در خاوران دفن کرده‌اند.[۳۰] [۳۱]

نشانه‌هایی که محل دفن اعدام‌شدگان سال‌های نخست دهه ۶۰ را
در خاوران مشخص می‌کند

عمده فعالیت خانواده‌ها در این سال‌ها شرکت در مراسم سوگواری اعدام شدگان و پخش خبر اعدام‌ها به‌ویژه در خارج از ایران بود.[۳۲] جمعی که بعدها به عنوان «مادران خاوران» شناخته شد، حاصل ارتباطات همین سال‌ها و حضور مداوم خانواده‌ها در پشت دیوارهای زندان برای ملاقات عزیزان‌شان بود.

---

[۳۰] شهادت یکی از نزدیکان ربرت پاپازیان، بهمن ۱۳۹۳ (نام و مشخصات شاهد نزد عدالت برای ایران محفوظ است)

[۳۱] اطمینان از صحت و سقم خبری که به این خانواده رسیده برای عدالت برای ایران ممکن نشد.

[۳۲] شهادت رخشنده حسین‌پور، عدالت برای ایران، مهر ۱۳۹۳

پنج مهرسال ۱۳۶۰ در درگیری [بین هواداران سازمان مجاهدین و نیروهای دولتی در تهران] صدای تیر می‌آید و فرزین با دوستش بیرون می‌روند تا ببیند چه خبر است. فرزین برای کمک به مبارزان می‌دود آن طرف خیابان که وسط خیابان پلیس آنها را می‌گیرد. همان‌جا یک کامیون بوده که همه مبارزین را می‌گرفتند و چشم‌شان را می‌بستند و داخل آن می‌انداختند. گیتا علیشاهی را هم که همان روز از توی کیوسک داشته به پدر و مادرش تلفن می‌کرده که بگوید امروز شلوغ است و من نمی‌آیم، پلیس او را می‌گیرد و بعد هم اعدامش می‌کنند. به هر حال آن روز چشم‌های فرزین را می‌بندند و داخل کامیون می‌اندازند.

[همان روز] دوستش به ما زنگ زد و خبر داد که فرزین را گرفتند. من و پدرش به چند کمیته رفتیم ولی هیچ خبری به ما ندادند. بعد فهمیدیم همه بچه‌هایی که آن روز می‌گیرند را شبانه به جوخه‌های اعدام می‌سپارند، ولی ما هیچ نمی‌دانستیم و سیزده روز تمام در تهران این ور و آن ور می‌گشتیم. و هیچ خبری به ما نمی‌دادند. تا آخر کمیته‌ای نزدیک انقلاب یک کاغذ به ما داد و گفت هجدهم به لوناپارک بیایید. آنجا به شما می‌گویند فرزین کجاست.

حالا من هم که هیچی نمی‌دانستم و اصلاً باور نمی‌کردم که فرزینم را اعدام کرده‌اند، برایش لباس دوختم و لباس‌های زیر آماده کردم و با خود گفتم هجدهم می‌رویم فرزین را می‌بینیم و اینها را برایش می‌بریم. به هر حال رفتیم، توی لوناپارک یک دیده‌بانی بود و صف زیادی ایستاده بودند، آن موقع بود که مجاهدین و فداییان را خیلی می‌گرفتند. ما هم در صف ایستادیم. نوبت به ما که رسید آن آقایی که توی دیده‌بانی بود از ما پرسید برای چه آمده‌اید؟ پدرش گفت برای فرزین شریفی. هیچی نگفت و سرش را انداخت پایین. پدرش دوباره گفت آقا فرزین شریفی کجاست؟ به ما بگویید. بعد من رفتم جلو، آن موقع چادر هم سرم بود، گفتم آقا تو رو خدا بگویید فرزین چه شده؟ اعدامش کرده‌اید؟ سرش را تکان داد. اول گفت مگر شما روزنامه و تلویزیون نخوانده‌اید؟ گفتیم چرا، ما مرتب [روزنامه] می‌گرفتیم ولی اسم فرزین نبود.

آن موقع بود که بعضی‌ها را اعلام می‌کردند که اعدام کرده‌اند. بالاخره وقتی ما فهمیدیم، معلوم است که من مادر چه حالی داشتم، پدرش لخت شد و سینه‌اش را جلو آورد و گفت پس من را هم اعدام کنید. حالا هی تیراندازی می‌کردند که ساکت کنند، شلوغ شد و آمدند ما را گرفتند. پدرش را بردند یک طرف، چشم من را هم بستند و به لوناپارک بردند.

آنجا دیگر نمی‌دانم از کجا زیرگذر دارد یا نه، ما را سوار یک وانت کردند و پشت وانت نشستیم و بردند یک جا پیاده کردند که فکر کنم اوین بود بعد توی یک اتاقی ما را بردند که یک نفر آن کنار اتاق نشسته بود و ما را نشاند و چشمانم را باز کرد، حالا

من هم که توی وانت بودم از این خانم‌های چادری هم با ما بودند و همه‌اش می‌گفتم من را هم ببرید همان تیری که به فرزین من زدید به من هم بزنید. من را هم اعدام کنید. می‌خواهم ببینم او در این شرایط چه حالتی داشت. بعد دیدیم پدرش را هم آوردند و نشاندند. به پدرش گفت آقا، پسر شما مارکسیست بود، این برای اعدامش کافی نیست؟ ولی ما بازهم باور نمی‌کردیم و همین‌طوری من گریه و زاری می‌کردم و می‌گفتم پسر من بی‌گناه بود. می‌گفت نه بی‌گناه نبوده، مارکسیست بوده. پرسید پسر شما چه بوده؟ من گفتم اکثریتی بود. آن موقع بود که اکثریتی‌ها را نمی‌کشتند، گفتم والا اکثریتی بود. گفت پس ممکن است اشتباه شده باشد. شما بفرمایید بروید خانه. من به شما می‌گویم که پسرتان کجاست و چطوری است.

با این حالت ما را ساکت کردند. بیرون هم همه سر و صدا می‌کردند و شلوغ بود. ما را سوار کردند نزدیک خانه که رسیدیم ما را پیاده کردند و خودشان رفتند. دیگر ما آمدیم منزل که دیگر تمام رفقا و دوستان و همسرش که حامله بودند آمدند. تمام بیمارستان‌ها را گشتند و چیزی پیدا نکردند و نفهمیدند فرزین کجاست. هنوز نمی‌دانستیم خاورانی است و بچه‌ها را می‌برند آنجا. پسر فرزین دو هفته بعد به دنیا آمد.

بعد برادرشوهرم از طریق یکی از آشنایانی که در حکومت پیدا کرد خبر داد که فرزین را اعدام کرده‌اند و وصیت‌نامه او را هم به دست آورد. فرزین در این وصیت‌نامه نوشته بود: «هنوز باور نمی‌کنم که قصد اعدامم را دارند چرا که جرمی به جز دفاع از انقلاب و جمهوری اسلامی نداشتم. به هر حال بعد که فهمیدیم کجاست، صبحش با برادرشوهرم رفتیم خاوران. روی دیوار نوشته بودند ۶۷. گفتند فرزین اینجاست.

(از شهادت مادر شریفی، عدالت برای ایران)

۲. کشتار گسترده زندانیان سیاسی در سال ۱۳۶۷ و کشف گورهای دسته‌جمعی در خاوران بعد از روزها سرگردانی

در حالی‌که از سال ۱۳۶۴ فشارها بر زندانیان سیاسی کمتر شده و اعدام‌های گسترده رو به کاهش گذاشته بود، از اواسط سال ۱۳۶۶ شرایط در زندان‌ها بار دیگر تغییر کرد و علاوه بر افزایش فشارها و آغاز دور جدید بازجویی‌ها در زندان‌های سراسر کشور، اعدام زندانیان سیاسی از سر گرفته شد. بر اساس گزارش گالیندوپل در شهریور ۱۳۶۶، دست‌کم ۴۰ زندانی سیاسی در زندان اوین اعدام شدند. در ۲۸ مهر ۱۳۶۶ شورای عالی قضایی در اطلاعیه‌ای که در روزنامه کیهان منتشر شد، حکم اعدام ۲۴ نفر از اعضای سازمان‌های سیاسی مخالف را تایید کرد. در۷ آبان ۱۳۶۶ حکم اعدام ۷ زندانی سیاسی چپ دیگر در آذربایجان غربی، اصفهان و ایلام تایید شد.[۱]

در سال ۱۳۶۷ زمزمه‌های پایان جنگ و احتمال مرگ آیت‌الله خمینی بیش از پیش قوت گرفته بود و به نظر می‌رسید در چنین شرایطی با رو به اتمام بودن دوران محکومیت شمار زیادی از زندانی‌های سیاسی، نگرانی‌هایی از آزادی این زندانیان به عنوان ظرفیت‌های بالقوه برای سازمان‌دهی مخالفان، وجود داشته باشد.

در چنین شرایطی موج اول اعدام زندانیان سیاسی با تمرکز بیشتر بر زندانیان غیرمجاهد از بهار ۱۳۶۷ آغاز شد و نشریات برخی از سازمان‌های سیاسی در این ماه‌ها بارها نسبت به تایید احکام اعدام زندانیان سیاسی و انتقال زندانیان زیر حکم به سلول‌های انفرادی هشدار دادند.[۲] بر اساس اعلام مقامات رسمی، در روز ۶ خرداد ۱۳۶۷، پنج زندانی شامل انوشیروان لطفی (از سازمان فداییان خلق-اکثریت)، حاجت محمدپور (حجت محمدپور از اتحادیه کمونیست‌های ایران) و حجت‌الله معبودی (از سازمان مجاهدین خلق)، لهراسب صلواتی (از راه کارگر) و یک نفر دیگر که نامش در منابع موجود ذکر نشده در زندان اوین اعدام و در خاوران دفن شدند. اطلاعات موجود در زمینه احکام این پنج نفر به طور قطعی تایید نمی‌کند که آیا این پنج نفر در دادگاه‌هایی که پس از دستگیری‌شان در سال‌های اول دهه ۶۰ برگزار شده بود، به اعدام محکوم شده بودند یا خیر. کمتر از

[1] General Assembly, Situation of human rights in the Islamic Republic of Iran, 13 October 1988, A/43/705, Access online at: https://www.iranrights.org/attachments/library/doc_72.pdf

[۲] ن.ک.ب. نشریه اکثریت شماره‌های ۲۰۸- ۲۱۸-۲۱۶ در خرداد، تیر و مرداد ۱۳۶۷

دو ماه بعد در اواخر تیر[۳] ۱۳۶۷ نیز ۱۲ زندانی سیاسی دیگر از جمله کیومرث زرشناس (از حزب توده)، سعید آذرنگ (از حزب توده)، محمود هنری (از حزب کمونیست ایران)، رحیم هاتفی (از حزب کمونیست ایران) و فرامرز صوفی (از سازمان فداییان خلق- اکثریت)، به طور مخفیانه اعدام و به خانواده‌هایشان گفته شد که در خاوران دفن شده‌اند. در همان زمان چنانکه در گزارش گالیندوپل نیز آمده است، اخباری مبنی بر انتقال ۵۵ زندانی سیاسی محکوم به اعدام به سلول‌های انفرادی برای اجرای حکم منتشر شد.[۴] اعدام‌های هفته آخر تیر، هم‌زمان با قطع ملاقات‌های زندانیان سیاسی است که رابطه آنها با خانواده‌هایشان را برای ماه‌ها قطع می‌کند.

خانواده‌هایی که در فاصله بین اواسط تیر ماه در مراسم چهلم انوشیروان لطفی[۵] و سپس اوایل مرداد در مراسم هفتم سعید آذرنگ[۶] و فرامرز صوفی[۷] و دیگر اعدام‌شدگان روزهای آخر تیر به خاوران رفته بودند، با گورهای دسته‌جمعی اعدام شدگان در نزدیک محل دفن آنها مواجه شدند.[۸] تحقیقات عدالت برای ایران نشان می‌دهد که اولین و معروف‌ترین عکس‌های منتشر شده از گورهای دسته جمعی در خاوران که به اشتباه، به عنوان عکس‌های کشتار زندانیان سیاسی در مرداد و شهریور سال ۱۳۶۷ و پس از صدور فتوای آیت الله خمینی از آنها یاد می‌شده، در

---

[۳] منابع مختلف تاریخ‌های متفاوتی را برای این اعدام‌ها ذکر کرده اند که شامل ۲۶، ۲۸ یا ۲۹ تیر می‌شود و بر اساس اعلام خبر اعدام به خانواده‌ها بوده هیچ سند دیگری مبنی بر اینکه این اعدام‌ها یک‌جا یا در روزهای مختلف انجام شده و روز دقیق اجرای آنها چه بوده است وجود ندارد. بنابر این با اینکه احتمال می‌دهیم اعدام‌های مذکور حتی پیش از هفته آخر تیر انجام شده است، بدون ذکر تاریخ از آنها به عنوان اعدام‌های اواخر تیرماه یاد می‌کنیم.

[4]General Assembly, Situation of human rights in the Islamic Republic of Iran, 13 October 1988, A/43/705, Access online at: https://www.iranrights.org/attachments/library/doc_72.pdf

[۵] انوشیراوان لطفی متولد ۱۳۲۸ از کادرهای سازمان چریک های فدائی خلق (اکثریت) مرداد ۱۳۶۲ بازداشت شد و ۶ خرداد ۱۳۶۷ اعدام شد. بیشتر بخوانید: یک سرگذشت: انوشیروان لطفی، بنیاد برومند، قابل دسترسی در:
http://www.iranrights.org/fa/memorial/story/-4280/anushirvan-lotfi

[۶] سعید آذرنگ از جمله افرادی است که به دلیل وابستگی سیاسی به حزب توده بازداشت و در ۲۹ تیر ۱۳۶۷ اعدام شد.

[۷] فرامرز صوفی متولد ۱۳۳۰ تیر ماه ۱۳۶۵ به دلیل وابستگی سیاسی به چریک‌های فدایی خلق- اکثریت در تهران بازداشت و در ۲۹ تیر ۱۳۶۷ اعدام شد.

[۸] شهادت منصوره بهکیش و جعفر بهکیش، عدالت برای ایران

واقع مربوط به اعدام‌های پیش از پایان جنگ ایران و عراق و قبل از صدور فتوای مرگ از سوی آیت‌الله خمینی است.

کشف گور دسته‌جمعی در خاوران در اواخر تیر و اوایل مرداد ۱۳۶۷

فروغ تاجبخش (مادر لطفی)[۹] که این گور دسته‌جمعی در کنار قبر فرزندش کشف شده بود، یکی از نخستین شاهدان این گور دسته‌جمعی و اجساد دفن شده در آن بود و یکی از مادرانی است که تلاش بسیاری برای مستند کردن و اطلاع رسانی دربارهٔ آن کرد. او نخستین مواجه‌اش با این گور دسته‌جمعی را این‌گونه روایت می‌کند:

> ... روز چهلم انوش شد. رفتیم و گل گذاشتیم. یک دفعه خواهر من گفت: ای وای این دست چیه اونجا افتاده؟ برگشتیم و نگاه کردیم و دیدیم بله دستی از خاک بیرون زده است. جوان‌ها را سطحی خاک کرده بودند. همه زن‌ها داد زدند. فردی با خودش دوربین آورده بود، تا دید شرایط این طوری شده و مادرها داد می‌زنند، عکس گرفت. خود من پیکر تعدادی از جوان‌ها را دیدم، جوانی که تیری در پیشانی‌اش زده شده بود. بعد سریع، ماشین گشت آمد. دوربین را قایم کردند. بعدها شنیدم که یک روز صبح با پروژکتور آمده‌اند و عکس گرفته‌اند. اما سری اول مربوط به همان روز بود که به دست کسانی که می‌خواستند ببینند، رسید.[۱۰]

مادر شریفی که پسرش فرزین شریفی در سال ۱۳۶۰ اعدام و در خاوران دفن شد، یکی دیگر از شاهدان کشف گورهای دسته‌جمعی در خاوران است که می‌گوید

---

[۹] فروغ تاج‌بخش، یکی از شناخته‌شده‌ترین مادران خاوران، مادر انوشیروان لطفی است که خرداد ۱۳۶۷ اعدام شد.

[۱۰] فروغ تاجبخش در گفت‌وگو با سعید افشار، انوش، مرا زنده کرد، فصل‌نامه باران، شماره ۱۷ و ۱۸، پاییز و زمستان ۱۳۸۶، سوئد، ص ۲۱

این گور را در حوالی محل دفن انوشیراوان لطفی و سعید آذرنگ و فرامرز صوفی دیده است:

اولین کسی که دید من بودم و یک عده دیگر از مادرها، ما دیدیم که چیزی مانند یک پای سگ آنجاست. با چنگ و دست خاک را عقب زدیم، یکی با پیراهن چهارخانه را دیدیم، خواهر یکی از کشته شدگان که پیراهن چهارخانه‌ای برای برادرش دوخته بود، یک هو گفت وای وای این برادر من است، خانم لطفی هم او را می‌شناخت. سر این یکی کنار پای او، پای او با سر این، بعد همه گفتیم باید صبح زود با بیل و وسایل بیاییم که اینجا را خوب بشکافیم و ببینیم چیست. البته من صبح زود نتوانستم بروم، عده‌ای جوان، صبح زود با دستکش و بیل می‌روند و می‌بینند تعداد زیادی پلیس آنجاست و همه را تهدید می‌کنند و نمی گذارند که بیشتر از این گور دسته‌جمعی را شناسایی کنند، ولی دیگر آنجا معروف شده بود و همه می‌دانستیم که گوری دسته‌جمعی است و هر وقت می‌رفتیم برای آنها هم گل می‌گذاشتیم.[۱۱]

فریده امیرشکاری که علی ریاحی[۱۲] برادر همسرش سال ۱۳۶۱ در خاوران دفن شده و محمدجعفر ریاحی، همسر و محمدصادق ریاحی، برادر دیگر همسرش در سال ۱۳۶۷ اعدام شدند[۱۳] نیز به یاد می‌آورد که قبل از کندن کانال‌هایی که به محل دفن دسته‌جمعی اعدام‌شدگان معروف هستند این گور دسته‌جمعی را دیده است:

در قسمت بالای خاوران، نزدیک جایی که انوشیروان لطفی دفن شده، یک کانالی کنده بودند. یک بار صبح زود ساعت هفت که رفتیم خاوران، دیدیم که پارچه‌های پیراهن زده بود بیرون، نوک انگشتان یکی بیرون بود من خودم شاهد آن بودم. کانال خیلی عمیق نبود و خیلی با عجله خاک کرده بودند. ما که خاک را زدیم کنار، بچه‌ها را دیدیم. بچه‌هایی که پای یکی روی صورت یکی، سر روی یکی روی دست یکی، همین جوری خاک کرده

---

[۱۱] شهادت پوران‌دخت مختاری (مادر شریفی)، عدالت برای ایران، تیر ۱۳۹۴

[۱۲] علی ریاحی متولد ۱۳۳۷ بخاطر ارتباط با سازمان چریک‌های فدایی خلق (اقلیت) در ۱۳ مهر ۱۳۶۰ بازداشت شد. او که در ۲۰ بهمن ۱۳۶۱ اعدام شد در گورستان خاوران به خاک سپرده شده است.

[۱۳] محمدصادق ریاحی متولد ۱۳۳۲ و محمدجعفر ریاحی متولد ۱۳۳۰ از اعضای راه کارگر سال ۱۳۶۰ بازداشت و در تابستان ۱۳۶۷ اعدام شدند.

بودند، ما خودمان از جاهای دیگر خاک آوردیم، ریختیم و روی این‌ها را کامل پوشاندیم، یک حالت برجسته پیدا کرده بود ولی به هر حال خوب پوشاندیمش. [پیدا کردن این کانال] این اصلاً قبل از این است که آن کانال‌های دیگر را بکنند این‌ها قبلش اعدام شده بودند.[۱۴]

تازه بودن خاک‌هایی که روی آن گور ریخته شده بود و اجساد سالم و خون‌آلود داخل این گور نشانه‌ای از تاره بودن گور و وقوع اعدام‌ها در روزهای نزدیک به کشف آن گور دسته‌جمعی بود. اولین عکس‌هایی که از گورهای دسته‌جمعی خاوران منتشر شد، عکس‌هایی است که از همین گور دسته جمعی گرفته شد. این عکس‌ها آبان ۱۳۶۷ پیش از کشف گور دسته‌جمعی متعلق به اعدام‌شدگان اواسط مرداد و شهریور ۱۳۶۷ و در زمانی‌که هنوز خبر اعدام زندانیان سیاسی به تمامی خانواده‌ها اعلام نشده بود، در روزنامه‌های سازمان‌های سیاسی چپ در خارج از ایران منتشر شد.[۱۵]

اکثریت

اسناد مصور کشتار زندانیان سیاسی

عکس هائی از یک گور جمعی در خاوران نشان آثار جنایاتی مخوف

اسناد مصور کشتار زندانیان سیاسی

انتشار عکس گور دسته‌جمعی زندانیانی که در تیر یا اوایل مرداد ۶۷
در خاوران دفن شده بودند

---

[۱۴] شهادت فریده امیرشکاری، عدالت برای ایران، بهمن ۱۳۹۳

[۱۵] نگاه کنید به: نشریه سازمان فداییان خلق ایران (اکثریت) در خارج از کشور، ۱۶ آبان ۱۳۶۷، شماره ۲۳۲، ص ۱، ۹،۸

همچنین: نشریه نامه مردم، ارگان مرکزی حزب توده ایران، ۱۰ آبان ۱۳۶۷ ،صفحه ۱

شهادت خانواده‌های اعدام‌شدگان سال‌های نخست دهه ۶۰ که به طور مرتب به خاوران می‌رفتند نشان می‌دهد که کانال‌هایی که محل دفن دسته‌جمعی زندانیان اعدام شده در اواسط مرداد و شهریور ۱۳۶۷ است، نخستین گورهای دسته‌جمعی خاوران نیستند. در واقع بنا بر اسنادی همچون گزارش سازمان ملل متحد طرح «پاکسازی» زندان‌ها و روند اعدام دسته جمعی زندانیان سیاسی طیف چپ که از تابستان ۱۳۶۶ آغاز شده بود در خرداد و تیر ۱۳۶۷شدت گرفت و نمی‌توان به قطعیت تاریخ شروع اعدام دسته‌جمعی زندانیان سیاسی (و به‌ویژه زندانیان سیاسی چپ) را با فتوای آیت‌الله خمینی و حمله مجاهدین پیوند زد. در واقع اگرچه فتوای آیت‌الله خمینی منجر به تسریع و تشدید اعدام‌ها شد و دست عاملان آن را برای کشتار زندانیانی که در حال گذراندن دوران حبس‌شان بودند نیز باز کرد اما به نظر می‌رسد که این روند با کشتار زندانیانی که از قبل حکم اعدام داشتند، آغاز شده بود.

موج گسترده اعدام هزاران زندانی سیاسی در سراسر ایران کمتر از یک ماه پس از کشف گورهای دسته‌جمعی در خاوران آغاز شد. جمهوری اسلامی ایران در ۲۷ تیر ۱۳۶۷، قطعنامه ۵۹۸ مجمع عمومی سازمان ملل متحد برای پایان جنگ هشت ساله با عراق را پذیرفت. یک هفته بعد در سوم مرداد ماه، نیروهای نظامی سازمان مجاهدین خلق در عملیات فروغ جاویدان به ایران حمله و تا نزدیکی کرمانشاه پیش‌روی کردند. نیروهای مسلح جمهوری اسلامی ایران تا روز ۷ مردادماه در عملیات مرصاد، نیروهای سازمان مجاهدین را شکست دادند و در مرزهای ایران مستقر شدند.

از اواخر تیرماه هم‌زمان با قطع ملاقات‌ها که با اقدامات دیگری هم‌چون بردن تلویزیون از بندها و یا قطع روزنامه و... همراه بود و به خصوص اعلام خبر اعدام بیش از ۱۵ زندانی به خانواده‌ها، شایعاتی دربارهٔ احتمال اعدام زندانیان سیاسی بر سر زبان‌ها افتاد و به نگرانی خانواده‌ها دربارهٔ زندگی عزیزان‌شان دامن زد. تعدادی از خانواده‌ها هر روز به دفتر دادستانی زندان اوین می‌رفتند و پیگیر چرایی قطع ملاقات‌ها و وضعیت زندانیان سیاسی بودند. مراجعه دسته‌جمعی به بازرسی کل کشور، دفتر هاشمی رفسنجانی، رئیس مجلس شورای اسلامی؛ میرحسین موسوی، نخست وزیر و آیت‌الله منتظری، قائم مقام رهبری[۱۷] از دیگر اقدامات خانواده‌ها بود. در دفتر نخست‌وزیری به آنها گفته شد که نگرانی‌شان «بی‌مورد» است. در مجلس

---

[۱۷] ناصرمهاجر، «جنبش مادران خاوران»، سالنامه نوزدهمین کنفرانس بنیاد پژوهش‌های زنان ایران، ۲۰۰۹. منتشر شده در تارنمای بیداران، قابل دسترسی در:
http://www.bidaran.net/spip.php?article23

شورای اسلامی نیز ماموران انتظامی مانع تجمع آنها شدند و خانواده‌ها فقط توانستند نامه اعتراضی‌شان را تحویل دهند.[۱۸] آیت‌الله منتظری، تنها مقام عالی‌رتبه جمهوری اسلامی که در سال‌های دهه ۶۰ به صورت رسمی پیگیر وضعیت زندانیان سیاسی و معترض اعدام آنها بود نیز هیچ‌گاه شخصاً با خانواده‌ها دیدار نکرد و پسر یا دامادش نامه خانواده‌ها را تحویل می‌گرفتند.[۱۹]

اعدام گسترده و دسته‌جمعی هزاران زندانیان سیاسی پس از صدور و ابلاغ فتوای آیت‌الله خمینی آغاز شد. در تاریخ (احتمالاً) ششم مرداد ماه[۲۰] در چهارمین روز حمله نیروهای سازمان مجاهدین در نوار مرزی غرب کشور، آیت‌الله خمینی طی فتوایی که به گفته آیت‌الله منتظری در «عکس‌العمل حمله مجاهدین خلق در مرصاد» نوشته شده و برای همه قضات [دادگاه انقلاب سراسر کشور] فرستاده شد،[۲۱] حکم اعدام زندانیان مجاهد «سرموضع» را صادر کرد. بر اساس این حکم در تهران، زندانیان سیاسی بر اساس تشخیص هیات سه نفره‌ای متشکل از حسین‌علی نیری، قاضی شرع؛ مرتضی اشراقی، دادستان تهران و مصطفی پورمحمدی، نماینده وزارت اطلاعات اعدام می‌شدند و در زندان‌های شهرهای دیگر صدور حکم اعدام زندانیان سیاسی بر عهده هیات سه نفره‌ای متشکل از قاضی شرع، دادستان یا دادیار انقلاب و نماینده وزارت اطلاعات بود.[۲۲]

---

[۱۸] متن سخنرانی میهن روستا در برنامه بزرگداشت جان باختگان ۶۷ در مراسم یادمان فرانکفورت، تارنمای بیداران، ۲۶ شهریور ۱۳۸۵، قابل دسترسی در:
http://www.bidaran.net/spip.php?article117

[۱۹] شهادت لادن بازرگان، عدالت برای ایران،مهر ۱۳۹۳

[۲۰] آیت‌الله منتظری در خاطرات خود می‌گوید: «این نامه منسوب به امام تاریخ ندارد. اما این نامه روز پنج‌شنبه [۶ مرداد] نوشته شده بود، روز شنبه [۸ مرداد] توسط یکی از قضات به دست من رسید.»، ن.ک.ب: خاطرات آیت‌الله حسینعلی منتظری، جلد یک، ص ۶۲۲، سال ۱۳۷۹

[۲۱] خاطرات آیت‌الله حسینعلی منتظری، جلد یک، ص ۶۲۲، سال ۱۳۷۹

[۲۲] متن فتوای آیت‌الله خمینی در رابطه با اعدام زندانیان سیاسی:
«از آنجا که منافقین خائن به هیچ وجه به اسلام معتقد نبوده و هر چه می‌گویند از روی حیله و نفاق آنهاست و به اقرار سران آنها از اسلام ارتداد پیدا کرده‌اند، با توجه به محارب بودن آنها و جنگ‌های کلاسیک آنها در شمال و غرب و جنوب کشور با همکاری‌های حزب بعث عراق و نیز جاسوسی آنها برای صدام علیه ملت مسلمان ما و با توجه به ارتباط آنان با استکبار جهانی و ضربات ناجوانمردانه آنان از ابتدای تشکیل نظام جمهوری اسلامی تا کنون، کسانی که در زندان‌های سراسر کشور بر سر موضع نفاق خود پافشاری کرده و می‌کنند، محارب و محکوم به اعدام می‌باشند و تشخیص موضوع نیز در تهران با رای اکثریت آقایان حجت‌الاسلام نیری دامت افاضاته (قاضی شرع) و جناب آقای اشراقی

اکثریت اعدام‌شدگان، در محاکمه‌های چند دقیقه‌ای پس از دستگیری، به حبس محکوم شده و در حال گذراندن دوران محکومیت‌شان بودند، بسیاری از آنها سال‌ها یا حتی ماه‌های آخر حکم حبس‌شان را سپری می‌کردند و برخی نیز با وجود اتمام دوران حبس‌شان به دلیل امتناع از مصاحبه و اعلام انزجار از عقاید سیاسی‌شان در زندان مانده بودند.

اعدام زندانیانی که در حال گذراندن دوره حبس‌شان بودند نیز بر اساس دستور مستقیم آیت‌الله خمینی بود. وی در پاسخ به سوال آیت‌الله موسوی اردبیلی، رئیس شورای عالی قضایی در رابطه با این‌که آیا این حکم شامل زندانیانی که «محکوم به زندان محدود شده‌اند و مقداری از زندان‌شان را هم کشیده‌اند» نیز می‌شود، اعلام کرد «هرکس در هر مرحله اگر بر سر نفاق باشد، حکمش اعدام است. سریعاً دشمنان اسلام را نابود کنید.»[۲۳]

(دادستان تهران) و نماینده‌ای از وزارت اطلاعات می‌باشد، اگر چه احتیاط در اجماع است، و همین طور در زندان‌های مراکز استان کشور رای اکثریت آقایان قاضی شرع، دادستان انقلاب و یا دادیار و نماینده وزارت اطلاعات لازم الاتباع می‌باشد، رحم بر محاربین ساده‌اندیشی است، قاطعیت اسلام در برابر دشمنان خدا از اصول تردیدناپذیر نظام اسلامی است، امیدوارم با خشم و کینه انقلابی خود نسبت به دشمنان اسلام رضایت خداوند متعال را جلب نمایید، آقایانی که تشخیص موضوع به عهده آنان است وسوسه و شک و تردید نکنند و سعی کنند اشداء علی الکفار باشند. تردید در مسائل قضایی اسلام انقلابی نادیده گرفتن خون پاک و مطهر شهدا می‌باشد. والسلام. روح‌الله الموسوی الخمینی»

سیداحمد خمینی، فرزند آیت‌الله خمینی در پشت این نامه نوشت:

«پدر بزرگوار حضرت امام مدظله العالی: پس از عرض سلام، آیت‌الله موسوی اردبیلی در مورد حکم اخیر حضرتعالی دربارهٔ منافقین ابهاماتی داشته‌اند که تلفنی در سه سوال مطرح کردند: ۱.آیا این حکم مربوط به آنهاست که در زندان‌ها بوده‌اند و محاکمه شده‌اند و محکوم به اعدام گشته‌اند ولی تغییر موضع نداده‌اند و هنوز هم حکم در مورد آنها اجرا نشده است یا آنهایی که حتی محاکمه هم نشده‌اند، محکوم به اعدامند؟ ۲.آیا منافقین که به زندان محکوم شده‌اند و مقداری از زندان‌شان را هم کشیده‌اند ولی بر سر موضع نفاق می‌باشند محکوم به اعدام می‌باشند؟ ۳. در مورد رسیدگی به وضع منافقین آیا پرونده‌های منافقینی که در شهرستان‌هایی که خود استقلال قضایی دارند و تابع مرکز استان نیستند باید به مرکز استان ارسال گردد یا خود می‌توانند مستقلاً عمل کنند؟ فرزند شما، احمد»

آیت‌الله خمینی در زیر این نامه نوشت:

«بسمه تعالی در تمام موارد فوق هر کس در هر مرحله اگر بر سر نفاق باشد حکمش اعدام است. سریعاً دشمنان اسلام را نابود کنید. در صورت رسیدگی به وضع پرونده‌ها در هر صورت که حکم سریع‌تر اجرا گردد همان مورد نظر است.»

ن.ک.ب. حسینعلی منتظری، خاطرات، جلد یک، سال ۱۳۷۹، ص ۶۲۴ و ۶۲۵

[۲۳] همان.

در حالی‌که اعدام زندانیان سیاسی در پشت دیوار زندان‌های سراسر کشور ادامه داشت. خانواده این زندانیان در آن سوی دیوارها هم‌چنان در تکاپو برای کسب خبری از عزیزان‌شان بودند. در روزهای ۲۶ و ۲۷ مرداد ۱۳۶۷ خانواده‌هایی که تمام اعتراض‌ها و مراجعات‌شان به مقامات بی‌نتیجه مانده بود در برابر ساختمان دادگستری تهران تجمع کردند. در دومین روز این تجمع محمد موسوی بجنوردی، عضو شورای عالی قضایی به خانواده‌ها وعده داد که طی یک تا دو هفته دیگر ملاقات زندانیان گوهردشت برقرار خواهد شد اما ملاقات با زندانیان اوین تا اطلاع ثانوی ممنوع خواهد بود. این وعده هیچ‌گاه عملی نشد و تمامی زندانیان در حدود چهار ماه ممنوع‌الملاقات بودند و عده زیادی از آنان در همین فاصله اعدام شدند.

در پی ناامیدی خانواده‌ها از به نتیجه رسیدن شکایت به نهادها و مقامات داخلی، ارسال نامه به نهادهای بین‌المللی در دستور کار قرار گرفت. در نخستین روزهای شهریورماه، خانواده‌ها در نامه‌ای خطاب به خاویر پرز دوکوئیار، دبیرکل سازمان ملل متحد از او خواستند از «نفوذ و اعتبارش در مجامع بین‌المللی و شورای امنیت» برای نجات جان هزاران زندانی سیاسی در ایران استفاده کند. دراین نامه آمده بود: «از ۶ مرداد ۱۳۶۷ هم‌زمان با اعدام‌های دسته‌جمعی در زندان‌ها مقامات دادستانی رژیم جمهوری اسلامی ملاقات زندانیان و هر گونه تماس و ارتباط با خانواده‌شان را قطع کرده است. آقای دبیر کل، ما از شما مصراً تقاضا داریم که رژیم جمهوری اسلامی را وادار کنید تا هر چه زودتر: ۱- اعدام زندانیان را متوقف کند ۲- ملاقات و ارتباط زندانیان را با خانواده و خارج زندان برقرار سازد ۳. زندانیانی را که سال‌ها است از پایان محکومیت‌شان می‌گذرد و جرمی غیر از اینکه حاضر نیستند در مصاحبه‌های تلویزیونی و مطبوعاتی شرکت کنند ندارند، آزاد سازد.»[۲۴]

در همین روزها پس از کشتار دسته‌جمعی هزاران زندانی عضو یا هوادار سازمان مجاهدین، نوبت به اعدام دسته‌جمعی زندانیان طیف چپ رسید. هر چند دور اول اعدام زندانیان سیاسی غیرمذهبی و چپ از بهار ۱۳۶۷ و پیش از صدور فتوای آیت‌الله خمینی آغاز شده بود اما بر اساس شهادت زندانیان بازمانده از این کشتارها تخمین زده می‌شود که تاریخ شروع اعدام‌های گسترده زندانیان طیف چپ روزهای نخست شهریور سال ۱۳۶۷ باشد.

آیت‌الله منتظری در خاطرات خود از نامه‌ای دیگر از سوی آیت‌الله خمینی مبنی بر اعدام زندانیان غیرمذهبی و چپ خبر می‌دهد. این نامه تاکنون منتشر نشده و

---

[۲۴] جعفر بهکیش، در خلوت روشن با تو گریسته‌ام برای خاطر زندگان، تارنمای بیداران، ۱۵ مهر ۱۳۸۵ ، قابل دسترسی در: http://www.bidaran.net/spip.php?article86

اطلاعی از محتوای آن در دست نیست. اما آن‌گونه که در خاطرات آیت‌الله منتظری آمده، حجت الاسلام خامنه‌ای، رئیس‌جمهور وقت و رهبر فعلی جمهوری اسلامی ایران در قم به ملاقات او رفته و گفته که این نامه به دست او رسیده است و بر اساس آن «می‌خواهند اینها [زندانیان سیاسی چپ] را تند تند اعدام کنند.» وی همچنین گفته بود که در پی مراجعه خانواده زندانیان در جریان این اعدام‌ها قرار گرفته بود. [۲۵]

با این‌حال آیت‌الله خامنه‌ای چند ماه بعد، در آذر ۱۳۶۷ گفت: «مگر ما مجازات اعدام را لغو کردیم؟ نه! ما در جمهوری اسلامی مجازات اعدام را داریم برای کسانی که مستحق اعدامند... این آدمی که توی زندان، از داخل زندان با حرکات منافقین که حمله مسلحانه کردند به داخل مرزهای جمهوری اسلامی... ارتباط دارد، او را به نظر شما باید برایش نقل و نبات ببرند؟ اگر ارتباطش با آن دستگاه مشخص شده، باید چه کارش کرد؟ او محکوم به اعدام است و اعدامش هم می‌کنیم. با این مسئله شوخی که نمی‌کنیم.» [۲۶]

اشاره به اعدام‌های ۱۳۶۷ در خاطرات آیت‌الله منتظری، یکی از معدود شواهد رسمی است که در آن مقامات جمهوری اسلامی بر اعدام زندانیان طیف چپ در تابستان ۱۳۶۷ صحه می‌گذارند. در تمام ۲۷ سالی که از این اعدام‌ها می‌گذرد، مقامات رسمی در معدود اظهارنظرهای‌شان در رابطه با اعدام‌های سال ۱۳۶۷ اغلب آن را به اعدام زندانیان مجاهد تقلیل داده‌اند و اعدام آنها را هم با انجام عملیات مسلحانه مجاهدین در مرزهای غربی توجیه کرده‌اند بدون آنکه اشاره‌ای به اعدام هم‌زمان زندانیان طیف چپ کنند.

به عنوان مثال علی اکبر ولایتی، وزیر وقت امور خارجه ایران در بهمن ۱۳۶۷ گفت: «در این کشور کسانی که (اقدام به مبارزه مسلحانه می‌کنند) باید کشته شوند و این قانون است. زندانیانی که در این ماه‌های اخیر اعدام شده‌اند مجاهدین خلق بوده‌اند که سعی داشتند به داخل ایران پیشروی کنند. سایر اعدام‌شدگان نیز به

---

[۲۵] خاطرات آیت‌الله حسینعلی منتظری،جلد یک، سال ۱۳۷۹، ص ۶۳۸

در ادامه خاطرات آیت‌الله منتظری آمده است که علی خامنه‌ای بنا به گفته خودش در زمان اعدام زندانیان چپ از متصدیان {اعدام‌ها} خواسته بود که «دست نگه دارند»با این وجود نه تنها هیچ اعتراضی نسبت به این اعدام‌ها از سوی او ثبت نشده است بلکه پس از به قدرت رسیدن در خرداد ۱۳۶۸ نیز هیچ اقدامی در راستای پیگیری عاملان و آمران اعدام‌ها انجام نداد و سیاست سرکوب همه‌جانبه معترضان به این اعدام‌ها همچون دوران خمینی و گاه شدیدتر از آن دنبال شد. او همچنین در آذر ۱۳۶۷ همزمان با اعلام خبر اعدام‌ها به خانواده‌ها در سخنانی از اعدام مخالفان حمایت کرد.

[۲۶] روزنامه رسالت، ۱۶ آذرماه ۶۷

قتل شخصیت‌های سیاسی اعتراف کرده بودند.» مجید انصاری، رئیس وقت سازمان زندان‌ها نیز در اردیبهشت ۱۳۶۸ گفته بود: «عده‌ای از زندانیان در زندان تشکیلات داشتند که پس از عملیات مرصاد کشف شد. لذا اینان که تعداد بسیار کمی بودند پس از عملیات اعدام شدند.»[۲۷]

در مهرماه ۱۳۶۷ با حدس و گمان‌هایی در رابطه با احتمال اعدام زندانیان سیاسی و ادامه ممنوع‌الملاقاتی و بی‌خبری از آنها، شکایت‌های متعددی دربارهٔ موج جدید اعدام‌ها از سوی خانواده‌ها برای رینالدو گالیندوپل، نماینده ویژه کمیسیون حقوق بشر سازمان ملل[۲۸] ارسال شد. این شکایت‌ها منجر به طرح مسئله از سوی گالیندوپل با نماینده دائم ایران در سازمان ملل متحد شد. نماینده ایران کشتار زندانیان سیاسی را انکار کرد و اطلاعات منتشر شده در این رابطه را «تبلیغاتی دروغین» دانست.[۲۹] مراجعه به بیت آیت‌الله خمینی در تهران و بیت آیت‌الله مرعشی نجفی در قم از آخرین اقدامات خانواده‌های بود که به دنبال شنیدن خبری از زندانیان سیاسی و نجات جان آنها بودند.[۳۰]

در پاییز ۱۳۶۷ پس از چند ماه ممنوع‌الملاقات بودن زندانیان و سکوت کامل مسئولان در رابطه با وضعیت زندانیان، خانواده‌ها شاهد کنده شدن کانال‌های عمیقی در خاوران بودند که پس از چند روز روی آنها پوشانده می‌شد و برآمدگی ناشی از پر شدن آنها به طور کامل مشخص بود. مشاهده این تغییرات در خاوران خانواده‌ها را بیش از پیش نگران جان عزیزان‌شان کرد.

فریده امیرشکاری یکی از کسانی بود که در آن دوران هر هفته به این مکان می‌رفت:

---

[۲۷] موضع‌گیری مقامات وقت دربارهٔ اعدام‌های دهه ۶۰، بی‌بی‌سی فارسی، ۲۱ شهریور ۱۳۹۲، قابل دسترسی در:
http://www.bbc.com/persian/iran/2013/09/130912_25_anniversary_authoriteis_speech_nm

[۲۸] رینالدو گالیندوپل از سال ۱۳۶۵ تا ۱۳۷۳ به عنوان نماینده ویژه کمیسیون حقوق بشر سازمان ملل تعیین شده بود و توانست دوبار در بهمن ماه ۱۳۶۸ و مهرماه ۱۳۶۹ (ژانویه و اکتبر ۱۹۹۰) برای بررسی وضعیت حقوق بشر به ایران سفر کند.

[29] Reynaldo Galindo Pohl, Interim Report annexed to Note by the Secretary General, ECOSOC Report, "Situation of Human Rights in the Islamic Republicof Iran," A/43/705, 13 October 1988 ("*Interim ۱۹۸۸ Report*"), paras 5–11, 59

[۳۰] روزنامه انقلاب اسلامی (در هجرت)، شماره‌ی ۱۸۵، شهریور ۱۳۶۷ به نقل از ناصر مهاجر، جنبش مادران خاوران، سالنامه نوزدهمین کنفرانس بنیاد پژوهشهای زنان ایران، ۱۳۸۸. منتشر شده در تارنمای بیداران، قابل دسترسی در:
http://www.bidaran.net/spip.php?article231

ما قبل از اعدام‌ها می‌دانستیم که یک خبری هست. چهار ماه ممنوع-الملاقات بودیم. می‌رفتیم و می‌آمدیم و هیچ‌کس به ما جواب نمی‌داد که چرا ملاقات‌ها قطع شده. حتی یک بار رفتیم جلوی مجلس و دو روز تحصن کردیم که جواب ما را بدهید که چرا ملاقات‌های ما قطع شده؟ یک عده مثل همین گارد ویژه‌هایی که الان می‌آیند در خیابان با لباس چرم مشکی آمدند به ما گفتند که دوباره همه دارند دادگاهی می‌شوند. آن‌هایی که ۱۰ سال به بالا گرفته‌اند حکم‌شان می‌شود ابد و آن‌هایی که ۱۰ سال به پایین گرفته‌اند حکم‌شان می‌شود ۱۰سال. آن‌هایی هم که ابد دارند اعدام می‌شوند. و چون دوباره دارند دادگاهی می‌شوند و بازجویی می‌شوند ملاقات‌ها قطع شده. دیگر هیچ چیزی به ما اصلاً خبر نداده بودند. ولی ما خودمان چون هر هفته آن موقع می‌رفتیم خاوران، کانال‌هایی را که کنده بودند و عمقش خیلی زیاد بود، دیده بودیم. پنج کانال در قسمت پایین که بچه‌های ۶۰ تا ۶۶ خاک هستند، [حفر شده بود]. هفته بعد که رفتیم خاوران کانال‌ها پر شده بود. روی همه‌شان پوشیده بود. ما می‌دانستیم یک اتفاقی افتاده ولی در باورمان نمی‌گنجید زندانی که حکم دارد، اعدام شود.» [۳۱]

اواخر آبان و اوایل آذر ماه چندین تن از مادرانی که به خاوران رفته بودند، تکه‌هایی از بدن و لباس اجسادی را که خاک از روی‌شان کنار رفته بود، می بینند. خانواده‌ها خاک روی کانال را کنار می‌زنند و با اجسادی که در یک گور دسته‌جمعی دفن شده بود مواجه می‌شوند.[۳۲] خاطره معینی، خواهر هیبت‌الله معینی[۳۳] که در سال ۱۳۶۷ اعدام شده، یکی از نخستین مواجه‌های خانواده‌ها با گورهای دسته‌جمعی را این‌گونه شرح می‌دهد:

یک هفته بعد [از اعلام خبر اعدام‌ها] ما به خاوران رفتیم. حدود ۱۲ یا ۱۳ نفر بودیم. بیشتر مادر بودند و خواهرهای بزرگ ما. دیدیم که خیلی عوض

[۳۱] شهادت فریده امیرشکاری، عدالت برای ایران، بهمن ۱۳۹۳

[۳۲] شهادت خاطره معینی و منصوره بهکیش، عدالت برای ایران

[۳۳] هبت‌الله معینی چاغروند از اعضای برجسته سازمان فداییان خلق ایران (اکثریت) و زندانیان سیاسی زمان شاه بود. او درتاریخ ۱۷ آبان ۱۳۶۲ در خیابان فاطمی تهران بازداشت شد و در حالیکه به حبس ابد محکوم شده بود در شهریور ۱۳۶۷ در زندان اوین تهران اعدام شد. برای اطلاعات بیشتر ن.ک.ب: یک سرگذشت: هبت‌الله معینی، بنیاد برومند، قابل دسترسی در:
http://www.iranrights.org/fa/memorial/story/-5240/heybatollah-moini-chagharvand

شده. از قسمت بالا وارد شدیم و دیدیم که پلاستیک‌های سیاه رنگی از زیر خاک زده بیرون. کلاغ‌های زیادی روی زمین بودند. تکه‌های لباس از زیر خاک زده بیرون. ما گیج و منگ بودیم. یعنی اینها بچه‌های مایند؟ اینها عزیزان ما هستند که این‌جوری انداختنشون توی این کانال‌ها؟ یعنی امکان داره که یه همچین بلایی سر این بچه‌ها آورده باشند. خانواده‌ها دیگر حالت عادی نداشتند، به خصوص مادرها. شروع کردند زمین را با چنگ کندن. من چون سنم کم بود نمی‌دانستم باید چکار کنم. از یک طرف می‌ترسیدم که صحنه‌ای رو ببینم. فکر می‌کردم شاید اولین نفر [برادرم] هبت باشه. مادرم دست کشید، یک تکه شلوار کرم رنگ از زیر زمین کشید بیرون گفت خاطره بیا کمکم کن، هبت رو پیدا کردم. کشیدمش، فکر کردم راست می‌گه، دیدم جدا شد، از همدیگه جدا شد، تیکه تیکه شد، گفتم نکنیم این کار رو، نکنیم. زمین، تمام، تیکه به تیکه، روی هم روی هم انداخته بودند... یه تیکه دست، یه تیکه... فقط آنجا یکی از مادرها شاید عاقلانه برخورد کرد با آن همه فشاری که بهش بود گفت نکنید، این بچه‌ها با هم بودند، بذارید با هم باشند، کنار هم باشند. فقط کمک کنید خاک بریزیم روشون، کلاغا از این بیشتر...[۳۴]

پس از آن بود که ماموران روی این کانال‌ها، آهک و نمک ریختند تا خانواده‌ها نتوانند خاک را کنار بزنند و اجساد قابل دسترسی نباشند.[۳۵] اما تکه‌های لباس اعدام‌شدگان که از آهک‌های خشک شده بیرون مانده بود همچنان شاهدی بر وجود اجساد اعدام‌شدگان در آن کانال‌ها بود.

با کشف این گور دسته‌جمعی حدس و گمان‌ها دربارهٔ کانال‌هایی که در خاوران کنده شده بود تبدیل به یقین شد و خانواده‌ها مطمئن شدند که شماری از اعدام‌شدگان زندان‌های تهران در این گورها دفن شده‌اند. در همان روز از اجسادی که در این گورهای دسته‌جمعی دفن شده بودند، عکس گرفته شد و نگاتیوها به صورت مخفیانه برای ظهور به خارج از ایران فرستاده شدند.[۳۶] از سرنوشت این عکس‌ها هیچ خبری در دست نیست.

در شرایطی که حکومت ایران از پذیرفتن مسئولیت رسمی اعدام هزاران زندانی سیاسی سر باز می‌زد و حتی تا سال‌های بعد و تا زمان فعلی حاضر نشده که

---

[۳۴] شهادت خاطره معینی، دادگاه مردمی ایران تریبونال.

[۳۵] شهادت لادن بازرگان، عدالت برای ایران، مهر ۱۳۹۳

[۳۶] شهادت‌های خاطره معینی و منصوره بهکیش، عدالت برای ایران

در برگه فوت این زندانیان، شیوه مرگ آنها را «اعدام» اعلام کند، کشف این کانال‌ها و نیز گورهای دسته‌جمعی اعدام‌های خرداد و تیر ۱۳۶۷ و انتشار عکس اجساد بیرون مانده از خاک مدرکی روشن و غیرقابل انکار برای اثبات کشتار دسته‌جمعی زندانیان سیاسی در ایران بود که به همت خانواده‌های داغدار این زندانیان انجام شد. در راستای همین تلاش‌ها بود که عفو بین‌الملل در بیانیه‌ای در تاریخ ۲۲ آذر ۱۳۶۷ به صورت رسمی اعدام گسترده و دسته‌جمعی زندانیان سیاسی در ایران و دفن آنها در گورهای دسته‌جمعی را برمبنای اطلاعات رسیده از سوی سازمان‌های سیاسی و خانواده‌های اعدام‌شدگان تایید کرد.[۳۷]

در همان روزها بود که به تدریج از دادستانی انقلاب یا زندان اوین با بسیاری از خانواده‌ها تماس گرفتند و خبر اعدام فرزندان‌شان را به آنها اعلام کردند.[۳۸] خبر اعدام به صورت فردی و با تهدیدهای شدید مبنی بر ممنوعیت برگزاری هرگونه مراسم عزاداری به خانواده‌ها اعلام می‌شد. با این همه، مقامات مسئول از دادن هرگونه اطلاعاتی دربارهٔ محل دفن اعدام‌شدگان خودداری می‌کردند و شناسایی خاوران به عنوان محل دفن شماری از زندانیان سیاسی اعدام‌شده در زندان‌های تهران حاصل تلاش و پیگیری خانواده‌ها برای دانستن حقیقت دربارهٔ محل دفن فرزندان‌شان بود.

---

[37] Biggest Wave Of Political Execution In Iran Since Early 1980s, Amnesty International, AI index: MDE 13/31/88 Distr: SC/PO, 13 December 1988, Access online at: http://d-n-i.abdolian.com/archive/1988/documents/AI_13_31_88.html

[۳۸] شهادت خاطره معینی و منصوره بهکیش، عدالت برای ایران

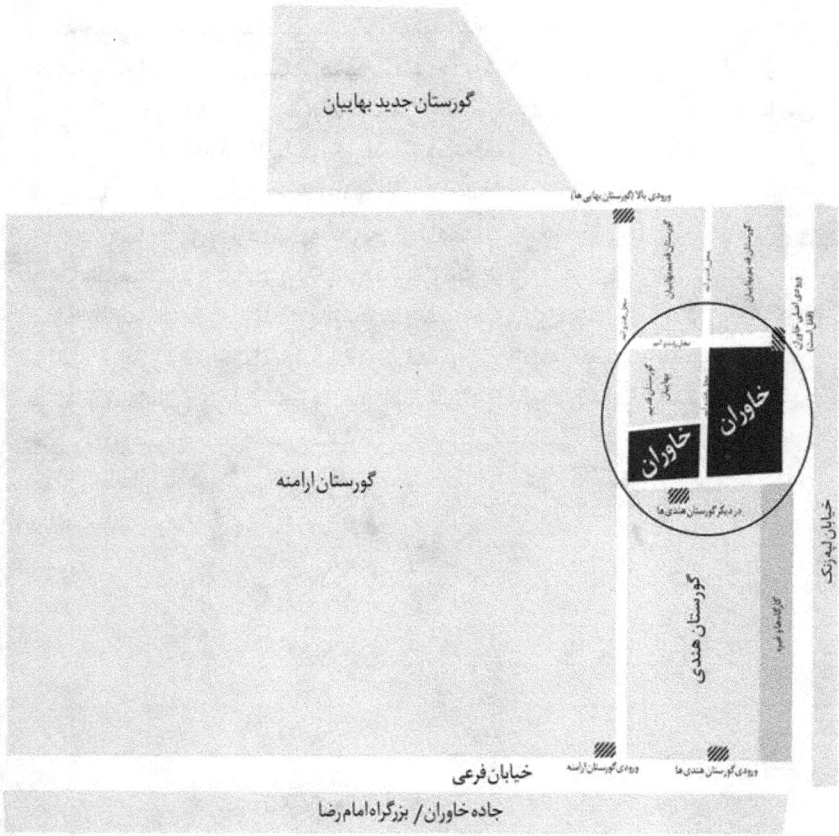

گورستان جدید بهاییان
ورودی بالا (گورستان بهایی‌ها)
گورستان قدیم بهاییان
ورودی اصلی خاوران (قفل است)
گورستان قدیم بهاییان
خاوران
خاوران
در دیگر گورستان هندی‌ها
گورستان ارامنه
گورستان هندی
خیابان لبه‌زنک
خیابان فرعی
ورودی گورستان ارامنه
ورودی گورستان هندی‌ها
جاده خاوران / بزرگراه امام رضا

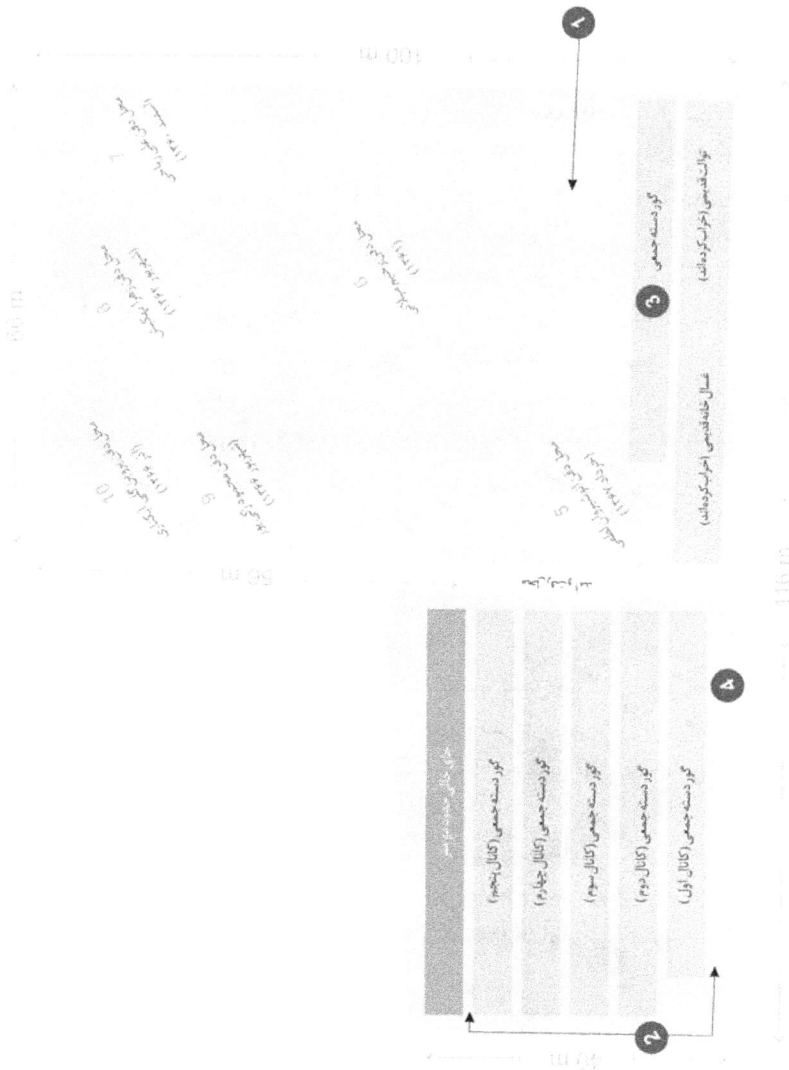

۱. زندانیان سیاسی چپ که بین خرداد ۱۳۶۰ تا خرداد ۱۳۶۷ اعدام شدند و شماری از فعالان سیاسی که در درگیری‌های دهه ۶۰ کشته شدند در این قطعه دفن شده‌اند.

۲. کانال‌های محل دفن دسته جمعی اعدام شدگان تابستان ۱۳۶۷

۳. یکی از نخستین کانال‌هایی که اعدام شدگان تابستان ۱۳۶۷ به صورت دسته جمعی در آن دفن شده‌اند.

۴. محل دفن سعید سلطان‌پور و شمار دیگری از زندانیان سیاسی که ۳۰ خرداد ۱۳۶۰ اعدام شدند.

چنان‌که لادن بازرگان، خواهر بیژن بازرگان[۳۹] می‌گوید، اخبار مربوط به کانال‌ها و اجسادی که مادران در خاوران دیده بودند، بین خانواده‌ها پیچیده بود و هر خانواده‌ای به محض اعلام خبر اعدام فرزندش از سوی ماموران زندان، به خاوران می‌رفت.[۴۰] در واقع پس از حدس خانواده‌ها از اینکه در این گورهای دسته‌جمعی عزیزان اعدام‌شده‌شان دفن شده‌اند و در حالی‌که سکوت و عدم پاسخ‌گویی مسئولان دربارۀ محل دفن هزاران زندانی اعدام شده در تابستان ۱۳۶۷ ادامه داشت، بسیاری از خانواده‌ها خاوران را به عنوان محل دفن اعدام‌شدگان تعیین کردند. در حالی‌که دولت از وظیفه مشخص خود برای «تحقیقات دربارۀ وضعیت اجساد کشته‌شدگان و تشخیص هویت اجساد» شانه‌خالی می‌کند، خانواده‌ها تاکید دارند که محل واقعی دفن بستگان‌شان فقط با دسترسی به اسناد دولتی و آزمایش‌های ژنتیکی بقایای اجساد قربانیان در گورهای جمعی در خاوران و جاهای دیگر میسر خواهد بود.[۴۱]

در حالی‌که مقامات رسمی ایران همچنان به صورت رسمی و علنی از پذیرفتن مسئولیت اعدام‌ها و پاسخ‌گویی به خانواده‌ها شانه خالی می‌کردند، گالیندوپل در گزارشش به کمیسیون حقوق بشر سازمان ملل در ۶ بهمن ۱۳۶۷ اعلام کرد که براساس گزارش‌های دریافتی از منابع مختلف شمار زیادی از زندانیان سیاسی در سه ماه ژوئیه، اوت و سپتامبر ۱۹۸۸ [تیر، مرداد و شهریور ۱۳۶۷] در ایران اعدام شده‌اند. گالیندوپل با بیان اینکه تعداد دقیق قربانیان موج اخیر اعدام‌ها مشخص نیست، گزارش کرد که نماینده ویژه سازمان ملل تا کنون نام بیش از یک‌هزار تن از قربانیان را دریافت کرده است اما به احتمال قوی چندهزار تن در این بازه زمانی اعدام شده‌اند.[۴۲]

از اعدام‌های سال ۱۳۶۷ نیز همچون سایر اعدام‌های سیاسی دهه ۶۰ آمار دقیقی در دست نیست. آیت‌الله منتظری تنها مقام رسمی است که در این رابطه اظهارنظر کرده و گفته «برحسب گفته متصدیان» آمار اعدام زندانیان مجاهد

---

[۳۹] بیژن بازرگان متولد ۱۳۳۸ هوادار سازمان اتحادیه کمونیست‌های ایران بود. او تیرماه ۱۳۶۱ بازداشت و شهریور ۱۳۶۷ اعدام شد. بیشتر بخوانید: یک سرگذشت: بیژن بازرگان، بنیاد برومند، قابل دسترسی در:
https://www.iranrights.org/fa/memorial/story/-7227/bijan-bazargan

[۴۰] شهادت لادن بازرگان، عدالت برای ایران، مهر ۱۳۹۳

[۴۱] گفت‌وگو با جعفر بهکیش، خانواده قتل عام شده،اخبار روز، ۳ شهریور ۱۳۹۲ ، قابل دسترسی در: http://www.akhbar-rooz.com/article.jsp?essayId=54845

[42] UN Commission on Human Rights' 1989 Report on the Situation of Human Rights in Iran, Renaldo Galindo Phol, United Nations, 26 January 1988, Paras 15-18, Access online at: http://www.iranrights.org/library/document/374/un-commission-on-human-rights-1989-report-on-the-situation-of-human-rights-in-iran

«حدود ۲۸۰۰ یا ۳۸۰۰» است.[۴۳] اسامی که از سوی فعالان سیاسی و خانواده‌ها جمع‌آوری شده بیشتر است و به عنوان نمونه تارنمای گفت‌وگوهای زندان اسامی و مشخصات دست‌کم ۴۷۹۹ نفر از زندانیان سیاسی اعدام شده در سال ۱۳۶۷ در شهرهای مختلف ایران را مستند کرده است.[۴۴]

۳. تلاش «مادران و خانواده‌های خاوران» برای دادخواهی و اجرای عدالت

با وجود تهدید صریح و شدید خانواده اعدام‌شدگان تابستان ۱۳۶۷ مبنی بر سکوت دربارهٔ اعدام فرزندان‌شان و ممنوعیت برگزاری هرگونه مراسم و یادبود برای اعدام شدگان، آنها از همان روزهای نخست با برگزاری مراسم فردی و جمعی برای اعدام‌شدگان از یک سو و حضور در خاوران به عنوان محل دفن فرزندان‌شان از سوی دیگر، تلاش علیه سکوت و فراموشی فاجعه‌ای که رخ داده بود را آغاز کردند. آنها همچنین از طریق تجمع در برابر کاخ دادگستری و سازمان ملل و نوشتن نامه به مقامات داخلی و بین‌المللی پیگیر دادخواهی اعدام‌شدگان بودند.

تمامی این تلاش‌ها با خشونت سرکوب شد و شمار زیادی از خانواده‌ها در تجمع‌های اعتراضی، در خاوران و مراسم یادبود اعدام‌شدگان بازداشت شده یا مورد ضرب و شتم و توهین قرار گرفتند. خشونت اعمال شده از ماموران مستقر در اطراف خاوران در سال‌های ۱۳۶۷ و ۱۳۶۸ به گونه‌ای بود که خطر بازداشت همواره حاضران در خاوران را تهدید می‌کرد. اولین مراسم دسته‌جمعی در خاوران، پس از خبر قطعی شفاهی حکومت مبنی بر اعدام زندانیان و دادن ساک آنها در آبان و آذر سال ۱۳۶۷، در دی ماه همان سال به عنوان مراسم چهلم[۴۵] اعدام‌شدگان در خاوران برگزار شد و همچنین اولین سالگرد اعدام‌ها در دهم شهریور ۱۳۶۸ با

---

[۴۳] خاطرات آیت‌الله حسینعلی منتظری،جلد یک، سال ۱۳۷۹،ص ۶۲۷
آیت الله منتظری گفته است که تردید در رابطه بین دو رقم از او است. اما در مقایسه با سایر آمارها به نظر می‌رسد که رقم ۳۸۰۰ به حقیقت نزدیک‌تر است.
[۴۴] کتاب سیاه ۶۷، اسناد نسل‌کشی کمونیست‌ها، انقلابیون و زندانیان سیاسی ایران، نشر گفت‌وگوهای زندان، ۱۳۷۸ ، قابل دسترسی در:
http://dialogt.de/wp-content/uploads/2016/03/ketab-Siah67.pdf
[۴۵] این مراسم چهلم براساس زمان اعلام خبر اعدام‌ها در آذر ماه ۱۳۶۷ گرفته شده بود.

خشونت شدید نیروهای امنیتی مواجه شد و شمار زیادی از خانواده‌ها بازداشت شدند.[۴۶]

شماری از مادران اعدام‌شدگان از جمله زینب الله‌رحیم (مادر صفاییان) و طلعت ساویز (مادر رضایی جهرمی) در خاوران، نوروز ۱۳۶۸

در همین شرایط خانواده‌های اعدام‌شدگان به صورت مرتب به خاوران می‌رفتند و در ایامی همچون جمعه آخر سال و روز اول عید و جمعه نزدیک به دهم شهریورماه تعداد بیش‌تری در خاوران دیده می‌شدند.[۴۷] حضور مستمر در خاوران، علاوه بر زنده نگه‌داشتن یاد عزیزان اعدام شده‌شان، راهی برای ارتباط بین خانواده‌ها و برنامه‌ریزی فعالیت‌های دسته‌جمعی نیز بود.

اکثریت زندانیان سیاسی اعدام شده در دهه ۶۰ و به ویژه در سال ۱۳۶۷ اعضا و هواداران سازمان مجاهدین خلق بودند و در نخستین اعتراض‌ها نسبت به وضعیت زندانیان سیاسی در سال‌های ۱۳۶۱-۱۳۶۰ خانواده زندانیان طیف چپ و مجاهد در کنار هم بودند. اما در سال‌های بعد ارتباط خانواده‌ها با هم کمتر شد. با این حال نمی‌توان از معدودی خانواده‌های زندانیان مجاهدین که فارغ از گرایش سیاسی بستگان اعدام شده‌شان و محل دفن آنها، با مادران خاوران همراه بودند، چشم‌پوشی کرد. ندا که برادر مجاهدش در سال ۱۳۶۰ اعدام شده و در بهشت زهرا دفن است، می‌گوید که مادرش تا سال‌ها پس از اعدام فرزندش با مادران خاوران ارتباط داشت

---

[۴۶] شهادت فریده امیرشکاری، عدالت برای ایرانِ، همچنین نگاه کنید به: فت‌وگو با مینا لبادی، تارنمای مادران پارک لاله، ۱۵ مهر ۱۳۹۲ ، قابل دسترسی در:
http://www.mpliran.org/2013/10/1.html

[۴۷] شهادت منصوره بهکیش، عدالت برای ایران، اسفند ۱۳۹۳

و علاوه بر شرکت در مراسم‌های یادبود و سوگواری آنها، به خاوران نیز می‌رفت. ندا به یاد دارد که در تابستان ۱۳۶۷ به همراه مادرش در خاوران حضور داشته است. او همچنین معدود مادران مجاهدان اعدام‌شده‌ای را می‌شناسد که با مادران خاوران در ارتباط بودند و اغلب به دلیل ارتباط عاطفی که با خانواده اعدام‌شدگان طیف چپ داشتند در حرکت‌های اعتراضی و دادخواهی با آنها همراه می‌شدند. مادر کلثوم، زنی که یک فرزندش در سال ۱۳۶۰ و دیگری در سال ۱۳۶۷ اعدام شده بود یکی از این مادران بود که بارها و بارها نیز به خاطر فعالیت‌هایش بازداشت شده بود.[۴۸]

با وجود سیاسی بودن ماهیت اعدام زندانیان در دهه ۶۰ و روشن بودن وابستگی یا هواداری آنها از سازمان‌های سیاسی، دادخواهی و اعتراض مادران و خانواده‌های خاوران در اکثر موارد مستقل از سازمان‌های سیاسی و بر اساس حقوق اعدام‌شدگان و بستگان آنها دنبال شده است.[۴۹] در نخستین ماه‌های پس از اعلام خبر اعدام‌ها در آذر ۱۳۶۷ هنوز ارتباط کم‌رنگی بین فعالیت‌های اعتراضی خانواده‌ها و سازمان‌های سیاسی نزدیک به فرزندان‌شان وجود داشت، اما در همین دوران نیز اقداماتی همچون تجمع دی ۱۳۶۷ در برابر کاخ دادگستری و انتشار نامه‌ای در خصوص اعدام‌ها با امضای ۵۰ تن از خانواده‌ها، بدون دخالت سازمان‌های سیاسی و با برنامه‌ریزی خانواده‌ها برگزار شد.[۵۰]

خاطره معینی دربارهٔ نحوه ارتباطات مادران و سازماندهی برنامه‌ها می‌گوید که آنها همدیگر را هم در خاوران و هم بیرون از آن‌جا در مراسم‌هایی که برای اعدام‌شدگان گرفته می‌شد، می‌دیدند: «به‌طور مشخص در خاوران چند مادر بودند که نمی‌توانیم بگوییم سازمان‌دهی شده ولی چون بزرگ جمع بودند و تجربه داشتند، تصمیمات‌شان را معمولاً در خاوران می‌گرفتند و به جوانان هم منتقل می‌شد.»[۵۱]

با وجود این فعالیت‌های جمعی، به دلیل سرکوب شدید و سایر دلایلی که ارزیابی آنها از چارچوب این تحقیق خارج بوده است، مادران خاوران هیچ‌گاه

---

[۴۸] شهادت ندا (نام مستعار)، عدالت برای ایران، مهر ۱۳۹۳ (نام و مشخصات شاهد نزد عدالت برای ایران محفوظ است)

[۴۹] جعفر بهکیش، سیاست حافظه،رادیو زمانه، ۱۹ شهریور ۱۳۹۳ ، قابل دسترسی در: http://www.radiozamaneh.com/174334

[۵۰] جعفر بهکیش، نگاهی به تجربه "کانون دفاع از زندانیان سیاسی (داخل کشور)"، تارنمای بیداران، ۲۰ مهر ۱۳۸۴، قابل دسترسی در: http://www.bidaran.net/spip.php?article83

[۵۱] شهادت خاطره معینی، عدالت برای ایران، آبان ۱۳۹۱

نتوانستند همچون نمونه‌های مشابه مثل مادران میدان مایو در آرژانتین[۵۲]، مادران گوانگجو در کره جنوبی[۵۳]، مادران شنبه، در ترکیه[۵۴] و.... به صورت تشکل یافته و در قالب گروه‌های مدنی فعالیت کنند.

در حالی که تلاش‌ها برای پاسخگو کردن مقامات رسمی به نتیجه‌ای نرسید، تلاش خانواده‌ها برای زنده نگاه داشتن یاد اعدام‌شدگان و ضرورت دادخواهی اعدام‌های دهه ۶۰ منجر به طرح بیشتر این موضوع در جامعه شد. اگرچه هیچ‌گاه در فضاهای عمومی، مطبوعات و رسانه‌های جمعی داخل ایران امکان پرداختن به موضوع اعدام‌های دهه ۶۰ وجود نداشته و ندارد، اما از همان اولین سالگرد، در خارج از ایران و در شهرهای مختلف، فعالان تبعیدی، مراسم یادبود اعدام‌های ۶۷ را برگزار می‌کردند که هدف اصلی‌اش، جلوگیری از فراموشی و ایجاد آگاهی بود. از اوایل دهه ۸۰ نیز با فراگیرشدن دسترسی به اینترنت و انعکاس این اعدام‌ها و تلاش خانواده‌ها برای دادخواهی در سایت‌های اینترنتی خارج از کشور، آگاهی نسبت به این موضوع در داخل کشور بیشتر از قبل شد. فعال شدن جنبش دانشجویی، جنبش زنان و سازمان‌های غیردولتی و فراهم آمدن فضایی اندک برای گفت‌وگوهایی خارج

---

[۵۲] مادران میدان مایو، گروهی از زنان آرژانتینی هستند که فرزندان‌شان در در دوران دیکتاتوری نظامی ۱۹۷۶ تا ۱۹۸۲ در این کشور ناپدید و یا اعدام شده‌اند. مادران مایو که از سال ۱۹۷۷ فعالیت‌های اعتراضی خود را آغاز کرده بودند، در اوت سال ۱۹۷۹ گروه‌شان را به‌عنوان *انجمن مادران پلازا د مایو* به‌طور قانونی به ثبت رساندند. برای اطلاعات بیشتر ن.ک.ب: آرژانتین: مادران میدان مایو، تارنمای زن‌نگار، آبان ۱۳۹۲ ، قابل دسترسی در:
http://zannegaar.net/content/404

[۵۳] مادران گوانگجو گروهی از زنان هستند که فرزندان آنها در سال ۱۹۸۰جریان قتل‌عام نیروهای جنبش دموکراتیک مردمی در کره جنوبی کشته یا مفقود شده‌اند، این مادران با راه‌اندازی «مرکز فرهنگی ۱۸ مه» و «خانه مادران» برای دادخواهی فرزندان‌شان تلاش می‌کنند. برای اطلاعات بیشتر ن.ک.ب: مادران خاوران در گوانگجو، صدایی برای دادخواهی کشته‌شدگان دهه ۶۰ ، تارنمای عدالت برای ایران، ۲۶ اردیبهشت ۱۳۹۳ ، قابل دسترسی در:
http://justice4iran.org/persian/reports/mothers-of-khavaran-gwangju/

[۵۴] مادران شنبه، نام گروهی از مادران و خانواده قربانیان کودتای ۱۹۸۰ ترکیه است که طی آن ده‌ها هزار نفر از فعالان سیاسی کشته و ناپدید شدند. مادران شنبه حدود هشت سال است که تقریباً هر هفته برای دادخواهی از عاملان کودتا در استانبول تجمع می‌کنند. برای اطلاعات بیشتر ن.ک.ب: در سوگ برفونه، از گروه "مادران شنبه"، بی بی سی فارسی، ۱۲ اسفند ۱۳۹۱، قابل دسترسی در:
http://www.bbc.com/persian/iran/2013/03/130302_l93_barfoo.shtml
Also: Jonathon Burch, Turkey's Kurdish 'Saturday Mothers' hold 500th vigil for the disappeared, Rudaw, 25/10/2014, Access online at:
http://rudaw.net/english/middleeast/turkey/251020141

از سلطه و نظارت حکومت نیز این امکان را ایجاد کرد که گاه افراد غیر سیاسی و فعالان جوان این حوزه‌ها نیز از اعدام‌های دهه ۶۰ که به طور کامل از رسانه‌ها و تربیون‌های رسمی سانسور یا تحریف می‌شد، آگاه شوند، با خانواده اعدام‌شدگان ارتباط بگیرند و حتی به خاوران بروند. در همان سال‌ها بود که به تبعیت از جنبش‌های مادران در کشورهای مختلف جهان و به ویژه کشورهای آمریکای لاتین، ترکیه، کره جنوبی و... که به دنبال فرزندان ناپدید شده یا کشته شده‌شان در دوران دیکتاتوری بودند، از خانواده‌های زندانیان سیاسی اعدام شده در دهه ۶۰ که در خاوران دفن بودند و به صورت دسته جمعی پیگیر دادخواهی بودند، به عنوان «مادران خاوران» یاد می‌شود.

با این حال برخی از اعضای خانواده‌های قربانیان اعدام‌های مخفیانه دهه ۶۰ با نام‌گذاری و شناسایی حرکت خانواده‌ها تحت نام «مادران خاوران» موافق نیستند و می‌گویند این حرکت آن قدر سازمان یافته نیست که بتوان به این شکل آن را شناسایی و معرفی کرد. جعفر بهکیش، که چهار برادر و یک خواهرش در دهه ۶۰ اعدام شده‌اند، معتقد است: «اینکه این اسم را خودشان روی خودشان می‌گذارند یا نمی‌گذارند خیلی واقعاً تعیین نمی‌کند که این اسم مشروعیت دارد یا ندارد. اگر این اسم آنها و تلاش‌شان را با دقت تعریف می‌کند، مجاز هستیم که از آن استفاده کنیم. به نظر من مهم است که ما به این تلاش رسمیت بدهیم و نشانی به عنوان سمبل آن داشته باشیم تا بتواند آن ایده را نمایندگی کند.»[۵۵]

در سال‌های نخست پس از اعدام‌ها با وجود حضور و همراهی همسران، خواهران، پدران و برادران اعدام‌شدگان در اعتراضات و حرکت‌های دادخواهانه، مادران در خط مقدم مبارزه و مقاومت قرار داشتند. در اغلب موارد جسارت و شجاعت مادران در دفاع از فرزندشان و دادخواهی برای آنها، نگاه سنتی- مذهبی جامعه به نقش مادری و تلاش مادران برای محافظت از مردان (پدران و برادران) و جوانان (همسران و خواهران) خانواده که بیشتر در خطر بازداشت و آزار و اذیت بودند، باعث شده بود که مادران حضور پررنگ‌تری داشته باشند. این حضور پررنگ برای آنها بدون هزینه نبود و بسیاری از مادران بارها مورد توهین و ضرب و شتم ماموران امنیتی قرار گرفتند، به خانه‌هایشان حمله شد، بازداشت شدند و با این حال همچنان با حضور در خاوران و زنده نگه‌داشتن یاد فرزندان‌شان به دنبال دادخواهی بودند.

در سال‌های اخیر با درگذشت شمار زیادی از مادران و بیمار و کهنسال شدن بسیاری از آنها، همسران، خواهران، برادران و فرزندان اعدام‌شدگان که در تمام سه

---

[۵۵] شهادت جعفر بهکیش، عدالت برای ایران، اسفند ۱۳۹۳

دهه گذشته نیز در کنار مادران پیگیر برقراری عدالت بوده‌اند، نقش بیشتری را در فعالیت‌های دادخواهانه برعهده گرفته‌اند. به همین دلیل در این گزارش ما از مجموعه آنها به عنوان «مادران و خانواده‌های خاوران» نام می‌بریم.

حضور دسته‌جمعی مادران و خانواده‌های اعدام‌شدگان در خاوران، سال ۱۳۸۵

تعداد خانواده‌هایی که در طول سال یا در مناسبت‌های خاصی همچون سالگرد اعدام‌ها و جمعه آخر سال به خاوران می‌روند در دوره‌های مختلف و با توجه به فشارهای امنیتی تحمیل شده بر خانواده‌ها متفاوت بوده است. گاه در اوج فشارهای امنیتی تعدادی انگشت‌شمار به خاوران رفته‌اند، گاه در گشایش نسبی فضا در برخی مراسم‌های سالگرد و جمعه جمعیتی بین ۲۰۰ تا ۳۰۰ نفر در خاوران حضور داشته‌اند.[۵۶] و در برخی مراسم نیز در حدود یک‌هزار نفر به خاوران رفته‌اند.[۵۷] علاوه بر این، خانواده‌هایی نیز هستند که ممکن است کمتر در خاوران و برنامه‌های جمعی دیگر دیده شوند، اما به شیوه‌های دیگری که کمتر رسانه‌ای می‌شود، پیگیر زنده نگاه‌داشتن یاد اعدام‌شدگان در خاطره جمعی جامعه هستند.

امید منتظری که پدرش در سال ۱۳۶۷ اعدام شده،[۵۸] می‌گوید:

---

[۵۶] شهادت جعفر بهکیش، عدالت برای ایران، اسفند ۱۳۹۳

[۵۷] شهادت منصوره بهکیش، عدالت برای ایران، اسفند ۱۳۹۳، اسفند ۱۳۹۳

[۵۸] حمید منتظری، متولد ۱۳۳۱ از اعضای سازمان فدائیان خلق (اکثریت) بود که در مرداد ۱۳۶۵ در تهران بازداشت شد. او که دانشجوی حقوق دانشگاه تهران بود در شهریور ۱۳۶۷ در زندان اوین تهران اعدام شد. برای اطلاعات بیشتر ن.ک.ب: یک سرگذشت: حمید منتظری، بنیاد برومند، قابل دسترسی در:

http://www.iranrights.org/fa/memorial/story/-5336/hamid-montazeri

داستان اینکه [خانواده‌ها] بگویند [اعدام‌ها و خاوران را] فراموش نکرده‌اند به داستان مهمی تبدیل شده بود. جنگ و گریز بر سر تاریخ بود. بر سر تاریخ بی‌صدایان. بر سر این بود که ما کسانی هستیم که می‌گوییم این اتفاق افتاده، به این شکل هم افتاده، این‌جا هم جای‌شان است. حضور این خانواده‌ها تایید فاجعه است. حضورشان تایید سرکوب و تاریخ خشونت و خشونت سیستماتیک در جمهوری اسلامی است و اینکه این گورهای دسته جمعی وجود دارند گورهای بی‌نشانی وجود دارند و اینکه اعدام‌هایی اتفاق افتاده و به این گستردگی اتفاق افتاده است. در واقع دعوا سر نوشتن تاریخ است. چه دو نفر برویم آنجا چه ۵۰ نفر برویم. چه مراسمی بگذارند بگیریم که ۵۰ هزار نفر بیایند چه مراسمی گرفته شود که ۱۵ نفر بیایند. همین تعقیب و گریز نشان دهنده این است که شهر آرام نیست یعنی یک سری ارواح پریشان بلاتکلیفی هنوز هستند که این‌ها آرام نگرفته‌اند.[۵۹]

پایداری و مقاومت مادران خاوران اگرچه در داخل ایران همواره با سرکوب و انکار روبرو بوده، اما نهادهای بین‌المللی و فعالان زن ایرانی در خارج از کشور در سال‌های اخیر بارها از این تلاش تقدیر کرده‌اند.

بنیاد پژوهش‌های زنان در نوزدهمین کنفرانس سالانه‌اش در تیرماه ۱۳۸۷، جایزه زن برگزیده سال را به مادران خاوران اعطا کرد.[۶۰] منصوره بهکیش نیز در سال ۱۳۹۱ به خاطر فعالیت‌هایش برای برقراری عدالت در رابطه با اعدام‌های دهه ۶۰ نامزد جایزه "مدافعان خط مقدم" (Frontline Defenders) برای مدافعان حقوق بشر در معرض خطر شد. مدافعان خط مقدم یک سازمان حقوق بشری در ایرلند است که هر سال جایزه‌ای به یک مدافع حقوق بشر که سهم برجسته‌ای در دفاع از مبانی حقوق بشر داشته، اعطا می‌کند. منصوره بهکیش یکی از شش نفری بود که از میان ۹۰ فعال شناخته شده حقوق بشر از سراسر جهان، نامزد دریافت این جایزه شده بود.[۶۱] مادران خاوران همچنین در سال ۱۳۹۲ از سوی شبکه «زنان و قوانین در

---

[۵۹] شهادت امید منتظری، عدالت برای ایران، شهریور ۱۳۹۳

[۶۰] صنم دولتشاهی، مادران خاوران، زنان برگزیده سال، رادیو زمانه، ۱۵ تیر ۱۳۸۷، قابل دسترسی در: http://zamaaneh.com/special/2008/07/post_596.html

[۶۱] مدافعان حقوق بشر از ایران، کامبوج، کنیا، ازبکستان، کلمبیا و موریتانی برای جایزه فرانت‌لاین برای مدافعان حقوق بشر در معرض خطر سال ۲۰۱۳ نامزد شدند، تارنمای فرانت‌لاین، قابل دسترسی در: https://www.frontlinedefenders.org/fa/node/21548

جوامع مسلمان (ولوم)»، به عنوان نامزد دریافت جایزه سازمان ملل در زمینه حقوق
بشر معرفی شد.[۶۲] اما مهمترین این جوایز که از طریق آن برای اولین بار، حرکت
مادران و خانواده‌های خاوران در سطح بین‌المللی به رسمیت شناخته شد، جایزه
بنیاد ۱۸ مه کره جنوبی بود که هرسال از سوی بازماندگان قتل عام مخالفان در
ماه مه ۱۹۸۰ در شهر گوانگجو کره جنوبی تاسیس شده، اعطا می‌شود. این بنیاد
در سال ۱۳۹۳ مادران خاوران و عادل الرحمان‌خان، فعال حقوق بشر بنگلادشی را
به‌صورت مشترک به‌عنوان برنده جایزه حقوق بشری بین‌المللی گوانگجو انتخاب
کرد.[۶۳]

از راست: معصومه دانشمند (مادر بازرگان)، عادل الرحمان‌خان و
زنده‌یاد پروانه میلانی، پس از دریافت جایزه گوانگجو در کره جنوبی

---

[۶۲] شبکه زنان و قوانین در جوامع مسلمان، «مادران خاوران» را نامزد دریافت جایزه حقوق
بشر سازمان ملل می‌کند، تارنمای شبکه زنان و قوانین در جوامع مسلمان، قابل دسترسی
در: http://farsidari-wluml.org/?p=2080
[۶۳] مادران خاوران در مراسم اهدای جایزه گوانگجو: تا زمانی که جان در بدن داریم، برای
کشف حقیقت تلاش خواهیم کرد، تارنمای عدالت برای ایران، ۲۸ اردیبهشت ۱۳۹۳، قابل
دسترسی در: http://justice4iran.org/persian/reports/award-mothers-of-khavaran/

پسرم حمید قباخلو[۶۴] روز ۱۷ شهریور ۱۳۶۵ ساعت سه بعدازظهر دستگیر شد. سه ماه و ۱۵ روز من در این تهران پاهایم تاول زد ولی نتوانستیم پیدایش کنیم. همه تهران [را گشتیم] یک روز من حتی رفتم منکرات گفتم نکند گرفته‌اند و برده‌اند آنجا. از شهرری تا سه راه افسریه، تهران، فرودگاه، ترمینال‌ها و همه وهمه [را گشتیم]. از ساعت شش صبح راه می‌افتادم از این کمیته به آن کمیته از این خیابان به آن خیابان و شب می‌آمدم خانه. هیچی هم بهم نمی‌گفتند. در انقلاب یک کمیته بغل پمپ بنزین با یک پنجره کوچک بود. گفتند آنجا می‌گویند [که بچه‌تان کجاست]. رفتم آنجا پرسیدم حمید قباخلو را کجا برده‌اند؟ به من گفتند برو بهارستان. رفتم کمیته بهارستان. گفتند برو انقلاب. رفتم انقلاب گفتند برو بهارستان. یعنی سه- چهار بار من را از بهارستان به انقلاب و از انقلاب به بهارستان فرستادند. آخر دیدم دیگر مسخره‌ام کرده‌اند و دارند سر به سرم می‌گذارند. رها کردم و آمدم. یک روز پدرش هم رفت کمیته انقلاب. آنجا او را برده بودند. نمی‌دانم زده بودند یا چه بلایی به سرش آورده بودند که بیچاره وقتی آمد بیرون نا نداشت. گفته بودند بچه‌ات چرا این‌جوری شده چرا آن‌جوری شده؟ بعد از سه ماه و پانزده روز زنگ زدند که بچه شما اوین است. بعد از نزدیک به چهار ماه به ما یک ملاقات دادند. [پسر] سه ماه و پانزده روز زیر شکنجه بود. بعدها که می‌رفتیم ملاقات می‌دیدیم دست راستش توی جیبش است یا کلاه گذاشته سرش و کلاه را تا پیشانی جلو کشیده. نمی‌دانم چه به سرش آورده بودند. دو سال زندان بود و بلاتکلیف بود و اصلاً بهش حکم ندادند. پنج مرداد سال ۱۳۶۷ این‌ها را ملاقات ممنوع کردند. پنج مرداد من رفتم ملاقات دیدم نوشته‌اند امروز آخرین ملاقات است. رفتم از حاجی کربلایی پرسیدم چرا بچه‌ها ملاقات ممنوع شده‌اند؟ گفت پرسنل نداریم و جنگ است. من هم بلافاصله زنگ زدم به پدرش که سریع بیا امروز آخرین ملاقات بچه است. پدرش ساعت دوازده خودش را رساند.

ما دیگر هی امروز و فردا صبر کردیم تا شهریور تمام شد، مهر هم تمام شد. گفتیم پس چرا جواب نمی‌دهند. رفتیم اوین گفتیم چرا ملاقات نمی‌دهید؟ گفتند بچه‌ها را اعدام کرده‌اند. گفتم مگر اعدام هم وجود دارد؟ گفتند آره چرا ندارد؟ بعد من همین‌جور آمدم پایین و گریه کردم و سریع ماشین گرفتم رفتم شهرری پیش پدرش و گفتم این‌جوری است. دیگر آمدیم از این بپرس از آن بپرس گفتند بچه‌ها را اعدام کرده‌اند. دیگر منتظر ماندیم. یک روز پدرش در تزریقات بود که از اوین زنگ

---

[۶۴] حمید قباخلو، متولد ۱۳۴۴ از اعضای سازمان چریک‌های فدایی خلق ایران (اقلیت)، ۱۷ شهریور ۱۳۶۵ در سن ۲۱ سالگی دستگیر و در تابستان ۱۳۶۷ اعدام شد.

می‌زنند می‌گویند پسرتان اعدام شده، بیایید از فلان کمیته ساکش را بگیرید. غروب بود که دیدم شوهرم را برادرم و برادرشوهرم آوردندش. گفتم ای داد بی‌داد چه شده، گفتند تصادف کرده، یک دفعه به خودم آمدم گفتم ای داد بی‌داد گفته‌اند بیایید ساک حمید را بگیرید؟ دیگر نفهمیدم این‌ها آمدند بالا و بدون روسری و چادر دویدم توی کوچه گفتم منیژه خانم، فلانی خانم بیایید بچه‌ام را اعدام کردند. دیگر عین این دیوانه‌ها آمدند من را از توی کوچه بردند. دیگر شب یک طرف من به سرم وصل بودم یک طرف پدرش سرم وصل بود. هر کسی یک طرف.

۱۹ آبان خبر را به ما دادند و چند روز بعدش ما رفتیم خاوران. من خودم وقتی رفتم خاوران دیدم جیب شلوار [از خاک] بیرون بود. یعنی می‌کشیدی می‌آمد بیرون. جیب پیراهن بیرون بود. گوشه پیراهن که آبی راه‌راه بود بیرون بود. من آن موقع جوان بودم و حوصله داشتم و برای داغ بچه‌ام می‌آمدم، همه جمعه‌ها می‌رفتم خاوران و اینها را خودم دیده‌ام. قشنگ اگر پتو را می‌گرفتی جنازه می‌آمد بیرون. چون همین جوری خاک ریخته بودند. نه سنگی گذاشته بودند نه سیمان ریخته بودند. بچه من پسر من ۲۲ سالش بود. بزرگ هیکل و باسواد و والیبالیست بود. این‌ها را چطوری می‌خواهند جواب بدهند؟ همیشه می‌گویم باید یکی پیدا شود یک روزی جواب بدهد، من زنده باشم و ببینم جواب خون بچه‌های ما را چطور می‌دهند. شوخی نیست که جوان ۲۲ ساله، جوان ۳۰ ساله را این‌ها کشتند، چطور دل‌شان آمد این‌ها را بکشند؟ آخر چرا؟ به چه دلیلی این‌ها را کشتند؟ همین جوری برای خودشان اعلام کردند که این‌ها سیاسی‌اند و کشتند؟ خیلی سخت است. خیلی. ما داغان شدیم. زندگی ما داغان شد. یک نفر را نکشتند، همه ما را کشتند. پدرش از داغ او ۱۰ سال آلزایمر گرفت. توی خانه خوابید و یک سال است که فوت کرده، برادرش سرباز بود بهش خبر دادند، بچه‌ام وقتی مرخصی دادند و آمد خانه شوکه شده بود حالش بد شد. اصلاً نمی‌دانست چه کار کند و چه بگوید. از آن سال تا حالا ۲۰- ۲۵ سال است که تحت نظر دکتر است و ناراحتی اعصاب گرفته، داروی اعصاب می‌خورد. زن و بچه دارد ولی هیچ کاری نمی‌تواند بکند و خرج‌شان را من می‌دهم. دخترم هم که دانشگاه قبول شده بود آمده بودند برای [گزینش دانشگاه] تحقیقات توی کوچه و نگذاشتند [ادامه تحصیل بدهد]. خودم هم آنقدر رفتم خاوران و آمدم پاهایم کج شد و الان عمل کردم. دیگر زندگی‌مان از هم پاشید.

(از شهادت گلزار قباخلو، عدالت برای ایران)

فصل دوم

ناپدیدشدگان قهری

مفهوم «ناپدیدشدگی قهری یا اجباری» از دهه ۱۹۴۰ میلادی و پس از اشغال بخش‌هایی از اروپا از سوی آلمان و ناپدیدکردن قهری بسیاری از سوی رژیم نازی به رسمیت شناخته شد.[۱] اولین ناپدیدشدگی قهری نظام‌مند هفتم دسامبر ۱۹۴۱ طی عملیات «شب و مه» در رژیم نازی انجام شد که در جریان این عملیات در حدود ۵۲۰۰ نفر از مخالفان در آلمان و مناطق اشغال شده اروپایی تحت سیطره نازی‌ها ناپدید و کشته شدند.[۲] در آمریکای لاتین نیز طی دهه‌های ۱۹۶۰ تا ۱۹۸۰ ناپدیدشدگی قهری به عنوان یکی از شیوه‌های سرکوب مخالفانی بود که تهدیدی برای رژیم‌های دیکتاتوری محسوب می‌شدند.[۳]

ناپدیدشدگی‌های قهری سیستماتیک از سوی حکومت‌ها، در نهایت منجر به ایجاد «گروه کاری ناپدیدشدگان قهری و اجباری»[۴] از سوی کمیسیون حقوق بشر سازمان ملل و صدور قطعنامه[5] (XXXVI) 20 در سال ۱۹۸۰ شد.[۶] این گروه کاری همچنان به ماموریتش ادامه می‌دهد و این ماموریت آخرین بار در سال ۲۰۱۴ از سوی کمیسیون حقوق بشر سازمان ملل تمدید شد.[۷] علاوه بر این در سال ۱۹۹۲ نیز مجمع عمومی سازمان ملل در پی نگرانی عمیق از رواج ناپدیدشدگی قهری در بسیاری از کشورها قطعنامه مربوط به ناپدیدشدگی قهری را صادر کرد.[۸]

بر اساس مقدمه این اعلامیه: «ناپدیدشدگی قهری عمیق‌ترین ارزش‌هایی را که هرجامعه‌ای باید بر اساس قانون، حقوق بشر و آزادی‌های اساسی به آن احترام بگذارد، تضعیف می‌کند و ارتکاب سیستماتیک آن را می‌توان در زمره جنایت علیه بشریت به حساب آورد.»[۹]

«کنوانسیون بین‌المللی محافظت از همگان در برابر ناپدیدشدگی قهری»[۱۰] در سال ۲۰۰۶ به تصویب رسید و تا کنون ۹۴ کشور آن را امضا و ۴۶ کشور آن را به تصویب رسانده‌اند. با وجود اینکه ایران تا کنون این کنوانسیون را امضا نکرده است

[1] United Nations Peoples organisation: Enforced Disappearances When Secrecy Allows Atrocity (2014),p7
[2] UNPO, Enforced Disappearances: The Deafening Silence of the Disappeared
[3] Vermeulen Lot Marthe: Enforced Disappearabce. Determining state Responsibility under the International Convention for the protection of all persons from Enforced Disappearance. 2012, p5
[4] Working Group on Enforced or Involuntary Disappearances
[5] Resolution 20 (XXXVI) (1980)
[6] Declaration on enforced Disappearance 1992
[7] A/HRC/RES/27/1 (2014)
[8] *Ibid*
[9] Declaration on enforced disappearance 1993: retrieved fromhttp: www.un.org/documents/ga/res/47/a47r133.htm
[10] International Convention for the protection of All persons from Enforced Disappearance (2006)

اما با لازم‌الاجرا شدن این کنوانسیون از سال ۲۰۱۰[۱۱] حتی عدم تصویب آن از سوی دولت‌ها نافی لزوم تعهد آنها به حفاظت از افراد در برابر ناپدیدشدگی قهری بر اساس تعاریف قوانین بین‌المللی نیست. در واقع عدم امضا و پذیرش این کنوانسیون از سوی جمهوری اسلامی ایران، این کشور را از متعهد شدن به احکام گروه کاری ناپدیدشدگی قهری معاف نمی‌کند.

گروه کاری ناپدیدشدگان قهری از سال ۱۹۷۹ تا کنون به طور مرتب گزارش‌های دریافتی مبنی بر ناپدیدشدگی قهری در ایران را بر اساس اطلاعاتی که از طریق منابع دولتی، نهادهای بین‌المللی، سازمان‌های حقوق بشری و سایر منابع موثق دریافت کرده، ثبت و منتشر کرده است.[۱۲] گروه کاری در گزارش سال ۲۰۱۴ خود اعلام کرد که از سال ۱۹۷۹ تا کنون ۵۱۸ مورد ناپدیدشدگی اجباری در ایران گزارش شده[۱۳] و ۱۳۶ مورد از گزارش‌های ناپدیدشدگی قهری در سال ۱۹۸۹ بوده است.[۱۴]

با وجود اینکه ایران در سال ۲۰۰۴ با بازدید گروه کاری ناپدیدشدگی قهری از این کشور موافقت کرده بود اما تاکنون و بیش از گذشت ۱۱ سال، هنوز اجازه رسمی این بازدید صادر نشده است. گروه کاری در سال‌های ۲۰۰۹ و ۲۰۱۰ بار دیگر خواسته خود مبنی بر بازدید از ایران را مطرح کرد و همچنان منتظر پاسخ ایران برای مشخص کردن زمان سفر به این کشور است. این خواسته همچنین در گزارش سال ۲۰۱۴ گروه کاری نیز یادآوری شده است.[۱۵]

ماده یک «کنوانسیون بین‌المللی حمایت از تمام اشخاص در برابر ناپدیدشدن قهری» به صراحت اعلام کرده است که «هیچ کس نباید در معرض ناپدیدشدگی اجباری قرار گیرد». علاوه بر این در سایر اسناد بین‌المللی همچون بیانیه دادگاه کیفری بین‌المللی رم نیز ناپدیدشدگی قهری به عنوان جنایت علیه بشریت تعریف شده است.[۱۶] بر اساس ماده دو این کنوانسیون « منظور از «ناپدید شدن قهری»، توقیـف، بازداشـت، ربودن یا هر شکل دیگر محرومیت از آزادی به وسیله ماموران دولت یا اشخاص یا گروه‌هایی از اشخاص است که با مجوز، حمایت یا رضایت و عدم مخالفت دولت، انجام می‌شود و سپس از اذعان به محروم کردن شخص

---

[۱۱] کنوانسیون حمایت از ناپدیدشدگان قهری الزام آور شد، فدراسیون بین‌المللی جامعه‌های حقوق بشر، ۲ دی ۱۳۸۹ ، قابل دسترسی در: https://goo.gl/xhTl0o

[12] Resolution 20 (XXXVI) 1980, para3
[13] Report of the working group on enforced or involuntary disappearance Human Rights Council Twenty–seventh session 2014, page 12
[14] *Ibid,* page 39
[15] *Ibid*
[16] Article 7 (i) Rome Statute of the International Criminal Court 2002

ناپدیدشده از آزادی یا پنهان کردن سرنوشت یا محل اختفای وی، که چنین شخصی را خارج از حمایت قانون قرار می‌دهد امتناع می‌شود.»[۱۷]

تطبیق ماده دوم کنوانسیون مربوط به حقوق ناپدیدشدگان قهری با شرایط دستگیری و وقایع منتهی به آن در مورد بسیاری از زندانیان سیاسی دهه ۶۰ و همچنین قربانیان کشتار ۱۳۶۷ می‌تواند ما را به این نتیجه برساند که از نظر حقوق بین‌الملل، این افراد نه تنها قربانی نقض شدید حقوق بشر هستند که ناپدیدشده قهری نیز محسوب می‌شوند.

به بیان دیگر، از نظر قوانین بین‌المللی، ناپدیدشده به شخصی گفته می‌شود که توسط نیروهای دولتی یا وابسته به دولت دستگیر یا ربوده شود و پس از آن، در مورد سرنوشت یا مکانش، پنهان‌کاری صورت گیرد به شکلی که او، از حمایت قانون خارج شود. تحقیق معنای دقیق «سرنوشت» و «مکان» در حقوق بین‌الملل نشان می‌دهد که روشن شدن سرنوشت و مکان فقط به معنای این نیست که شفاهی به خانواده گفته شود که آن فرد، اعدام شده است. بلکه جزئیات مربوط به دستگیری، وقایعی که در دوران بازداشت اتفاق افتاده، شرایط و جزئیات محاکمه و وقایعی که منتهی به مرگ شده نیز جزیی از سرنوشت فرد محسوب می‌شود که در مورد اعدام‌های مخفیانه دهه ۶۰ و سال ۱۳۶۷ در اکثر موارد از سوی مقامات رسمی پنهان نگه داشته شده است.

شهادت‌های منتشر شده در تحقیقات متعدد[۱۸] از جان به‌دربردگان سرکوب مخالفان سیاسی در دهه ۶۰ به روشنی نشان می‌دهد که در اکثریت قریب به اتفاق موارد، دستگیری‌ها به شکل خودسرانه بوده و بسیاری از آنها در واقع ربوده‌شدن بوده است. در تمامی موارد، نیروهای دولتی و یا شبه دولتی، عامل دستگیری و ربوده‌شدن بوده‌اند. خانواده‌ها تا مدت‌ها از فرد دستگیر یا ربوده شده خبری نداشته‌اند و شکنجه زندانیان سیاسی پس از دستگیری، امری فراگیر بوده است. این شهادت‌ها همچنین نشان می‌دهد که زندانیان در دادگاه‌های چند دقیقه‌ای و بدون حضور وکیل محاکمه شده و تعداد زیادی از آنها به اعدام محکوم شده‌اند. برخی از زندانیان، حتی بدون این‌که پس از دستگیری، بتوانند با خانواده خود

---

[۱۷] ن.ک.ب «کنوانسیون بین‌المللی حمایت از تمام اشخاص در برابر ناپدیدشدن اجباری»، قابل دسترسی در: http://www.unic-ir.org/hr/hr37.pdf

[۱۸] ن.ک.ب: کشتار زندانیان سیاسی در ایران،۱۳۶۷: روایت بازماندگان و اظهارات مسئولان، بنیاد برومند، ۱۹ آذر ۱۳۹۲، قابل دسترسی در:
http://www.iranrights.org/fa/library/document/2498/the-massacre-of-political-prisoners-in-iran-1988-an-addendum-witness-testimonies-and-official-statements

ملاقاتی داشته باشند یا آنها را از مکان حبس خود آگاه کنند، پس از شکنجه شدید و حضور در یک دادگاه غیرمنصفانه، به اعدام محکوم شده‌اند.

برخی از خانواده‌ها، خبر کشته شدن یا اعدام عزیزشان را در روزنامه خوانده یا از رادیو شنیده‌اند. به برخی دیگر، این خبر، تلفنی یا در احضارشان به زندان‌ها یا دادگاه‌های انقلاب، به طور شفاهی داده شده است. این اطلاع شفاهی هیچ‌گاه با اسناد کتبی که مرگ را به شکلی که واقعاً اتفاق افتاده تایید کند همراه نشده و برعکس، مسئولان دولتی دست به صدور گواهی فوت‌هایی زده‌اند که در آن، دستگیری و زندانی بودن قربانی، انکار، و وانمود شده که او به مرگ طبیعی یا مرگی خارج از زندان جانش را از دست داده است. در بسیاری از موارد، به‌خصوص درمورد زندانیان سیاسی چپ دستگیر شده در دهه ۶۰ و نیز تمامی کسانی که در جریان کشتار زندانیان سیاسی در سال ۱۳۶۷ اعدام شده‌اند، پیکر فرد به خانواده داده نشده است و خانواده از اطمینان از اینکه عزیز خود را از دست داده، محروم شده است. به علاوه، مسئولان یا از اعلام محل دفن فرد خودداری کرده و یا به دادن نشانی‌های کلی و نادقیق، مثلاً اینکه فرد در جایی در فلان قبرستان دفن کرده‌اند، اکتفا کرده و به این ترتیب، مکان قربانی را از خانواده مخفی کرده‌اند. شهادت خانواده‌های زندانیان سیاسی ثابت می‌کند که در بسیاری از موارد، مقامات قضایی و زندان از تحویل دادن وصیت‌نامه قربانیان خودداری کرده‌اند و در مواردی که وسایل فرد به خانواده‌اش تحویل داده شده است نیز بسیاری از خانواده‌ها گزارش کرده‌اند که آن وسایل، به فرد دیگری تعلق داشته و متعلق به عزیزشان نبوده است.

در مجموع، در تعداد قابل توجهی از اعدام‌های سیاسی دهه ۶۰ خانواده‌ها از دانستن حداقل اطلاعات دربارهٔ روند منتهی به اعدام، چگونگی و چرایی آن، سرنوشت پیکر و محل دفن عزیزان‌شان بی‌اطلاع بوده‌اند و مراجعات‌شان به مقامات قضایی تا کنون بی‌پاسخ مانده است. بی‌اطلاعی خانواده‌ها از اتفاقات رخ داده قبل و بعد از اعدام‌ها به گونه‌ای است که برخی خانواده‌ها می‌گویند فرزندان‌شان در واقع «ناپدید شده‌اند، سرنوشت آنان نامعلوم است و حتی با اطمینان نمی‌توانند بگویند که آنان کشته شده‌اند.»[۱۹] در واقع علیرغم کوشش‌های مکرر خانواده‌ها برای روشن شدن سرنوشت زندانیان سیاسی، در مورد بسیاری از آنها هنوز ابهامات فراوانی وجود دارد که از عدم ارائه هرگونه مدرک رسمی که شامل دلایل بازداشت و محرومیت از حق آزادی شروع می‌شود و با خودداری از دادن اطلاعات دربارهٔ

---

[۱۹] گفت‌وگو با جعفر بهکیش، خانواده قتل عام شده،اخبار روز، ۳ شهریور ۱۳۹۲ ، قابل دسترسی در: http://www.akhbar-rooz.com/article.jsp?essayId=54845

شرایط بازداشت و روند محاکمه و صدور حکم ادامه می‌یابد و در نهایت، با به رسمیت نشناختن مرگ این افراد به دست ماموران دولتی و خودداری از ذکر جزئیات مرگ، تحویل جسد و مشخص کردن محل دفن، تداوم می‌یابد.

بر اساس تعریف ماده ۲ کنوانسیون، سه عنصر اساسی ماهیت ناپدید شدن قهری را تشکیل می‌دهند: ۱) محرومیت از آزادی، ۲) اختفای سرنوشت یا محل قربانی و ۳) خارج کردن او از دایره حمایت قانون. در ادامه، جزئیات دلایلی را که ثابت می‌کند شرایط دستگیری، زندانی کردن و سپس، اعلام اینکه قربانیان، اعدام شده در دهه ۶۰، هر سه این عناصر تشکیل دهنده مفهوم ناپدیدشدگی قهری را دارد، بررسی می‌کنیم:

۱.محرومیت از آزادی

همانطور که گفته شد، یکی از عناصر تشکیل دهنده مفهوم ناپدید شدگی اجباری بر اساس ماده دو کنوانسیون، محرومیت از آزادی به وسیله عوامل دولتی یا عوامل تحت حمایت دولت است که مستلزم نفی حقوق بنیادین بشر است. همانطور که در ادامه خواهیم دید، اکثریت زندانیان سیاسی دهه ۶۰، قربانیان بازداشت خودسرانه، شکنجه و رفتارهای ظالمانه و محاکمات غیرمنصفانه بوده‌اند.

الف - بازداشت خودسرانه

بر اساس ماده ۲ کنوانسیون بین‌المللی حمایت از ناپدیدشدگان قهری، ناپدیدشدگی زمانی آغاز می‌شود که شخص توسط ماموران دولتی یا نیروهایی که توسط حکومت پشتیبانی می‌شوند، دستگیر، ربوده یا ناپدید شود. مرور شهادت‌های جان به‌دربردگان از سرکوب مخالفان سیاسی در دهه ۶۰ نشان می‌دهد که اکثریت قریب به اتفاق موارد، دستگیری‌ها، به شکل خودسرانه و بدون ارائه حکم جلب اتفاق افتاده است. این شهادت‌ها همچنین نشان می‌دهد که در اغلب موارد عوامل دستگیری یا ربایش مخالفان سیاسی در خیابان‌ها و یا محل کار و زندگی‌شان، وابسته به کمیته‌های انقلاب اسلامی یا سپاه پاسداران انقلاب اسلامی بوده‌اند که جزو نیروهای مسلح دولتی یا شبه دولتی به حساب می‌آمده‌اند و با دادستانی و دادگاه‌های انقلاب همکاری می‌کرده‌اند.

زهرا بهکیش، سوم شهریور ۱۳۶۲ از سوی ماموران بازداشت شد. خانواده او تاکنون هیچ اطلاع دقیقی از هویت ماموران دستگیری ندارند. به روایت منصوره بهکیش، خواهرش زهرا در صبح روز سوم شهریور ۶۲ از خانه مادرش به خانه خود

می‌رود و بنا به شهادت صاحب‌خانه، ماموران در خانه به انتظار او نشسته بودند و در همان‌جا او را بازداشت می‌کنند. صاحب‌خانه می‌گوید که زهرا را با پتو از خانه حمل کرده‌اند؛ که احتمالاً نشانهٔ آن است که سیانور خورده بوده. اما برخی زندانیان سیاسی به خانواده او گفته‌اند که صدای زهرا را در بازداشگاه کمیته مشترک شنیده‌اند و او مدتی پس از بازداشت زیر شکنجه کشته شده است. محل دفن او هیچ‌گاه به صورت رسمی به خانواده‌اش اعلام نشد.[۲۰]

بر اساس ماده ۹ اعلامیه حقوق بشر، هیچ‌کس را نباید خودسرانه دستگیر، توقیف یا تبعید کرد. ماده ۹ میثاق حقوق مدنی- سیاسی نیز می‌گوید که هر کس حق آزادی و امنیت شخصی دارد. هیچ‌کس را نمی‌توان خودسرانه دستگیر یا بازداشت کرد. هر کس دستگیر می‌شود باید در موقع دستگیر شدن از علل آن مطلع شود و در اسرع وقت اخطاریه‌ای دائر به هر گونه اتهامی که به او نسبت داده می‌شود، دریافت دارد. بر این مبنا، اغلب زندانیان سیاسی بازداشت شده در دهه ۶۰ به صورت غیرقانونی و خودسرانه بازداشت شده بودند. از یک سو دلایل بازداشت آنها غیرقانونی بوده چرا که به خاطر فعالیت‌های سیاسی مسالمت‌آمیزشان بازداشت شدند و بر اساس ماده ۱۹ میثاق حقوق اجتماعی- سیاسی هیچ‌کس نباید به خاطر بیان عقیده بازداشت شود. از سوی دیگر در روند دستگیری آنها استانداردهای قضایی رعایت نشده بود و بازداشت‌شدگان از حقوق خود برای آگاهی از دلایل بازداشت و اطلاع به خانواده و وکیل محروم بودند. آنچه دستگیری‌های دهه ۶۰ را به شرایط ناپدیدشدگی اجباری نزدیک می‌کند، این است که دلایلی که باعث دستگیری شده، هیچ‌گاه از سوی مقامات رسمی اعلام نشده است.

ندا که برادرش در سال ۱۳۶۰ اعدام شده می‌گوید تا سه ماه پس از بازداشت برادرش خانواده اصلاً نمی‌دانستند که او کجاست و در واقع ناپدید بوده، مدتی بعد مطلع می‌شوند که در اوین است و بعد خیلی اتفاقی اسمش را در روزنامه جزو اعدامی‌ها می‌بینند و هیچ‌وقت هم پیکری به آنها تحویل داده نمی‌شود.[۲۱]

---

[۲۰] شهادت منصوره بهکیش، عدالت برای ایران، اسفند ۱۳۹۳

[۲۱] شهادت ندا (نام مستعار)، عدالت برای ایران، مهر ۱۳۹۳ (نام و مشخصات شاهد نزد عدالت برای ایران محفوظ است)

فریده دیزجی که همسرش بهمن رستمی[۲۲] سال ۱۳۶۱ اعدام شده نیز می‌گوید که تا چندین ماه بعد از بازداشت همسرش از دستگیری او بی‌اطلاع بوده و فکر می‌کرده که او به دلیل فعالیت‌های سیاسی‌اش پنهان شده یا فرار کرده است.[۲۳] در واقع، بیشتر خانواده‌های زندانیان سیاسی از دلایلی که عزیزان‌شان را به استناد آن «از آزادی محروم کرده‌اند، بی‌اطلاع هستند. آنها دستگیر و زندانی شده‌اند بدون اینکه فرصتی برای اعتراض به بازداشت خود داشته باشند. این پنهان کاری در مورد جزئیات و دلایل دستگیری باعث شده که بسیاری از خانواده‌ها همواره در این ابهام باقی بمانند که قربانی، چگونه، به چه دلیل و توسط چه کسانی دستگیر شده است.

ب- شکنجه و رفتار بی‌رحمانه و غیرانسانی با زندانیان سیاسی

در حالی‌که قوانین بین‌المللی شکنجه را ممنوع کرده‌اند، تقریباً تمامی زندانیان سیاسی در دهه ۶۰ مورد شکنجه و رفتارهای بی‌رحمانه و توهین‌آمیز قرار گرفته‌اند. شرح این شکنجه‌ها و شدت و گستردگی آن به تفصیل در گزارش‌های نهادهای حقوق بشری و خاطرات زندانیان سیاسی دهه ۶۰ آمده است. شلاق، ضربه زدن با کابل‌های برق وحبس‌های انفرادی طولانی مدت، علاوه بر شکنجه‌های دیگر از جمله شیوه‌های رایج شکنجه در دهه ۶۰ بود. این شکنجه‌ها علاوه بر آسیب جسمی و روحی به زندانیان، خانواده‌های آنان را نیز به شدت آزار می‌داده است. به‌گونه‌ای که بسیاری از خانواده‌ها می‌گویند که یکی از سخت‌ترین بخش‌های مواجه با اعدام عزیزان‌شان، مطلع شدن از شکنجه‌های شدید آنها در مدت بازداشت و پیش از اعدام بوده است. ماموران، محمدعلی، برادر منصوره بهکیش را یک روز پس از بازداشت در ۲ شهریور ۱۳۶۲، به خانه مادر و پدرش در کرج آوردند تا مکان احتمالی اختفای دیگر برادرانش را نشان دهد. بر اساس روایت مادر آنها، محمدعلی به حدی شکنجه شده بود که پایش زخمی و خون‌آلود بود و نمی‌توانست درست راه برود.

---

[۲۲] بهمن رستمی که اززندانیان سیاسی دهه ۵۰ در زمان شاه و از موسسان گروه هوادار سازمان زحمتکشان کردستان ایران (کومه‌له) بود.او ۱۷ شهریور ۱۳۶۰ در تهران بازداشت و ۲ بهمن ۱۳۶۱ در تهران تیرباران شد. ن.ک.ب: یک سرگذشت: بهمن رستمی، بنیاد برومند، قابل دسترسی در:
http://www.iranrights.org/fa/memorial/story/-4831/rostam-bahmani

[۲۳] شهادت فریده دیزجی، عدالت برای ایران، اسفند ۱۳۹۳

سحر محمدی که مادر،[۲۴] پدر، عمو[۲۵] و دو دایی‌اش[۲۶] را در جریان اعدام و کشتار فعالان سیاسی در دهه ۶۰ از دست داده است، دربارۀ شکنجه مادر و دایی‌هایش می‌گوید:

از شکنجه عزیزان‌مان در ذهن خانواده ما تصویر وحشتناکی به جای مانده است. پاهای مادرم زیر شکنجه سیاه شده بود. یکی از هم‌بندی‌هایش که مادرم را مدت کوتاهی قبل از اعدام در یک راهروی انتظار دیده بود، پس از آزادی می‌گفت از زیر چشم‌بند دیده که پاهای مادرم از بالا تا پایین در یک باند سفید شبیه به گچ آغشته به چرک و خون و عفونت پیچیده شده، طوری که قادر به راه رفتن نبوده است. او هر دو پایش را زیر شکنجه از دست داده بود. مادرم را پس از آن دیگر به بند بازنگرداندند. این آخرین باری بود که یکی از هم‌بندی‌هایش او را دید. در تمام مدتی که مادرم و دایی‌هایم در زندان بودند، همواره از شکنجه‌هایی که به آنان تحمیل می‌شد، وحشت داشتیم. البته در آن زمان هنوز نمی‌دانستیم که مادرم را تا این حد شکنجه کرده‌اند. دایی‌هایم نیز شدیداً شکنجه شده بودند. وقتی به ملاقات دایی اصغر می‌رفتیم، او در پشت شیشه ملاقات منتظر ما نشسته بود. این شیوه در اوین مرسوم نبود. معمولاً اول ملاقات کننده‌ها در پشت شیشه‌ها جای می‌گرفتند و بعد زندانیان می‌آمدند و خانواده‌شان را پشت شیشه پیدا می‌کردند و می‌نشستند. در مورد دایی اصغر این موضوع برعکس بود. او

---

[۲۴] سوسن امیری، مادر سحر محمدی متولد ۱۳۳۷ عضو اتحادیه کمونیست‌های ایران بود. او در سال ۱۳۶۲ بازداشت و ۹ ماه پس از بازداشت در پاییز ۱۳۶۳ اعدام شد.

[۲۵] پیروت محمدی (کاک اسماعیل) متولد ۱۳۳۳ فعالیت سیاسی‌اش را از اواخر دهه ۴۰ شروع کرد. او در اواسط دهه ۵۰ «گروه مبارزه در راه آزادی طبقه کارگر» را بنیان نهاد و پس از پیوستن این گروه به «اتحادیه کمونیست‌های ایران»، به‌عنوان یکی از اعضای کمیته رهبری این سازمان انتخاب شد. پیروت محمدی سال ۱۳۶۰ در درگیری‌های آمل (معروف به قیام سربداران) به‌دست نیروهای دولتی کشته شد. برادر دوقلویش رسول محمدی (کاک محمد) نیز به فاصله چند ساعت از او به ضرب گلوله ماموران دولتی کشته شد. ن.ک.ب: بهرام مرادی، یاد کاک اسماعیل، نقشی جاوید در خاطره زمانه، اخبار روز، ۲۸ بهمن ۱۳۹۰، قابل دسترسی در:
http://www.akhbar-rooz.com/article.jsp?essayId=43755

[۲۶] اصغر و حسن امیری، دایی‌های سحر محمد عضو اتحادیه کمونیست‌های ایران بودند. اصغر امیری که از موسسان «گروه مبارزه در راه آزادی طبقه کارگر» در دهه ۵۰ بود، در سال۱۳۶۲ بازداشت و در پاییز ۱۳۶۳ اعدام شد. حسن امیری که در سال ۱۳۶۲ بازداشت شده بود ۱۱ اردیبهشت ۱۳۶۴ اعدام شد.

هربار در پشت شیشه منتظر ما نشسته بود. وقتی هم که می‌خواستیم برویم، او از جایش بلند نمی‌شد؛ می‌گفت «بروید، می‌خواهم تماشای‌تان کنم.» بعدها فهمیدیم که از شدت شکنجه نمی‌توانسته به روی پاهایش بایستد و نمی‌خواسته خانواده‌اش این موضوع را بداند. این‌ها تصاویر وحشتناکی است که حتی وقتی امروز در این سن و سال به آن فکر می‌کنم، برایم بسیار تکان دهنده است.[۲۷]

رخشنده حسین‌پور که علی مهدی‌زاده، همسرش[۲۸] و رحیم حسین‌پور، برادرش[۲۹] در دهه ۶۰ اعدام شدند و برادر دیگرش حمید در کردستان کشته شد،[۳۰] نیز شاهدی دیگر بر شکنجه زندانیان سیاسی است. او که همسرش چهار ماه از مدت شش ماه بازداشتش را به خاطر شدت جراحات ناشی از شکنجه در بیمارستان بود، می‌گوید که او را با بانداژ به ملاقات می‌آوردند و هنوز با دیدن خون حالش بد می‌شود و به یاد زخم‌های همسرش می‌افتد که چطور این شکنجه‌ها را تحمل کرده است.[۳۱]

ماده ۷ میثاق حقوق مدنی- سیاسی می‌گوید که هیچ‌کس را نمی‌توان مورد آزار و شکنجه یا مجازات‌ها یا رفتارهای ظالمانه یا خلاف انسانی یا خوارکننده قرار داد. ماده ۵ اعلامیه حقوق بشر نیز تاکید دارد که هیچ‌کس نباید مورد شکنجه و یا سایر رفتارها و یا مجازات‌های غیرانسانی، ظالمانه و تحقیرآمیز قرار بگیرد. شکنجه زندانیان سیاسی در دهه ۶۰ نقض صریح مقررات بین‌المللی است که ایران به آنها

---

[۲۷] شهادت سحر محمدی، عدالت برای ایران، بهمن ۱۳۹۳

[۲۸] علی مهدی‌زاده ولوجردی، همسر رخشنده حسین‌پور متولد ۱۳۲۴ عضو سازمان کارگران انقلابی ایران (راه کارگر) بود. او فروردین ۱۳۶۲ بازداشت و ۷ مهر ۱۳۶۲ اعدام شد. ن.ک.ب: یک سرگذشت: علی مهدی‌زاده، بنیاد برومند، قابل دسترسی در:
http://www.iranrights.org/fa/memorial/story/33595/ali-mehdizadeh-valujerdi

[۲۹] رحیم حسین‌پور رودسری متولد ۱۳۳۰ هوادار سازمان راه کارگر بود. او ۱۹ مهر ۱۳۶۵ بازداشت و در سال ۱۳۶۷ اعدام شد. ماموران سپاه پس از دستگیری او مسلحانه به خانه‌اش آمدند و همسر و دو فرزند ۶ و ۱۲ ساله‌اش را نیز به اوین بردند. همسرش به مدت دو سال در زندان ماند. ن.ک.ب: یک سرگذشت: رحیم حسین‌پور رودسری، بنیاد برومند، قابل دسترسی در:
http://www.iranrights.org/fa/memorial/story/33590/rahim-hosseinpur-rudsari

[۳۰] حمید حسین‌پور رودسری برادر رخشنده حسین‌پور سال ۱۳۶۲ در کردستان از سوی نیروهای دولتی کشته شد.

[۳۱] شهادت رخشنده حسین‌پور، عدالت برای ایران، مهر ۱۳۹۳

متعهد شده و شاهدی بر ناعادلانه بودن پروسه دادرسی این زندانیان و تلاش برای گرفتن اقرار و اطلاعات از طریق شکنجه است.

ج- محاکمه ناعادلانه و غیرمنصفانه

در حالی‌که دسترسی به دادگاه عادلانه و منصفانه یکی از مصرح‌ترین حقوق بازداشت‌شدگان است، شواهد به دست‌آمده از خانواده زندانیان اعدام شده و هم‌بندی‌های آنها حاکی از این است که کمترین استانداردهای قضایی نیز در دادگاه‌های انقلاب که احکام اعدام زندانیان سیاسی را صادر کرده‌اند رعایت نشده و در بسیاری از موارد زندانیان بدون تشکیل دادگاه و یا در دادگاه‌های چند دقیقه‌ای اعدام شده‌اند. قوانین حاکم بر دادگاه‌های انقلاب، متهمان را از حق تجدیدنظر خواهی محروم می‌کرده است.

بر اساس ماده ۱۴ میثاق بین‌المللی حقوق مدنی- سیاسی «هر کس متهم به ارتکاب جرمی بشود با تساوی کامل لااقل حق تضمین‌های ذیل را خواهد داشت: الف- در اسرع وقت و به تفصیل به زبانی که او بفهمد از نوع و علل اتهامی که به او نسبت داده می‌شود مطلع شود. ب- وقت و تسهیلات کافی برای تهیه دفاع خود و ارتباط با وکیل منتخب خود داشته باشد. د- در محاکمه حاضر بشود و شخصاً یا به وسیله وکیل منتخب خود از خود دفاع کند و در صورتی که وکیل نداشته باشد حق داشتن وکیل به او اطلاع داده شود.» ماده ۱۰ اعلامیه جهانی حقوق بشر نیز تصریح دارد که: «هرکس حق دارد با مساوات کامل از امکان دادرسی منصفانه و علنی توسط یک محکمه مستقل و بی‌طرف برای تعیین حقوق و تکالیف خویش و یا اتهامات جزایی وارده بر خود برخوردار شود.»

محرومیت زندانیان از حق بنیادین محاکمه منصفانه و اینکه اطلاعات مربوط به اتهامات و نحوه رسیدگی به پرونده‌های زندانیان سیاسی، در اکثریت قریب به اتفاق موارد از خانواده‌ها یا عموم، پنهان نگاه داشته شده است، بر اضطراب خانواده‌ها و ابهام آنها در مورد سرنوشت آنها دامن زده است.

فریده امیرشکاری می‌گوید که برادرش در حالی اعدام شد که صبح روز اعدام ملاقات داشت و در آن ملاقات گفته بود که هنوز دادگاهی نشده است و عصر، خبر اعدام او را به خانواده اعلام کردند.[۳۲] عفت ماهباز نیز در رابطه با صدور حکم برادرش به نقل از یکی از هم‌بندان او می‌گوید که از برادرش فقط دو سوال کرده‌اند. یکی این‌که: عقیده‌ات را قبول داری؟ که می‌گوید بله. سوال دیگر هم این بوده که آیا به بیماران کُرد کمک کرده‌ای؟ که او پزشک بوده و پاسخ مثبت می‌دهد و در پی

[۳۲] شهادت فریده امیرشکاری، عدالت برای ایران، بهمن ۱۳۹۳

این دو سوال حکم اعدامش صادر می‌شود. این در حالی است که او باور نداشته که این جلسه دادگاه است و قرار است بر مبنای آن حکم اعدامش صادر شود. عفت ماهباز اضافه می‌کند که برادرش «همانند همه زندانیان سیاسی دهه ۶۰ بدون وکیل بوده است.»[۳۳]

۲. پنهان نگه داشتن سرنوشت یا محل نگه داشتن قربانی[۳۴]

همان‌طور که در بالا گفته شد، کنوانسیون مربوط به حقوق ناپدیدشدگان، اهمیت زیادی به مسئله «اختفا» یا «پنهان‌کاری» در مورد سرنوشت یا مکان قربانیان می‌دهد. بخشی از عمل اختفای سرنوشت زندانیان سیاسی، شرایطی است که در آن، از آزادی محروم شده‌اند. در مورد زندانیان سیاسی دهه ۶۰، اطلاعات و جزئیات این شرایط از لحظه بازداشت، به‌طور گسترده از سوی مقامات ایرانی پنهان نگه داشته یا انکار شده است. مرور اسناد مختلف ثابت می‌کند که یک سیاست همه جانبه دولتی برای اختفای سرنوشت زندانیان سیاسی دهه ۶۰ که به صورت شفاهی و غیر رسمی اعدام آنها اعلام شده به‌کار رفته است؛ سیاستی که از یک سو با پنهان کردن تمامی جزئیات مربوط به سرنوشت و محل قربانی از خانواده و نزدیکانش و از سوی دیگر در عرصه عمومی با انکار مطلق جنایاتی که رخ داده تکمیل می‌شده است. کتمان سرنوشت فرد با اختفای محل فرد در مورد قربانیان دهه ۶۰ گره خورده است که شامل خودداری دولت ایران از ارائه اطلاعات دربارهٔ محل دقیق فرد، شرایط مرگ او، محل دفن و یا محل نگهداری پیکر او می‌شود. دولت ایران همچنین در تحویل دادن (نحوه و یا عدم تحویل) وسایل قربانیان به خانواده‌هایشان، حقوق آنها را نقض کرده است.

بر اساس ماده ۱۸ کنوانسیون مربوط به حقوق ناپدیدشدگان قهری، دولت وظیفه دارد که در مورد سرنوشت قربانیان تحقیق و به خانواده‌های آنها اطلاع دهد. این وظیفه شامل دسترسی خانواده‌ها به تمامی اطلاعات مربوط به عزیزان‌شان می‌شود. در مورد قربانیان دهه ۶۰، نه تنها اطلاعات مربوط به نحوه و دلیل دستگیری و جزئیاتی مثل شرایط بازداشت و روند محاکمه، از خانواده‌ها پنهان نگاه داشته شده بلکه در مورد وضعیت نهایی آنها هم هیچ‌گونه اطلاعات رسمی وجود

[۳۳] شهادت عفت ماهباز، عدالت برای ایران، مهر ۱۳۹۳

[34] whereabouts

ندارد. با اینکه خانواده‌ها، یا به‌طور شفاهی و یا از طریق خواندن خبری در روزنامه، در جریان اعدام عزیزان‌شان قرار گرفته‌اند اما مرگ این افراد هیچ‌گاه به شکل رسمی مورد تایید قرار نگرفته است. همچنین در مورد نحوه مرگ و دلایل آن نیز مقامات جمهوری اسلامی ایران حداکثر پنهان‌کاری را انجام داده‌اند. این در حالی است که بر اساس تعاریف حقوق بین‌الملل، حتی در صورت مرگ قربانی، باید شرایط پیرامون این مرگ کاملاً مشخص شود.

جعفر بهکیش در مورد خواهر و برادرانش می‌گوید: «ما از چگونگی اعدام و کشته شدن زهرا، محمدرضا، محمود، محمدعلی و مهرداد بی‌اطلاع هستیم. حتی با اطمینان نمی‌توانیم بگوئیم که آنان کشته شده‌اند. محل دفن آنان برای ما مشخص نیست، از زمان کشته شدن آنان اطلاع دقیقی نداریم. وصیت‌نامه‌ای به ما داده نشده است. آنان ناپدید شده‌اند. سرنوشت آنان نامعلوم است.»[۳۵]

الف- نامشخص بودن نحوه مرگ

همان‌طور که گفته شد، در مورد قربانیان دهه ۶۰، چند شیوه مشخص و محدود برای اعلام مرگ وجود داشته است. در بیشتر موارد، با احضار خانواده به زندان، به آنها می‌گفته‌اند که زندانی‌شان اعدام شده است. برخی اوقات، وسایل زندانی را نیز تحویل خانواده می‌داده‌اند. در همه موارد، هیچ جزئیات بیشتری دربارهٔ دلیل و نحوه اعدام در اختیار خانواده قرار داده نمی‌شده است.

سحر محمدی می‌گوید: «به ما نگفتند که آنان را به چه شکلی اعدام کردند؛ تیرباران کردند یا دار زدند. در آن دوران به این‌گونه سوالات پاسخ نمی‌دادند. جنازه‌ها را هم تحویل نمی‌دادند و مشخص نبود در نهایت با آنان چه کرده‌اند.»[۳۶]

در برخی موارد حتی در این حد هم اطلاع به خانواده داده نمی‌شده و آنها به‌خصوص در سال‌های اولیه دهه ۶۰ نام اعدام‌شدگان را در روزنامه‌ها یا رادیو می‌خواندند یا می‌شنیدند. اعلام شفاهی یا انتشار اسم در روزنامه یا از طریق رادیو، بدون ذکر جزئیات لازم و ارائه سند کتبی، نشان دهنده این واقعیت است که مقامات دولتی در ایران، قصد اختفای اطلاعات مربوط به وجود یا مرگ زندانیان سیاسی را داشته‌اند.

---

[۳۵] گفت‌وگو با جعفر بهکیش، خانواده قتل عام شده،اخبار روز، ۳ شهریور ۱۳۹۲، قابل دسترسی در: http://www.akhbar-rooz.com/article.jsp?essayId=54845

[۳۶] شهادت سحر محمدی، عدالت برای ایران، بهمن ۱۳۹۳

در کشتار سال ۱۳۶۷ نیز پس از ماه‌ها قطع ملاقات و بی‌خبری از زندانیان سیاسی، خانواده‌ها را به زندان فراخواندند و به آنها به طور شفاهی و بدون هیچ توضیح دیگری گفته‌اند که عزیزان‌شان را اعدام کرده‌اند. تمامی سئوالات آنها دربارهٔ چرایی اعدام زندانیانی که یک بار محاکمه شده و در حال گذراندن دوران حبس خود بوده‌اند، بی پاسخ مانده است.

رخشنده حسین‌پور شیوه اعلام خبر اعدام برادرش را این‌گونه روایت می‌کند:

> زنگ زدند به خانواده من که بیایید بسیج تهران پارس. مادرم، پدرم، خواهرم و زن برادرم که آزاد شده بوده می‌روند تهران، طرف تهران پارس. مادرم بیرون می‌ایستد و پدرم و خواهرم می‌روند تو. پدرم تعریف می‌کرد که زمین وسیعی و ساختمانی بود و وارد می‌شوند. به پدرم می‌گویند این ساک پسرت است. پدرم می‌گوید حاج آقا پسر من چه کار کرده بود؟ گفته بود پسرت در حمله مرصاد دست داشته. پدرم می‌گوید پسر من اصلاً مجاهد نبوده پسر من چپ بوده چطور می‌توانسته در حمله مرصاد دست داشته باشد؟ می‌گوید دیگر حرف اضافه نزن این ساک پسرت است.[۳۷]

ب- عدم تحویل پیکر

اختفای دلایل و جزئیات مربوط به مرگ قربانیان دهه ۶۰ اغلب با اختفای پیکر آنها همراه بوده است؛ این امر به خصوص در مورد زندانیان طیف چپ در سال‌های ۱۳۶۰ تا ۱۳۶۷ و همینطور همه قربانیان کشتار زندانیان سیاسی سال ۱۳۶۷ عمومیت داشته و بخشی از سیاست دولتی در اختفای سرنوشت آنان بوده است.

رویه غالب به این صورت بود که پس از اعلام خبر اعدام یا انتشار آن در روزنامه‌ها و مطلع شدن خانواده، به خانواده‌ها پیکری تحویل داده نمی‌شد. حتی در سال ۱۳۶۶ هنگامی که آوردن پیکر پروین آبکناری[۳۸] به خاوران مصادف با حضور خانواده او در آنجا بود، برادرش به ماموران گفت ما می‌دانیم این جنازه مال ما است. اجازه بدهید که خودمان دفن کنیم و بگذاریمش در خاک. اما ماموران همه خانواده‌هایی که در خاوران بودند را بیرون کردند و فقط پس از اتمام دفن، به آنها اجازه ورود به خاوران داده شد.[۳۹]

---

[۳۷] شهادت رخشنده حسین‌پور، عدالت برای ایران، مهر ۱۳۹۳

[۳۸] پروین آبکناری از هواداران سازمان کارگران انقلابی ایران (راه کارگر) تیر ۱۳۶۱ بازداشت شد و ۱۵ آذر ۱۳۶۶ به روایتی زیر شکنجه جان باخت. بیشتر بخوانید: یک سرگذشت: پروین آبکناری، بنیاد برومند، قابل دسترسی در:
https://www.iranrights.org/fa/memorial/story/-4255/parvin-goli-abkenari

[۳۹] شهادت فریده امیرشکاری، عدالت برای ایران، بهمن ۱۳۹۳

لادن بازرگان برخورد مسئولان با خانواده‌هایی که در پی یافتن سرنخی از محل دفن فرزندان‌شان بودند را این‌طور توضیح می‌دهد:

به همه زندانی‌های چپ گفته شد که فرزند شما کافر است؛ کافر، مرتد است و مرتد قبر ندارد. یعنی به هیچ‌کس، هیچ نشانی از اینکه این‌ها کجا هستند، داده نشد. همان روزهای اول پدرم رفتند بهشت زهرا. ولی هیچ جوابی به ما داده نشد. گفتند اصلاً چرا آمده‌اید اینجا؟ کی به شما گفته بیایید؟ اصلاً ما نمی‌دانیم. بروید از همان اوین بپرسید [جسد پسرتان] کجاست. در اوین هم وقتی پدرم از بازجویی که خبر اعدام را اطلاع داده بود، خواسته بود جسد پسرم را بدهید. گفته بود پسرت جسد ندارد. او یک مرتد بود و در این دنیا جایی نداشت و در آن دنیا هم جایی نخواهد داشت. برو پی کارت.[۴۰]

تحویل ندادن پیکر به خانواده‌ها و محروم کردن آنها از آخرین خداحافظی و پذیرش واقعیت مرگ عزیزان‌شان صدمات جبران‌ناپذیری به آنها وارد کرده است. برخی از آنها هیچ‌گاه نتوانستند بپذیرند که عزیزشان بدون آنکه پیکرش تحویل داده شود، اعدام شده است. خواهر یکی از اعدام‌شدگان دهه ۶۰ می‌گوید:

مادرم هیچ‌وقت نخواست برود خاوران. نتوانست برود. هیچ‌وقت نرفت. من نمی‌دانستم، سال‌ها بعد به من گفت که خیلی تلاش کرده بود که اگر بشود جنازه برادرم را پیدا کند و در بیاورند و ببرند جای دیگر که اجازه نداده بودند. پدر و مادرم نمی‌توانستند این مسئله را قبول کنند. نمی‌توانستند بروند آنجا. پدرم نمی‌گفت ولی مادرم می‌گفت من اصلاً نمی‌خواهم بروم آنجا. نمی‌توانم فکرش را بکنم که بروم آنجا. اگر یک قبر معمولی داشتند و جسد را تحویل گرفته بودند ماجرا فرق می‌کرد. ولی با این شرایط اصلاً فکر اعدام را نمی‌توانستند بکنند. من فکر می‌کنم که این بزرگ‌ترین دردشان بود. مادرم می‌گفت من می‌خواهم آن‌جوری که یادم است یادم بیاید. اگر می‌رفت خاوران، آنجا برایش واقعیت پیدا می‌کرد که پسرش اعدام شده و این مسئله اصلاً برایش غیرقابل تصور بود. فکر نمی‌کنم که اصلاً هیچ‌وقت توانستند آن مسئله اعدام را بپذیرند. پدرم هیچ‌وقت به زبان نیاورد. یعنی نمی‌توانست صحبت کند. من چند بار سعی کردم که اقلاً در مورد خاطرات و این‌ها با هم حرف بزنیم ولی نمی‌توانست. گریه می‌کرد و از اتاق می‌رفت بیرون.[۴۱]

[۴۰] شهادت لادن بازرگان، عدالت برای ایران، مهر ۱۳۹۳

[۴۱] شهادت یکی از مصاحبه‌شوندگان به عدالت برای ایران که مایل به ذکر نامش در رابطه با این بخش از شهادتش نبود.

ج- اختفای محل دفن

در مورد فردی که گفته می‌شود اعدام یا کشته شده، اختفای محل دفن، به معنای اختفای محل قربانی است که کنوانسیون مربوط به حقوق ناپدیدشدگان قهری بر آن تاکید دارد.

تا پیش از کشتارهای دسته‌جمعی ۱۳۶۷ بیشتر زندانیان سیاسی طیف چپ که در زندان‌های تهران اعدام می‌شدند، در گورهای انفرادی در خاوران دفن می‌شدند. هرچند خانواده برخی زندانیان که در سال‌های نخست دهه ۶۰ اعدام شده‌اند احتمال می‌دهند که عزیزان‌شان در گور دسته‌جمعی دفن شده‌اند. روبرت پاپازیان[۴۲] که تیر ماه ۱۳۶۱ اعدام شد یکی از زندانیانی است که خانواده‌اش می‌گویند بر اساس اطلاعات غیررسمی که به آنها رسیده، به همراه ۱۵۰ تن دیگر در یک گور دسته‌جمعی دفن شده‌اند. مقامات رسمی تا کنون هیچ اطلاعاتی از محل دفن او به خانواده‌اش نداده‌اند.[۴۳]

نشانه‌گذاری خانواده در محلی که احتمال می‌دادند محل دفن اعدام‌شدگان است

اطلاع از محل دفن اعدام‌شدگان نیز پیرو رویه مشخصی نبود. در برخی موارد هنگام اعلام خبر اعدام گفته می‌شد که فرد اعدام شده در خاوران دفن شده و نشانی آن نیز بر اساس شماره‌هایی که در دیوار خاوران گذاشته شده بود یا شمارش قدم‌ها از یک نقطه خاوران به آنها داده می‌شد. در برخی موارد بدون دادن نشانی فقط به آنها گفته می‌شد که جسد در خاوران به خاک سپرده شده، در بسیاری موارد نیز پاسخ مشخصی به خانواده‌ها داده نمی‌شد و فقط پس از ماه‌ها پیگیری و مراجعه به آنها اعلام می‌شد که محل تقریبی دفن فرزندشان

---

[۴۲] ربرت پاپازیان متولد ۱۳۳۱ عضو کنفدراسیون دانشجویان در پاریس بود و در اواخر سال ۱۳۵۷ به سازمان پیکار در راه آزادی طبقه کارگر پیوست. او ۱۶ بهمن ۱۳۶۰ بازداشت و پس از پنج ماه همراه حدود ۱۵۰ زندانی سیاسی دیگر در ۲۸ تیر ماه ۱۳۶۱ در زندان اوین تیرباران شد و در خاوران در یک گور دسته‌جمعی به خاک سپرده شد. برای اطلاعات بیشتر ن.ک.ب: یک سرگذشت: ربرت پاپازیان، بنیاد برومند، قابل دسترسی در:
http://www.iranrights.org/fa/memorial/story/-5136/robert-papazian

[۴۳] شهادت یکی از نزدیکان روبرت پاپازیان، عدالت برای ایران، بهمن ۱۳۹۳

کجا است. برخوردی که با مادر بهکیش شده، تجربه مشترک بسیاری از مادران و خانواده‌ها است:

جسد هیچ کدوم از بچه‌هام رو به من ندادند. داغ فرزند خیلی سخته. اون‌هم نه یکی نه دو تا پنج تا، با دامادم میشه شش تا. هر چه فریاد می‌زدم، التماس می‌کردم، بگید کجا خاک‌شان کرده‌اید؟ نگفتند. مدت‌های طولانی در راه اوین و بهشت زهرا سرگردان بودم. به بهشت زهرا می‌رفتم می‌گفتند: برید از اوین بپرسید ما نمی‌دانیم. به اوین می‌رفتم می‌گفتند: برید از بهشت زهرا بپرسید ما نمی‌دانیم. آخر، یکی از ماموهای بهشت‌زهرا دلش به حال ما سوخت و آدرس خاوران رو داد که با همسرم به خاوران رفتیم و دیدیم چه فاجعه‌ای اتفاق افتاده است.[۴۴]

از آنجا که خاوران همچون سایر گورستان‌های رسمی دارای قطعات و ردیف‌های مشخصی نبود، گاه شیوه آدرس دادن به این صورت بود که می‌گفتند به‌عنوان مثال از دیوار سمت چپ خاوران ۱۰ قدم به سمت راست، محل دفن فرزندتان است و خانواده‌ها بر اساس این آدرس‌ها یا شواهدی همچون تاریخ تقریبی اعدام و تغییرات بوجود آمده در خاوران محل دفن بستگان‌شان را حدس می‌زدند.[۴۵] با این حال در بسیاری از موارد این محل دقیقاً مشخص نبود و گاه خانواده‌ها برای اطمینان از اینکه آدرس درستی به آنها داده شده، شبانه خاک‌های محل احتمالی دفن فرزندشان را کنار می‌زدند تا با دیدن پیکر او یا لباس‌هایش از دفنش در آن محل مطمئن شوند.[۴۶]

---

[۴۴] گفت‌وگوی مادران عزادار با مادر بهکیش، تارنمای ایران تریبونال، ۳۰ اردیبهشت ۱۳۸۹ ، قابل دسترسی در:
http://www.irantribunal.com/index.php/fa/news/2012-12-29-22-09-13/77-2012-12-25-19-34-41

[۴۵] گفت‌وگو شکوفه منتظری با منیره برادران، از جنازه‌های در باغچه تا خاوران مجازی، رادیو زمانه، قابل دسترسی در: http://www.bidaran.net/spip.php?article277

[۴۶] شوهر خواهر محمود نبی‌پور، در فیلم مستند خاوران که ۱۶ شهریور ۱۳۹۲ برای نخستین بار در یوتیوپ منتشر شد و نام سازنده آن اعلام نشده است می‌گوید که برای اطمینان از محل دفن محمود نبی‌پور، شبانه محوطه‌ای را که از سوی ماموران بهشت‌زهرا به آنها نشانی داده شده بود، کنده‌اند و جسد محمود و چند تن دیگر را در آن محل پیدا کرده‌اند. قابل دسترسی در: https://www.youtube.com/watch?v=tLqmnSpf260
عصمت انصاری، مادر مسعود یوسفی نیز اردیبهشت ۱۳۶۶ چند روز پس از اعلام خبر اعدام پسرش به خاوران رفته و مزار پسرش را شکافته بود تا از دفن او در آن‌جا مطمئن شود. ن.ک.ب مادر انصاری (عصمت یوسفی) درگذشت، تارنمای بیداران، ۵ بهمن ۱۳۸۸، قابل دسترسی در: http://www.bidaran.net/spip.php?article261

فریده امیرشکاری یکی از افرادی است که برای اطمینان از محل دفن علی ریاحی، برادر همسرش شخصاً به محل احتمالی دفن او رفته و پیکرش را دیده است:

> [بعد از اعدام برادرشوهرم] با یکی از آشناهای‌مان شب [به خاوران] رفتیم، می‌ترسیدم که همسرم و برادرش بیایند [و دستگیر شوند] آن دوست‌مان هم یک آدم کاسب بود که گفت برای من هیچ مشکلی نیست. با خودمان هم سیمان و ماسه برده بودیم. [قبر را] باز کردیم علی را دیدیم با لباس خودش خاکش کرده بودند و هیچ کفنی هم در کار نبود. کاملاً خونی، یعنی صورتش و دستش خونی بود ولی دیدیم خود علی است. یک مقدار پایین‌تر از خاک را سیمان کردیم و رویش نوشتیم علی ریاحی و تاریخ تولدش را نوشتیم و خاکی که کنار زده بودیم رویش پوشاندیم کاملاً و بعد آمدیم.[۴۷]

اما در برخی از موارد، نشانی که در مورد محل دفن داده شده بود، با سایر شواهد تناقض داشت و خانواده هیچ‌گاه نمی‌توانست اطمینان یابد که عزیزش واقعاً در محلی که مقامات رسمی ادعا می‌کنند دفن شده است. سحر محمدی که مادرش در سال ۱۳۶۳ اعدام شده در رابطه با سردرگمی خانواده‌ها در رابطه با محل واقعی دفن بستگان‌شان می‌گوید:

> اصلاً مشخص نبود چه کسی زیر این خاک‌ها خوابیده. به ما آدرس چند قبر داده بودند. ما گمان می‌کردیم عزیزان‌مان زیر آن کپه‌های خاک خوابیده‌اند ولی این لزوماً واقعیت نداشت. یکی از این موارد، نشانی محل دفن مادر من بود که معلوم شد همان نشانی را به یک خانواده دیگر به عنوان محل دفن دخترشان داده بودند. ما این موضوع را به‌طور اتفاقی متوجه شدیم. هر بار به خاوران می‌رفتیم، خانمی را می‌دیدیم که بر مزار مادرم نشسته بود. تصورمان این بود که مثل بقیه از سر همبستگی آنجا می‌نشیند. ولی حدود یک سال پس از اعدام مادرم متوجه شدیم که گمان می‌کند دختر خودش در آن مکان دفن شده چرا که به او هم همان نشانی را داده بودند. پس از آن‌که متوجه این موضوع شد در یکی از دفعاتی که ما به خاوران رفته بودیم به ما یک تکه پارچه سورمه‌ای رنگ نشان داد و از مادربزرگم پرسید آیا دخترت چنین لباسی داشته؟ او قبر را کنده بود و در آن یک تکه پارچه پیدا کرده بود و جنازه‌ای که پس از گذشت آن‌همه زمان دیگر قابل شناسایی نبود.

---

[۴۷] شهادت فریده امیرشکاری، عدالت برای ایران، بهمن ۱۳۹۳

این موضوع برای ما شوک بزرگی بود چرا که دیگر می‌دانستیم که حتی نمی‌دانیم پیکر مادرم کجا دفن شده. ما چاره‌ای غیر از قبول اطلاعاتی که در مورد محل دفن به ما داده بودند نداشتیم. کجا باید به دنبال جنازه مادرم می‌گشتیم؟ در واقع پیکر مادر من گم شده بود؛ یا در خاوران یا در جای دیگر. به ما یک آدرس محل دفن داده بودند و ما هم چیزی غیر از آن در دست نداشتیم. در خیلی از موارد آدرس‌های دوبله در مورد محل دفن اعدام شدگان داده بودند که معلوم نبود کدام‌شان واقعیت دارد.[۴۸]

شورا مکارمی که مادرش[۴۹] تابستان ۱۳۶۷ در زندان شیراز اعدام شده نیز می‌گوید که پس از اعلام خبر اعدام مادرش به خانواده او، آدرس محل دفن را نیز به آنها داده‌اند. این آدرس نشانی یک قبر در گورستان قدیمی بود که عمر قبرهای آن به بیش از ۳۰ سال می‌رسید و به این‌گونه بود که بر بالای سنگ قبری که از قدیم بود پلاکی جدید گذاشته بودند که اسم زندانی اعدام شده بر روی آن نوشته شده بود. او می‌گوید: «هنوز برای خانواده‌ام سوال است که آیا واقعاً مادرم زیر این قبر است یا نه. مادربزرگم یک روز در قبرستان یک خانمی را دیده بوده که کنار قبر مادرم نشسته بوده، که بهش گفته بوده این قبر یک خانم دیگری بوده اصلاً. قبر یکی دیگر بوده. برای همین می‌دانم در شیراز خانواده‌هایی که این قبرها را بهشان نشان داده‌اند و گفته‌اند این قبرهای اعدام شده‌ها هستند به این باور ندارند.»[۵۰]

این سرگردانی خانواده‌ها در حالی است که آنها حتی مطمئن نیستند که عزیزان‌شان در خاوران دفن شده باشند. گفته می‌شود شمار زیادی از اعدام شدگان سال ۱۳۶۷ در بیابان‌های اطراف ورامین دفن هستند. بعضی خانواده‌ها این احتمال را هم منتفی نمی‌دانند که اعدام‌شدگان در زندان گوهردشت در گورستان متروکه بی‌بی سکینه در نزدیکی کرج مخفیانه و بی‌نام و نشان دفن شده باشند.[۵۱]

---

[۴۸] شهادت سحر محمدی، عدالت برای ایران، بهمن ۱۳۹۳

[۴۹] فاطمه زارعی، متولد ۱۳۳۲ عضو جنبش معلمان مسلمان وابسته به سازمان مجاهدین خلق بود. او ۲۵ خرداد ۱۳۶۰ در شیراز بازداشت شد و در حالی که در دادگاه به ۱۰ سال حبس محکوم شده بود در تابستان ۱۳۶۷ اعدام شد. ن.ک.ب. یک سرگذشت: فاطمه زارعی، بنیاد برومند، قابل دسترسی در:
https://www.iranrights.org/fa/memorial/story/-5311/fatemeh-zarei

[۵۰] شهادت شورا مکارمی، عدالت برای ایران، مهر ۱۳۹۳

[۵۱] درباره خاوران مجازی، تارنمای بیداران، ۲۲ اردیبهشت ۱۳۸۹، قابل دسترسی در:
http://www.bidaran.net/spip.php?article270

جعفر بهکیش که پنج عضو خانواده‌اش قربانی سرکوب مخالفان سیاسی دهه ۶۰ شده‌اند نیز می‌گوید: «محل دفن محمدرضا برادرم را هرگز به ما نگفتند. مسئولان بهشت زهرا از دادن هر گونه اطلاعاتی در این مورد خودداری کردند. در مورد زهرا، خواهرم، مسئولان بهشت زهرا به مادرم گفته بودند که او را در خاوران دفن کرده‌اند. اما از دادن محل دقیق دفن او خودداری کردند. مادر و پدرم پس از مراجعه به خاوران و صحبت با خانواده‌ها شنیدند که در تاریخی نزدیک به زمان کشته شدن زهرا، کسی را در یک نقطه خاوران دفن کرده‌اند. از آن زمان، ما آن محل را به عنوان محل دفن زهرا در نظر گرفته‌ایم. از محل دفن محمود، محمدعلی و مهرداد خبری نداریم. اما گمان می‌کنیم که در گورهای جمعی خاوران دفن شده‌اند.»[۵۲]

خاطره معینی نیز از تجربه خود بعد از شنیدن خبر اعدام‌ها در سال ۱۳۶۷ و هربار که به خاوران می رفتند چنین می‌گوید:

ما را جدا می‌کردند می‌بردند میدان خراسان، کمیته میدان خراسان، آنجا یک تعهد ازمان می‌گرفتند، هربار می‌گفتند دوباره تو آمدی؟ می‌گفتم برادرم است می‌فهمی یعنی چی؟ من آمده‌ام سر خاک برادرم. این جرم است؟ شما نمی‌روید سر خاک برادرتان، خواهرتان، عزیزتان؟ می‌گفتند اینجا کسی [دفن] نیست. آدم‌خوبه‌های‌شان حاجی‌هایی بودند که [می‌گفتند] نه دخترم، این‌جوری نیست، آره می‌دانم دلت تنگ است می‌آیی اینجا گریه‌ای می‌کنی، اینجا نیست، چشم ناپاک اینجاست. نیا. برای چی می‌آیی؟ برای خودت برو بهشت زهرا. یعنی یک حالت مهربان و پدرانه. نیایید اینجا گرم است، بیخودی نیایید، به امام حسین به حضرت زهرا قسم اینجا هیچ کس نیست. بهتان دروغ گفته‌اند، گولتان زده‌اند. این‌ها می‌خواهند شما را اذیت کنند. می‌گفتم پس کجا برده‌اید اگر اینجا نیستند؟ به ما جای‌شان را بگویید. بگویید کجا برده‌اید تا ما هم مثل شما که کس و کارتان را دفن کرده‌اید برویم. یک بار مسئول همین گورستان‌ها آمده بود بالای سر مادرم نشسته بود، گفته بود بهتان جا می‌دهیم تو بهشت زهرا، بروید بهشت زهرا. مادرم گفت بود حاج آقا شما پدر داری؟ گفته نخیر فوت کرده. گفته بود خدا رحمتش کند. کجا دفنش کرده‌اید؟ گفته بود تو شهرستان خودمان. گفته بود اگر الان بگویند قبر پدرت تو بهشت زهراست می‌آیی بروی سر قبر بابات؟ گفته بود حاج خانم داری توهین می‌کنی. گفته بود تو داری توهین می‌کنی، مگر می‌شود؟ بچه‌ام را گذاشته‌اید آنجا، یک قبر خالی بدهید توی بهشت

---

[۵۲] گفت‌وگو با جعفر بهکیش، خانواده قتل عام شده، اخبار روز، ۳ شهریور ۱۳۹۲، قابل دسترسی در: http://www.akhbar-rooz.com/article.jsp?essayId=54845

زهرا مگر دیوانه‌ام بروم سر قبر خالی. آخر این حرف است می‌زنی؟ تو قبر دیگر به من بدهی، من بروم سر قبر دیگر بنشینم که چی؟ یا بهمان بگویید کجا گذاشته‌اید یا اینکه اگر اینجا گذاشته‌اید، مگر ما چه کار می‌کنیم؟ یک دقیقه می‌آییم اینجا گریه‌ای می‌کنیم. یک دقیقه می‌نشینیم.[۵۳]

مقامات رسمی با ارائه توضیحاتی متناقض، خانواده‌ها را در این ابهام همیشگی گذاشته‌اند که مطمئن نیستند عزیزانشان آیا در گورهای دسته جمعی در خاوران دفن شده‌اند و یا در جای دیگر آنها را دفن کرده‌اند. بی‌اطلاع نگه داشتن خانواده از محلی که پیکر عزیزشان در آن دفن شده و یا دادن اطلاعات متناقض و گیج‌کننده، بر ابهام و نامشخص بودن سرنوشت شخص دامن می‌زده است.

د- گواهی‌های فوت جعلی

مرگ، واقعه‌ای است که باید وقوع و چگونگی وقوع آن از سوی مقامات رسمی و با صدور گواهی فوت تایید شود. شهادت‌های مکرر خانواده‌های زندانیان سیاسی دهه ۶۰ ثابت می‌کند که گواهی فوت‌های صادر شده، حاوی اطلاعاتی هستند که واقعیت را جعل می‌کنند. آنچه در گواهی فوت‌ها آمده است، با اعلام شفاهی وقوع اعدام و یا اخبار منتشر شده در روزنامه دربارهٔ اعدام افراد، تناقض دارد.

وزارت کشور
سازمان ثبت احوال کشور
خلاصه رونوشت وفات

گواهی فوت داده شده به خانواده علی‌اصغر ضیغمی

به عنوان مثال، در برگه فوت علی‌اصغر ضیغمی[۵۴] که ماموران زندان اوین به خانواده‌اش اعلام کرده بودند که در تابستان ۱۳۶۷ اعدام شده، دلیل مرگ، «فوت»

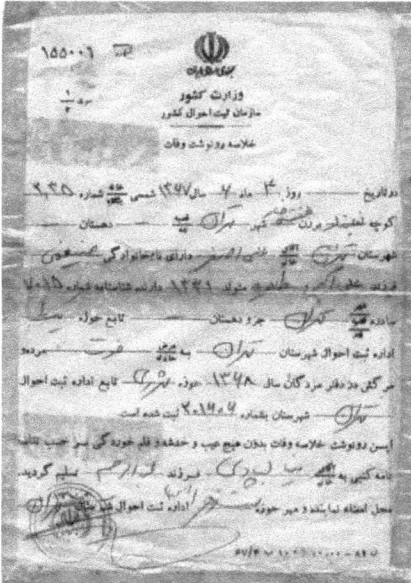

---

[۵۳] شهادت خاطره معینی، عدالت برای ایران، آبان ۱۳۹۱

[۵۴] علی‌اصغر ضیغمی، متولد ۱۳۳۱ از اعضای فداییان خلق اکثریت بود که نوروز ۱۳۶۶ بازداشت شد او در تابستان ۱۳۶۷ در حالی که فقط دو ماه تا پایان دوران حبسش باقی مانده بود، اعدام شد. ن.ک.ب: علی‌اصغر ضیغمی، بیداران، قابل دسترسی در:
http://www.bidaran.net/spip.php?breve457

اعلام شده و هیچ نشانی از اعدام در زندان در برگه فوت او نیست. مینا لبادی، همسر علی اصغر ضیغمی می‌گوید: «من برگه فوتش را دارم، در آن نوشته "به مرض فوت"، مرده. من باید بدانم این مرض «فوت» چه مرضی بوده که ما از آن خبر نداشتیم و شوهرم به این مرض مرده است.»[۵۵]

تمامی کسانی که برگه فوت برای اعدام‌شدگان دهه ۶۰ گرفته‌اند نیز تجربه مشابهی دارند و می‌گویند که دلیل مرگ، بیماری یا مرگ طبیعی[۵۶] اعلام شده و نشانی از اعدام در برگه فوت نیست. در شناسنامه هیبت‌الله معینی از اعدام‌شدگان ۱۳۶۷نیز نوشته شده که به مرگ طبیعی در خانه‌اش مرده است. خاطره معینی می‌گوید:

> وقتی من و مادرم رفتیم شناسنامه برادرم را بگیریم، شناسنامه برادرم را که دادند نوشته بودند مرگ به طور طبیعی در خانه، آدرس خانه‌اش را هم زده بودند. که مادرم گفت این چی است؟ مگر بچه من اینجا نبوده؟ گفتند شناسنامه‌ات را می‌خواهی یا نه؟ گفته بود می‌خواهم گفته بود پس بنویس اینجا وگرنه الان پاره‌اش می‌کنم. خیلی از خانواده‌ها مجبور شده بودند شناسنامه‌ها را بگیرند برای اینکه شناسنامه‌هایشان را مجبور بودند داشته باشند به‌خاطر بچه‌های‌شان به‌خاطر همسرشان.[۵۷]

برخی از خانواده‌ها سال‌ها در برابر عدم پذیرش رسمی اعدام فرزندان‌شان از سوی مقامات مقاومت کردند و حاضر نبودند با صرف نظر کردن از حق خود برای دانستن حقیقت دربارهٔ اعدام فرزندان‌شان، شناسنامه باطل شده‌ای که دلیل مرگ اعدام‌شدگان را به دروغ، «مرگ طبیعی» قید کرده، بپذیرند. لادن بازرگان می‌گوید که مادرش تا ۲۰ سال در برابر تحویل گرفتن برگه فوتی که منکر اعدام فرزندش بود، مقاومت کرد و سرانجام برای انجام کارهای انحصار وراثت مجبور به گرفتن برگه فوتی شد که دلیل مرگ برادرش را همچون سایر اعدام‌شدگان دهه ۶۰ «مرگ طبیعی» ذکر کرده بود.[۵۸] گلزار قباخلو (مادر حمید قباخلو) می‌گوید:

> یک روز یک نامه آمد در خانه که بیایید اوین. من بلند شدم رفتم زندان اوین، گفتند فلان‌جا شما را می‌خواهند. رفتم دیدم یک آقایی نشسته. گفت

---

[۵۵] گفت‌وگو با مینا لبادی، تارنمای مادران پارک لاله، ۱۵ مهر ۱۳۹۲، قابل دسترسی در: http://www.mpliran.org/2013/10/1.html

[۵۶] شهادت فریده امیرشکاری، عدالت برای ایران، بهمن ۱۳۹۳

[۵۷] شهادت خاطره معینی، عدالت برای ایران، آبان ۱۳۹۱

[۵۸] لادن بازرگان، آیا میتوان کشتار سال ۶۷ را بخشید و یا فراموش کرد؟، تارنمای بیداران، ۲۴ شهریور ۱۳۹۰ ، قابل دسترسی در: http://www.bidaran.net/spip.php?article304

می‌خواهی گواهی فوت بدهم. بچه‌ها و خانواده‌ها به من گفته بودند اگر گفتند گواهی فوت می‌دهیم، نگیرید. این‌ها دروغ می‌گویند. باز دیدم اصرار کرد گواهی فوت می‌خواهید؟ گفتم خب بدهید. دیدم نوشت گل نبرید، گلدان نبرید، مراسم نگیرید، فامیل‌تان سر خاک نرود. من آن‌موقع دوست داشتم بدانم قبر بچه‌ام کجاست و چطوری است. این‌ها را از من گرفت و نوشت توی نامه و یک امضا هم از من گرفت و من برگشتم. برگشتم سوار یک تاکسی شدم و بین راه یک دفعه یادم افتاد که خانواده‌ها گفته‌اند این کار را نکنید، امضا ندهید این‌ها دروغ می‌گویند. حقیقت را نمی‌گویند که بچه‌تان را اعدام کرده‌ایم می‌گویند مثلاً یا مریض بوده یا تصادف کرده بوده یا یک عیبی رویش می‌گذارند و نمی‌گویند اعدام شده. حالا دست بر قضا شانس داشتم و سریع رفتم تو دیدم آن آقا نیست و یک بچه ده پانزده ساله آنجا نشسته بود. نامه من هنوز آن رو بود، روی میز بود، من نامه را برداشتم و بلافاصله پاره‌اش کردم و کف دستم لهش کردم و از آنجا زدم بیرون و دویدم. پسربچه هر چه دنبال من دوید و گفت خانم نامه کو اصلاً دیگر پشتم را هم نگاه نکردم. به‌دو آمدم کنار اتوبان ماشین سوار شدم و در رفتم. نگذاشتم نامه‌ای که امضا کرده بودم که گواهی فوت به من بدهند [آنجا بماند]. پاره‌اش کردم و برداشتمش.[۵۹]

صدور گواهی فوت‌های جعلی که با شرایطی که قربانیان در آن قرار داشته‌اند هم‌خوانی ندارد، دلیل دیگری است برای نشان دادن این واقعیت که مقامات حکومتی، سرنوشت زندانیان سیاسی دهه ۶۰ را از خانواده‌هایشان پنهان نگه داشته‌اند. تناقض میان اعلام خبر اعدام فرد به طور شفاهی و مفاد گواهی‌های فوت، اطمینان به وقوع مرگ را برای خانواده زیر سئوال می‌برد. به خصوص اینکه همان‌گونه که دیدیم، هیچ‌گونه دلیل روشن دیگری از جمله پیکر فرد یا حتی محل دفن او برای اینکه خانواده مطمئن شوند عزیزشان دیگر در قید حیات نیست، وجود ندارد.

ذ- عدم ثبت اسامی قربانیان دهه ۶۰ در فهرست متوفیان

در حالی که اسامی تمامی افراد متوفی در ایران در سیستم‌های آنلاین گورستان‌ها ثبت شده، بررسی‌های ما حاکی از این است که هیچ نام و نشانی از اعدام‌شدگان دهه ۶۰ در این فهرست‌ها نیست. در واقع، مقامات رسمی از هرگونه به رسمیت شناختن مرگ این افراد تاکنون خودداری کرده‌اند. جعفر بهکیش که

---

[59] شهادت گلزار قباخلو (مادر حمید قباخلو)، عدالت برای ایران، تیر ۱۳۹۴

بارها این مسئله را پیگیری کرده، می‌گوید که در آخرین مراجعه‌اش به بهشت زهرا در سال ۱۳۸۱ در پاسخ پیگیری‌های او برای دانستن محل دفن برادران و خواهرش، به او گفته شده دفتری که قبلاً در بهشت زهرا در اختیار مامور خاصی بود و اسامی و محل دفن اعدام‌شدگان در آن ثبت شده بود، دیگر در دسترس نیست.

بنا بر اظهارات مسئولان بهشت زهرا این دفتر از اواخر دهه ۷۰ دیگر در اختیار آن سازمان نیست و گویا وزارت اطلاعات دفتر را برده است.[۶۰] در سال‌های قبل هنگام مراجعه آقای بهکیش به او گفته می‌شد که اطلاعاتی در مورد محسن[۶۱]، زهرا[۶۲] و محمدرضا[۶۳] که در سال‌های نخست دهه ۶۰ اعدام شده‌اند، در این دفتر وجود دارد، اما از دادن اطلاعات در مورد زهرا و محمدرضا خودداری می‌کردند، گویا در آن دفتر نوشته شده بود که نباید اطلاعاتی در اختیار خانواده‌ها قرار گیرد.[۶۴] محل دفن محمدرضا هیچ‌گاه به صورت رسمی به خانواده بهکیش اعلام نشد. آنها سال‌ها بعد به‌صورت غیرمستقیم و از طریق خانواده یکی دیگر از اعدام‌شدگان از محل دفن احتمالی محمدرضا مطلع شدند و هنوز در این مورد تردید دارند.[۶۵] در آن دفتر هیچ اطلاعاتی در مورد دو عضو دیگر خانواده او که در سال ۶۷ اعدام شده

---

[۶۰] جعفر بهکیش، چرا به آنچه در خاوران اتفاق می‌افتد معترض هستم؟ وبلاگ من از یادت نمی‌کاهم، ۲۰بهمن ۱۳۸۷ قابل دسترسی در:
http://jafar-behkish.blogspot.co.uk/2009/02/blog-post.html

[۶۱] محسن بهکیش، متولد سال ۱۳۴۱ از هواداران سازمان فداییان اقلیت بود. او ۲۴ اردیبهشت ۱۳۶۴ در زندان اوین اعدام شد و محل دفن او در قطعه ۹۹ بهشت زهرا به طوری رسمی به خانواده‌اش اعلام شد. بیشتر بخوانید: یک سرگذشت: محسن بهکیش، بنیاد برومند، قابل دسترسی در:
http://www.iranrights.org/fa/memorial/story/36177/mohsen-behkish

[۶۲] زهرا بهکیش، متولد سال ۱۳۲۵ از کادرهای فداییان اقلیت بود. او در شهریور ۱۳۶۲ با خوردن سیانور و یا زیر شکنجه کشته شد. محل دفن او احتمالاً در خاوران است. محل دفن او به طور رسمی به خانواده اعلام نشده است. بیشتر بخوانید: یک سرگذشت: زهرا بهکیش، بنیاد برومند، قابل دسترسی در:
http://www.iranrights.org/fa/memorial/story/36175/zahra-behkish

[۶۳] محمدرضا بهکیش، متولد ۱۳۳۴ از کادرهای فداییان اقلیت بود. او ۲۴ اسفند ۱۳۶۰ از سوی ماموران امنیتی کشته شد. خانواده بهکیش با پیگیری از سازمان بهشت‌زهرا اطلاعاتی مبنی بر محل دفن محمدرضا به دست نیاوردند و پس از گذشت سال‌ها غیر مستقیم مطلع شدند که او در قطعه ۹۱ بهشت‌زهرا دفن شده و در بخش ذ- عدم ثبت اسامی قربانیان دهه ۶۰ در فهرست متوفیان ثبت است.

[۶۴] جعفر بهکیش، ن.ک.ب. زیرنویس ۶۰

[۶۵] شهادت منصوره بهکیش، عدالت برای ایران، اسفند ۱۳۹۳

بودند[۶۶] وجود نداشت و به طور کلی اطلاعات اعدام‌شدگان ۶۷ در آن ثبت نشده است.

جعفر بهکیش می‌گوید:

من برای آخرین بار در سال ۸۱ به بهشت زهرا مراجعه کردم و از محل دفن برادران و خواهرم جویا شدم. قبلا دفتری در بهشت زهرا موجود بود که اسامی و محل دفن اعدام‌شدگان در آن ثبت شده بود و در اختیار مامور خاصی بود. ولی در آن سال، به من گفتند که این دفتر دیگر در دسترس نیست. در سال‌های قبل، آنان با مراجعه به دفتر، تائید می کردند که اطلاعاتی در مورد محسن، زهرا و محمدرضا در این دفتر وجود دارد، اما از دادن اطلاعات در مورد زهرا و محمدرضا خودداری می کردند. گویا در آن دفتر نوشته شده بود که نباید اطلاعاتی در اختیار خانواده‌ها قرار گیرد. در آن دفتر هیچ اطلاعاتی در مورد محمود، محمدعلی و مهرداد که در جریان کشتار بزرگ زندانیان سیاسی در تابستان ۶۷ به قتل رسیده بودند وجود نداشت.[۶۷]

ر- عدم تحویل وصیت‌نامه‌ها و اشیاء یا دادن وسایل اشتباه

آن‌چه از قربانیان به خانواده‌های‌شان داده شد، فقط ساک‌های لباسی بود که گفته می‌شد لباس‌ها و لوازم شخصی عزیزان‌شان است و گاه چند ماه پس از اعدام تحویل داده می‌شدند.[۶۸] این در حالی است که در برخی موارد لباس‌ها متعلق به

[۶۶] محمود بهکیش، متولد سال ۱۳۳۱ از اعضای سازمان فداییان خلق (اکثریت) بود. او که پس از بازداشت در شهریور ۱۳۶۲ به ۱۰ سال حبس محکوم شده بود، در شهریور ۱۳۶۷ در زندان گوهردشت کرج اعدام شد.

محمدعلی بهکیش، متولد سال ۱۳۴۳ از هواداران فداییان اقلیت بود. او که پس از بازداشت در شهریور ۱۳۶۲ به ۸ سال حبس محکوم شده بود در شهریور ۱۳۶۷ در زندان گوهردشت کرج اعدام شد. ن.ک.ب: یک سرگذشت: محمود بهکیش، بنیاد برومند، قابل دسترسی در: http://www.iranrights.org/fa/memorial/story/-5210/mahmud-behkish

یک سرگذشت: محمدعلی بهکیش، بنیاد برومند، قابل دسترسی در: http://www.iranrights.org/fa/memorial/story/-5214/mohammad-ali-behkish

[۶۷] شهادت جعفر بهکیش، عدالت برای ایران، اسفند ۱۳۹۳

[۶۸] گفت‌وگوی مادران عزادار با مادر بهکیش، سایت ایران تریبونال، ۳۰ اردیبهشت ۱۳۸۹، قابل دسترسی در: http://www.irantribunal.com/index.php/fa/news/2012-12-29-22-09-13/77-2012-12-25-19-34-41

زندانی دیگری بود[۶۹] به‌گونه‌ای که مادرها لباس‌های تحویل داده شده را در مراسم‌ها با خود می‌بردند و گاه مادری از بوی لباس‌ها تشخیص می‌داد که این لباس فرزندش است و آنها را با هم رد و بدل می‌کردند.[۷۰]

لادن بازرگان می‌گوید در ساکی که پس از اعدام برادرش به خانواده او دادند: «یکی دو دست لباس بود و یک حوله و یک ساعت. هیچ‌کدام آنها آشنا نبود و چیزهایی نبود که مادرم برای او خریده و به زندان برده بود. خیلی وحشتناک است که تنها یادگار برادرت یک ساک کوچک باشد که وسائل درون آن متعلق به قربانی دیگری است. ما سال‌ها بعد، ازگوشه و کنار و از روی کتاب‌هایی که معدود جان به‌دربردگان از این جنایت نوشتند فهمیدیم که در زندان‌ها چه گذشته است. رژیم هیچ توضیح و یا پاسخ روشنی به کسی نمی‌داد و سال‌ها گذشت تا ما کم کم این معمای بزرگ را حل کردیم. اما آنچه که ما امروز می‌دانیم تنها گوشه‌ای از حقیقت، و از زبان قربانیان این جنایت است.»[۷۱]

برخی خانواده‌ها هیچ‌گاه وصیت‌نامه عزیزان‌شان را دریافت نکردند و به برخی نیز وصیت‌نامه‌هایی داده شد که بسیار کوتاه بودند و به طور مشخص تحت نظارت ماموران نوشته شده بود و یا بخش‌هایی از آن مخدوش و ناخوانا شده بود.[۷۲] منصوره بهکیش در مورد وقایع پس از تابستان ۱۳۶۷ می‌گوید:

> به صورت تلفنی در آبان و آذرماه خبر اعدام بچه‌ها را به خانواده‌ها دادند و خواستند که از کمیته‌های مختلف تهران ساک‌های آنها را تحویل بگیریم. به هرکسی یک ساک دادند که در آن چند تکه لباس بود و خیلی از این لباس‌ها نیز متعلق به فرد اعدامی نبود، این تصور بود که زندانیان گاهی لباس‌های‌شان را با یکدیگر عوض می‌کردند، ولی این امکان نیز وجود داشت که لباس‌ها را همین طوری در ساک‌ها ریخته باشند. نه وصیت‌نامه‌ای، نه محل دفنی و نه جسدی به ما دادند. هیچی. بعد هم تهدید و تهدید که به هیچ وجه حق ندارید اعتراض و سر و صدا کنید و نباید مراسم بگیرید. یعنی آن‌قدر تهدیدها شدید بود که واقعاً ما خانواده‌ها مانده بودیم که چه باید

---

[۶۹] منصوره بهکیش، ساک‌هایی که مسافری به همراه نداشت، مادران پارک لاله ایران،۴ آذر ۱۳۹۳ ، قابل دسترسی در: http://www.mpliran.org/2014/11/blog-post_89.html

[۷۰] شهادت خاطره معینی، عدالت برای ایران، آبان ۱۳۹۱

[۷۱] لادن بازرگان، آیا می‌توان کشتار سال ۶۷ را بخشید و یا فراموش کرد؟، تارنمای بیداران، ۲۴ شهریور ۱۳۹۰ ، قابل دسترسی در:
http://www.bidaran.net/spip.php?article304

[۷۲] شهادت رخشنده حسین‌پور، عدالت برای ایران، مهر ۱۳۹۳

بکنیم. البته خانواده‌ها اغلب مراسم گرفتند و به اشکال مختلف نیز صدای اعتراض‌شان را بلند کردند. آن موقع خیلی‌ها خاوران را نمی‌شناختند، به دفتر بهشت زهرا مراجعه می‌کردند و پاسخی نمی‌دادند و می‌گفتند در لیست‌مان چنین فردی را نداریم و به اوین حواله‌شان می‌دادند، به اوین می‌رفتند، می‌گفتند اگر بچه‌تان کشته شده بروید بهشت زهرا. خیلی از خانواده‌ها را این گونه سنگ‌قلاب کردند تا این که بالاخره خاوران را یافتند، بدون آن که مطمئن باشند عزیزشان در آنجاست یا این که بدانند در کدام گوشه و به چه شکلی دفن شده است.[۷۳]

۳. سلب حق حمایت در پیشگاه قانون

بر اساس ماده ۱۶ میثاق بین‌المللی حقوق مدنی- سیاسی، هر شخصی حق دارد که به عنوان یک شخص، در پیشگاه قانون به رسمیت شناخته شود. این ماده ناظر بر حقوق و مسئولیت‌های هر انسان، در برابر قانون است و به طور خلاصه، می‌توان آن را به «حق داشتن حق» و یک نتیجه بلافصل حق برخورداری از کرامت انسانی تعبیر کرد.[۷۴]

ماده دو کنوانسیون مربوط به حقوق ناپدیدشدگان قهری تاکید می‌کند که دستگیری، ربودن و ناپدیدکردن افراد توسط نیروهای دولتی یا تحت حمایت دولتی که متعاقب آن اختفای سرنوشت یا محل نگهداری فرد باشد، قربانی را در شرایطی قرار می‌دهد که از حمایت قانون خارج می‌شود. در واقع، فرد قربانی در حالت نامشخص بودن وضعیت و سرنوشتش، شبیه کسی است که فاقد هرگونه حقوقی است.

رای پرونده[۷۵] Al Daquel v Libya تصریح می‌کند که خارج کردن فردی از حمایت قانون برای یک مدت زمان طولانی به خودداری از شناخته شدن شخص به عنوان یک انسان در برابر قانون خواهد انجامید. بر اساس نظریه تفسیری کمیته حقوق بشر سازمان ملل، در شرایطی که قربانی در دستان مقامات دولتی است و از

---

[۷۳] شهادت منصوره بهکیش، عدالت برای ایران، اسفند ۱۳۹۳

[74] General Assembly ,Report of the Working Group on Enforced or Involuntary Disappearances, A/HRC/19/58/Rev.1, 2 March 2012, Access online at: http://www.ohchr.org/Documents/HRBodies/HRCouncil/RegularSession/Session19/A-HRC-19-58-Rev1_en.pdf

[75] CCPR/C/111/D/1882/2009 Communication, No. 1882/2009, at: http://www.ohchr.org/EN/HRBodies/CCPR/Pages/Jurisprudence.aspx

تلاش‌های خانواده‌اش برای احقاق حق به شکل نظام‌مندی جلوگیری می‌شود، می‌توان به روشنی از خارج کردن فرد از حمایت قانون سخن گفت. ناپدیدکردن قهری حق قربانی را برای شناخته شدن به عنوان یک انسان در برابر قانون انکار می‌کند و به این ترتیب، ناقض مواد ۶ اعلامیه جهانی حقوق بشر و ماده ۱۶ میثاق بین‌المللی حقوق مدنی- سیاسی است که تصریح می‌کند «هرکس حق به رسمیت شناخته شدن به عنوان یک انسان در برابر قانون را دارد.»

گروه کاری ناپدیدشدگان قهری سازمان ملل در نظریه تفسیری خود راجع به حق به رسمیت شناخته شدن در پیشگاه قانون می‌گوید: «حق به رسمیت شناخته شدن به عنوان یک شخص حقوقی مستلزم تعهد دولت برای تحقق کامل شخصیت حقوقی[۷۶] افراد ناپدید شده است و بنابر این، احترام به حق خانواده آنها را هم شامل می‌شود. بر اساس نظر گروه کاری، ناپدیدشدن قهری یک نقض الگویی حق به رسمیت شناخته شدن فرد در پیشگاه قانون را به نمایش می‌گذارد. هرچه شخص بیشتر در بازداشت باشد، بیشتر در معرض نقض حقوق بشر شامل شکنجه و رفتارهای رذیلانه، غیر انسانی و تحقیرآمیز خواهد بود.

این بی‌حقوقی مطلق قربانیان و جلوگیری از تلاش‌های خانواده‌ها برای احقاق حق در شرایط ایران را لادن بازرگان چنین توضیح می‌دهد:

> شما موقعیت خانواده‌ها را در آن زمان در آن تابستان سیاه ۶۷ در نظر بیاورید که هیچ اطلاعی نداشتند. هیچ‌کس به ما نگفت چرا؟ چه شد؟ چطور شد؟ زندانی‌ای که حکم داشت و سال‌ها حکمش را در سیاه‌چال‌های این‌ها گذرانده بود یکهو ممنوع‌الملاقات شد و بعد از آن سه ماه بعد به ما گفتند بچه‌ات را کشته‌ایم جسد را هم بهت نمی‌دهیم، برو به دنبال کارت. همه حالت دفاعی داشتند که فقط منتظر یک خبری بودند که ببینند بچه‌شان زنده است یا نه چون وقتی هم که دستگیر می‌کردند به خانواده‌ها اطلاع نمی‌دادند که بچه‌تان دستگیر شده و چندین ماه خانواده‌ها در کمال بی‌خبری بودند و نمی‌دانستند فرزندان‌شان کجا هستند و چه بلایی دارند به سرش می‌آورند. این‌ها ۲۵ سال است سیاست انکار را در پیش گرفته‌اند و حاضر نیستند که حتی بپذیرند که چنین جنایتی را انجام داده‌اند. آن‌چه که بسیار ناراحت‌کننده است این است که الان هم یا می‌گویند فراموش

---

[76] Legal personality

ذکر این نکته لازم است که شخصیت حقوقی در اسناد بین‌المللی و از جمله این سند در معنایی متفاوت با آنچه در ادبیات حقوقی ایران به عنوان شخص حقوقی (legal entity) از آن نام برده می‌شود و منظور، نهادها، شرکت‌ها و سایر اشخاص غیرحقیقی، در مقابل انسان به عنوان شخص حقیقی است، به کار رفته است.

کن یا نمی‌خواهند راجع بهش حرف بزنند یا حاضر نیستند هیچ جور احساس مسئولیتی کنند و جوابگو و پاسخگو باشند.[۷۷]

از تمامی نکات بالا می‌توان نتیجه گرفت که شرایط زندانیان سیاسی دهه ۶۰ کاملاً با شرایط ناپدیدشدن قهری طبق حقوق بین‌الملل تطبیق داشته است. در واقع نتیجه تحقیقات ما نشان می‌دهد که زندانیان سیاسی از حق آزادی توسط ماموران دولتی محروم شده بودند و دولت ایران از تصدیق محرومیت آنها از حق آزادی، سرنوشت و محل آنها خودداری کرده است و همه اطلاعات مربوط به وضعیت و سرنوشت آنها از سوی دولت و مقامات رسمی پنهان نگه داشته شده است و به این ترتیب، بسیاری از قربانیان دهه ۶۰، از حمایت در پیشگاه قانون، بی‌بهره شده‌اند.

همان‌طور که در تعریف سه عنصر تشکیل دهنده مفهوم ناپدیشدگی قهری آمده، ناپدیدشدگی قهری می‌تواند برای مدت زمانی طولانی ادامه داشته باشد. تا زمانی که هر سه این عناصر تشکیل دهنده وجود دارند، ناپدید شدگی قهری هم ادامه خواهد داشت. به بیان دیگر، تا زمانی که حقیقت، روشن شود و تا زمانی که ناپدیدشگی قهری تداوم دارد، جنایت و خشونت نیز ادامه خواهد یافت. این طبیعت مستمر ناپدیدشدگی قهری به این معناست که مواردی که در سال‌های بسیار گذشته شروع شده اما هنوز روشن نشده‌اند، تا زمانی که حقیقت دربارهٔ سرنوشت و محل قربانیان مشخص شود باید به عنوان موارد جاری و فعلی نقض حقوق بشر در نظر گرفته شوند. به همین دلیل، رنجی که خانواده‌های قربانیان می‌برند نیز به همین شکل، باید به عنوان یک نقض مستمر حقوق بشر به رسمیت شناخته شود.

بنابر این، با وجود اینکه سه دهه است خانواده‌های قربانیان دهه۶۰، از «وداع»[۷۸] محروم مانده‌اند و سئوالات بنیادین‌شان بی‌جواب مانده است، برخی از آنها هنوز هم باور به زنده بودن عزیزان‌شان دارند یا آنها را ناپدید شده و نه کشته یا اعدام شده می‌دانند، این موضوع، یک موضع فعلی و جاری نقض حقوق بشر است و نه فقط موضوعی مربوط به گذشته.[۷۹] بر اساس موازین بین‌المللی نیز نه فقط

[۷۷] شهادت لادن بازرگان، عدالت برای ایران، مهر ۱۳۹۳

[78] Closure

[۷۹] مادر یکی از اعدام‌شدگان که برای مصاحبه در رابطه با این تحقیق با او تماس گرفته بودیم از مصاحبه خودداری کرد و گفت: «بچه من اعدام نشده، او زنده است، من مطمئن هستم.» با وجود اینکه وصیت‌نامه پسرش پس از اعدام به خانواده تحویل داده شده، این مادر که با فرزندش «وداع» نکرده و نتوانسته با تحویل پیکرش او را به خاک بسپارد، همچنان چشم به راه فرزندش است.

قربانیان ناپدیدشدگی قهری بلکه خانواده‌های آنان، هم‌چون بازماندگان قربانیان نقض شدید حقوق بشر، تا زمانی که وضعیت ناپدیدشدگی تداوم دارد، از حقوق معینی برای دادخواهی، احقاق حق و جبران خسارت برخوردارند. چنان‌که گروه کاری سازمان ملل برای ناپدیدشدگان قهری در نظریه تفسیری خود می‌گوید: «ناپدیدشدگی قهری نقض حقوق خانواده درجه یک و دیگرانی را که با فرد ناپدیدشده در ارتباط بوده‌اند به همراه دارد. اعضای خانواده از ایفای حقوق و تعهدات خود به دلیل نامشخص بودن حقوقی که در غیاب فرد ناپدیدشده شکل گرفته محرومند.»[۸۰]

[80] General Assembly,Report of the Working Group on Enforced or Involuntary Disappearances, , A/HRC/19/58/Rev.1, 2 March2012, Access online at: http://www.ohchr.org/Documents/HRBodies/HRCouncil/RegularSession/Session19/A-HRC-19-58-Rev1_en.pdf

فصل سوم

حقوق خانواده‌های اعدام‌شدگان
و
موارد نقض آنها

چنان‌که که در فصول پیشین اشاره شد، در روند سرکوب مخالفان سیاسی در دهه ۶۰ موارد بسیاری از نقض گسترده و فاحش حقوق بشر به چشم می‌خورد. مواردی چون بازداشت‌های خودسرانه، شکنجه زندانیان، دادگاه‌های غیرمنصفانه، اعدام زندانیان سیاسی و ناپدیدسازی قهری، همگی در گزارش‌های متعدد نهادهای حقوق بشری بین‌المللی و ایرانی ثبت و مستند شده است. نتایج این تحقیقات به روشنی نشان می‌دهد که جمهوری اسلامی ایران در زندانی کردن، ناپدیدسازی و اعدام هزاران زندانی سیاسی طی سال‌های ۱۳۶۰ تا ۱۳۶۷ بسیاری از قوانین و مقررات بین‌المللی را نقض کرده و باید پاسخ‌گوی نقض گسترده و مکرر حقوق بشر در این زمینه باشد.

سازمان عفو بین‌الملل در طول دهه ۶۰ بارها اسناد و آمار مربوط به اعدام زندانیان سیاسی را مستند کرد و در آذر ۱۳۶۹ دوسال پس از اعلام خبر اعدام دسته‌جمعی هزاران زندانی سیاسی در ایران در گزارشی مفصل به این کشتار پرداخت و از مستند کردن اسامی بیش از دو هزار تن از اعدام شدگان خبر داد.[۱] تاکید اصلی این گزارش بر ارائه شواهدی مبنی بر اعدام دسته‌جمعی و مخفیانه زندانیان سیاسی بدون انجام یک محاکمه منصفانه و دسترسی داشتن به حق دفاع بود. در سال‌های نخست پس از اعدام‌ها نیز خانواده‌ها و سازمان‌های سیاسی چندین فهرست از اسامی و مشخصات اعدام شدگان در دهه ۶۰ و به‌ویژه سال ۱۳۶۷ منتشر کردند.

در دهه ۸۰ و ۹۰ سازمان‌های حقوق بشری که از سوی فعالان ایرانی در خارج از کشور راه‌اندازی شده بودند به همراه برخی از تشکل‌های جان به‌در بردگان و زندانیان سیاسی سابق نیز تحقیقات مفصلی در این زمینه انجام دادند. به عنوان نمونه، می‌توان به فهرست‌های اسامی اعدام شدگان در دهه ۶۰ و سال ۶۷، از جمله فهرستی که کمیته دفاع از حقوق بشر ایران- سوئد، بر پایه فهرست‌های قبلی[۲] تهیه کرده و در تحقیق حاضر هم مورد استفاده قرار گرفته اشاره کرد.

---

[۱] عفو بین‌الملل، گزارش نقض حقوق بشر در ایران، ۱۹۹۰-۱۹۸۷: قتل عام در زندان‌ها ۱۹۸۸، ۱۰ آذر ۱۳۶۹

[۲] این فهرست‌ها عبارت‌اند از:

- "کتاب سیاه ۶۷: اسناد نسل کشی کمونیست ها، انقلابیون و زندانیان سیاسی ایران، نشر: گفتگوهای زندان، ۱۳۷۸"،

-"شهیدان توده‌ای، انتشارات حزب توده، چاپ اول ۱۳۸۱" ←

مرکز اسناد حقوق بشر ایران در گزارشی که در سال ۱۳۸۸ با عنوان «فتوای مرگبار: قتل عام زندانیان ۱۳۶۷ در ایران» منتشر کرد به روشنی نشان داده است که جمهوری اسلامی ایران با شکنجه زندانیان سیاسی و کشتار جمعی شتابزدهٔ آنها که یک «حمله گسترده و سیستماتیک علیه یک جمعیت غیرنظامی بود» مرتکب «جنایت بر علیه بشریت» شده است.[۳] گزارش حقوقی مرکز اسناد حقوق بشر در رابطه با اعدام زندانیان سیاسی در سال ۱۳۶۷ همچنان نشان می‌دهد که جمهوری اسلامی ایران با «عدم پاسخ‌گویی به خانواده‌ها دربارهٔ سرنوشت و محل نگهداری عزیزان‌شان، تحویل ندادن اجساد در بیشتر موارد و خودداری از تعیین محل دفن اجساد، وظایف خود برای پیشگیری از ناپدیدشدن اجباری هزاران زندانی سیاسی در تابستان و پاییز۱۳۶۷ را نادیده گرفته و کماکان نادیده می‌گیرد.»[۴]

بنیاد برومند نیز در گزارشی که سال ۱۳۹۰ با عنوان «کشتار زندانیان سیاسی ایران، ۱۳۶۷» منتشر کرد، به صراحت آورده است که بر اساس تحقیقات مفصل این سازمان حقوق بشری، زندانیان سیاسی اعدام شده در سال ۱۳۶۷ طی فرایندی ناعادلانه و نامنصفانه اعدام شده‌اند و در روند صدور و اجرای حکم اعدام آنها هیچ یک از اصول آیین دادرسی کیفری رعایت نشده است. جفری رابرتسون، حقوقدان برجسته بریتانیایی که این گزارش را نوشته تاکید دارد که دولت ایران با اعدام خودسرانه هزاران زندانی سیاسی چپ و مجاهد در سال ۱۳۶۷ و همچنین نادیده گرفتن حق اولیا برای دانستن محل دفن فرزندان‌شان و ممانعت از سوگواری برای آنها، اصول مسلم حقوق بین‌الملل را که اصول ناظر بر مسئولیت دولت و فرد در ارتکاب جنایات جنگی و جنایات علیه بشریت باشد، به شدت نقض کرده است.[5]

در گزارش «پس از ۲۵ سال، هنوز اثری از عدالت نیست» که در سال ۱۳۹۲ از سوی جامعه دفاع از حقوق بشر در ایران منتشرشده نیز بار دیگر بر اساس

-"بانگ رهایی، نشریه کانون حمایت از زندانیان سیاسی ایران در داخل کشور، ناشر بی‌نام". برای اطلاعات بیشتر رک:

http://www.komitedefa.org/sidor/sidan10.htm

- نشریه کار اکثریت، از جمله شماره ۲۳۹ دی ۱۳۶۷ و شماره های دیگر

[۳] فتوای مرگبار: قتل عام زندانیان ۱۳۶۷ ایران، مرکز اسناد حقوق بشر ایران، شهریور ۱۳۸۸، قابل دسترسی در:

http://www.iranhrdc.org/persian/permalink/3297.html#.VVs99vlViko

[۴] همان‌جا.

[5] جفری رابینسون، کشتار زندانیان سیاسی ایران در سال ۱۳۶۷، بنیاد برومند، ۱۳۹۰، ص ۱۰۳، قابل دسترسی در:

http://www.iranrights.org/fa/library/document/1380/the-massacre-of-political-prisoners-in-iran-1988-report-of-an-inquiry

مستندات حقوقی ثابت شده است که «کشتار فراقضایی چندین هزار مخالف سیاسی» در زندان‌های ایران یک «جنایت علیه بشریت» به شمار می‌رود.[۶]

علاوه بر این گزارش‌ها، «ایران تریبونال»، دادگاه مردمی بین‌المللی که با کوشش گروهی از خانواده‌های جان‌باختگان، شماری از زندانیان سیاسی جان به‌دربرده از کشتارهای دهه ۱۳۶۰ و برخی فعالان سیاسی و مدنی شکل گرفت نیز به این موضوع پرداخته است. در رایی که سال ۱۳۹۱ از سوی شش حقوق‌دان بین‌المللی این دادگاه و بر مبنای مجموعه‌ای از مدارک شامل گزارش کمیسیون حقیقت یاب لندن و شهادت شاهدان متعدد در لاهه صادر شد آمده است: «جمهوری اسلامی ایران در فاصله سال‌های ۱۳۶۸-۱۳۶۰ حقوق بین‌الملل را نقض کرده و علیه شهروندان خود مرتکب جنایت علیه بشریت شده است.» قضات دادگاه ایران تریبونال گفته‌اند که این حکم با توجه به «گستردگی اعدام‌ها، سازمان‌یافتگی شیوه اعدام‌ها، هدف قرار دادن مردم غیرنظامی (زندانیان سیاسی در داخل زندان) و اتخاذ و اجرای اعدام‌ها از سوی قدرت مرکزی» صادر شده است.[۷]

«احقاق حق» قربانیان نقض گسترده و فاحش حقوق بشر هم‌چون جنایت‌های دهه ۶۰ یکی از وظایفی است که بر اساس مقررات و اعلامیه‌های بین‌المللی از جمله میثاق بین‌المللی حقوق مدنی و سیاسی بر عهده دولت‌ها گذاشته شده[۸] و در بسیاری از اسناد حقوق بین‌الملل مشتمل بر سه حق دانستن حقیقت، برخورداری از عدالت و جبران خسارت شده است.

«اصول اساسی و رهنمودهای مربوط به احقاق حق و جبران خسارت قربانیان نقض آشکار قوانین بین‌المللی ناظر بر حقوق بشر و نقض فاحش قوانین بشردوستانه بین‌المللی» مصوب مجمع عمومی سازمان ملل (که در این متن از آن به عنوان

---

[۶] پس از ۲۵ سال، هنوز اثری از عدالت نیست، جامعه دفاع از حقوق بشر در ایران، ۱۳۹۲، قابل دسترسی در:
https://www.fidh.org/IMG/pdf/report-1988_prison_executions_092013_per_.pdf

[۷] حکم دادگاه ایران تیربیونال، ۱۷ بهمن ۱۳۹۱، قابل دسترسی در:
http://www.irantribunal.com/images/PDF/Iran%20Triibunal%20judgmeh-Final-Farsi.pdf

[۸] بر اساس بند ۳ ماده ۲ میثاق بین‌المللی حقوق سیاسی و مدنی. هر دولت طرف این میثاق متعهد می‌شود که :الف- تضمین کند که برای هر شخصی که حقوق و آزادیهای شناخته شده در این میثاق دربارهٔ او نقض شده باشد وسیله مطمئن احقاق حق فراهم بشود هر چند که نقض حقوق به وسیله اشخاصی ارتکاب شده باشد که در اجرای مشاغل رسمی خود عمل کرده باشند. ب- تضمین کند که مقامات صالح قضائی- اداری یا مقننه یا هر مقام دیگری که به موجب مقررات قانونی آن کشور صلاحیت دارد دربارهٔ شخص دادخواست دهنده احقاق حق بکنند و همچنین امکانات تظلم به مقامات قضائی را توسعه بدهند.

«اصول اساسی احقاق حق» یاد می‌کنیم) یکی از اسناد متضمن این سه حق برای قربانیان است.[۹] همچنین در گزارش شورای اقتصادی- اجتماعی سازمان ملل تحت عنوان «موازین به‌روز شده حمایت و توسعه حقوق بشر از طریق اقدام علیه مصونیت مرتکبان نقض حقوق بشر» نیز به صراحت به سه حق قربانیان نقض حقوق بشر برای «دانستن حقیقت»، «برخورداری از عدالت» و «دسترسی به اقدامات ترمیمی و جبران خسارت» تاکید شده است.[۱۰] این حقوق در کنوانسیون بین‌المللی مربوط به حقوق ناپدید شدگان قهری نیز برای قربانیان و خانواده‌های آنان در نظر گرفته شده است.[۱۱]

بر اساس مفاهیم تعریف شده در حقوق بین‌الملل فقط افرادی که به صورت مستقیم گسترده و فاحش مورد نقض حقوق بشر قرار گرفته یا اجباری ناپدید شده‌اند به عنوان قربانیان نقض حقوق بشر شناخته نمی‌شوند و خانواده آنها که تبعات ناشی از این مسئله را تحمل کردند نیز در زمره قربانیان هستند. اصل پنج قطعنامه مجمع عمومی سازمان ملل متحد با عنوان «اصول اساسی احقاق حق» خانواده و وابستگان مستقیم قربانیان نقض حقوق بشر را به عنوان «قربانی نقض حقوق بشر» تعریف می‌کند و آسیب‌های جسمی یا روانی، رنج‌های عاطفی و ضررهای مادی و محرومیت آنها از حقوق بنیادین‌شان را به عنوان موارد نقض حقوق بشر به رسمیت می‌شناسد.[۱۲] «اعلامیه اصول بنیادین اجرای عدالت در حق قربانیان جرم و قربانیان سوءاستفاده از قدرت» مصوب مجمع عمومی سازمان ملل نیز در بند نخست خود با همین تعریف، بر حقوق اعضای خانواده قربانیان نقض حقوق بشر تاکید کرده است.[۱۳]

ماده ۱۸ «کنوانسیون بین‌المللی حمایت از تمامی اشخاص در برابر ناپدید شدن اجباری» که بر اساس تعاریف آن بسیاری از اعدام‌شدگان دهه ۶۰ و به‌ویژه اعدام‌شدگان تابستان ۱۳۶۷ در زمره ناپدیدشدگان اجباری محسوب می‌شوند نیز

---

[9] General Assembly, *Basic Principles and Guidelines on the Right to a Remedy and Reparation for Victims of Gross Violations of International Human Rights Law and Serious Violations of International Humanitarian Law*, A/Res/60/147, 21 March 2006 (prepared by M. Cherif Bassiouni and Theo van Boven).

[10] UN Sub-Commission on the Promotion and Protection of Human Rights, Question of the impunity of perpetrators of human rights violations (civil and political), 26 June 1997, E/CN.4/Sub.2/1997/20.

[11] General Assembly,Report of the Working Group on Enforced or Involuntary Disappearances, 2 March2012, A/HRC/19/58/Rev.1, Access online at:http://www.ohchr.org/Documents/HRBodies/HRCouncil/RegularSession/Session19/A-HRC-19-58-Rev1_en.pdf

[12] General Assembly, *Basic Principles and Guidelines on the Right to a Remedy and Reparation for Victims of Gross Violations of International Human Rights Law and Serious Violations of International Humanitarian Law*, A/Res/60/147, 21 March 2006 (prepared by M. Cherif Bassiouni and Theo van Boven).

[13] General Assembly, *Declaration of Basic Principles of Justice for Victims of Crime and Abuse of Power*, A/Res 40/34, 29 November 1985.

دولت‌ها را موظف کرده است، اطلاعات لازم دربارهٔ شخصی که از آزادی محروم شده را در اختیار خانواده او بگذارند و در صورت مرگ او در جریان محرومیت از آزادی، شرایط و علت مرگ و محل دفن پیکر را به اطلاع خانواده برسانند. ماده ۲۴ این کنوانسیون با تاکید دوباره بر حق قربانیان بر دانستن حقیقت دربارهٔ سرنوشت ناپدیدشدگان اجباری، حق آنها برای جبران خسارت «فوری، عادلانه و کافی» را نیز به رسمیت شناخته است. برخورداری از عدالت و پیگیری و مجازات کیفری عاملان ناپدیدشدگی اجباری نیز به تفصیل در مواد ۶ تا ۱۲ این کنوانسیون تشریح شده است.[۱۴]

با این تعاریف، این تحقیق بر حق خانواده‌های اعدام‌شدگان دهه ۶۰ برای «احقاق حق» تمرکز کرده است و تلاش دارد این موضوع را در راستای سه حق «دانستن حقیقت»، «برخورداری از عدالت» و «اقدامات ترمیمی و جبران خسارت» بررسی کند.

۱. حق دانستن حقیقت

حق دانستن حقیقت به معنای داشتن اطلاعات کافی دربارهٔ چگونگی اعمال نقض حقوق بشر، شرایط و دلایلی که منجر به این اعمال شده، شناسایی عاملان آن و سرنوشت نهایی قربانیان است. دانستن حقیقت یکی از حقوق تعیین شده برای «قربانیان نقض فاحش حقوق بشر» و خانواده‌های‌شان در راستای «احقاق حق» موثر است.[۱۵] در حقوق بین‌الملل همچنین این حق برای خانواده افرادی که به شکل قهری ناپدید شده‌اند نیز به رسمیت شناخته شده است.[۱۶]

حق دانستن حقیقت یک حق غیرقابل‌انکار و مستقل است که با تعهدات دولت‌ها در احترام به حقوق بشر و اطمینان حاصل کردن از تحقق آن، انجام تحقیقات موثر و کارآمد در رابطه با موارد نقض فاحش حقوق بشر، تضمین احقاق حق و اقدامات ترمیمی موثر و انجام اقدامات لازم برای عدم تکرار موارد نقض

---

[۱۴] ن.ک.ب: کنوانسیون بین‌المللی حمایت از تمامی اشخاص در برابر ناپدید شدن اجباری، قابل دسترسی در: http://www.unic-ir.org/hr/hr37.pdf

[15] Commission on Human Rights, *Study on the right to the truth – Report of the OHCHR*, E/CN.4/2006/91, 8 February 2006, para 3

[16] Promotion And Protection Of Human Rights Study On The Right To The Truth Report Of The Office Of The United Nations High Commissioner For Human Rights, E/CN.4/2006/91 8 February 2006, Para 33.

حقوق بشر پیوند خورده است.[17] شورای اقتصادی- اجتماعی سازمان ملل تضمین حق دانستن حقیقت در رابطه با موارد نقض فاحش و جدی حقوق بشر را از جمله وظایف و تعهدات دولت‌ها برای حفظ و تضمین حقوق بشر دانسته است[18] و در همین راستا دولت باید برای رعایت حق دانستن حقیقت چه در سطح قربانیان و خانواده‌های آنها و چه در سطح عموم جامعه تلاش کنند.[19]

در رابطه با اعدام زندانیان سیاسی ایران در دهه ۶۰ و به‌ویژه اعدام‌های دسته جمعی سال ۱۳۶۷ یکی از مواردی که رنج شدیدی را بر خانواده‌های اعدام‌شدگان تحمیل کرد، ندانستن حقیقت در رابطه با چگونگی و چرایی اعدام عزیزان‌شان و سرنوشت آنها پس از اعدام بود.

حق دانستن حقیقت اگرچه به صورت منفرد یکی از حقوق قربانیان نقض گسترده وجدی حقوق بشر است اما در برخی موارد با حق برخورداری از عدالت و همچنین اقدامات ترمیمی و جبران خسارت نیز گره خورده است. بسیاری از خانواده‌های اعدام‌شدگان در مصاحبه با عدالت برای ایران گفته‌اند که یکی از مهمترین معناهای اجرای عدالت برای آن‌ها، مشخص شدن حقیقت در رابطه با این اعدام‌ها است. همچنین برخی از آنها اصرارشان بر دانستن حقایق پیرامون این اعدام‌ها را در راستای پیشگیری از وقوع دوباره چنین کشتارهایی عنوان کرده‌اند.

حق دانستن دلایل نقض حقوق بشر، حق دانستن جزئیات رخداد، حق دسترسی به اطلاعات کامل دربارۀ سرنوشت قربانیان، حق دانستن نام عاملان، حق درخواست اطلاعات به دور از تهدید و فشار، حق دسترسی به آرشیوها ومدارک و حق داشتن آزادی بیان برای اطلاع رسانی در رابطه با رخداد از جمله مواردی است که در زیرمجموعه حق دانستن حقیقت قرار می‌گیرند.[20] آنچه در ادامه می‌آید بررسی بخشی از حقوق خانواده‌های اعدام شدگان برای دانستن حقیقت پیرامون اعدام گسترده زندانیان سیاسی در دهه ۶۰ و به‌ویژه اعدام‌های دسته‌جمعی و گسترده تابستان ۱۳۶۷ است:

---

[17] Commission on Human Rights, *Study on the right to the truth – Report of the OHCHR*, E/CN.4/2006/91, 8 February 2006, paras. 55-56.

[18] Promotion And Protection Of Human Rights Study On The Right To The Truth Report Of The Office Of The United Nations High Commissioner For Human Rights, E/CN.4/2006/91 8 February 2006

[19] General Assembly, *Basic Principles and Guidelines on the Right to a Remedy and Reparation for Victims of Gross Violations of International Human Rights Law and Serious Violations of International Humanitarian Law*, A/Res/60/147, 21 March 2006 (prepared by M. Cherif Bassiouni and Theo van Boven). *Principle* 24

[20] Promotion And Protection Of Human Rights Study On The Right To The Truth Report Of The Office Of The United Nations High Commissioner For Human Rights, E/CN.4/2006/91 8 February 2006

الف- حق دانستن چرایی اعدام‌ها

اکثریت قریب به اتفاق زندانیان سیاسی که در دهه ۶۰ و به‌ویژه در تابستان ۱۳۶۷ اعدام شدند، به صورت مخفیانه و بدون اطلاع خانواده‌های‌شان به پای جوخه‌های تیر و چوبه‌های دار فرستاده شدند. بسیاری از اعدام‌شدگان سال ۱۳۶۷ پیش از این به حبس‌های چندساله محکوم شده بودند و از آنجا که در حال گذراندن مدت محکومیت خود بودند، خانواده‌ها هیچ اطلاعی از روندی که منجر به اعدام آنها شده، ندارند. بر اساس شهادت زندانیانی که جان سالم از اعدام‌های سال ۱۳۶۷ به در برده‌اند، هیات‌های چند نفره‌ای متشکل از مقامات قضایی و امنیتی با پرسیدن چند سوال از زندانیان حکم به اعدام آنها می‌دادند و بدون ابلاغ حکم اعدام به زندانی، وکیل و خانواده او، حکم اعدام را اجرا می‌کردند.[۲۱]

در بسیاری از نامه‌هایی که طی این سه دهه به مقامات داخلی و بین‌المللی نوشته شده، خانواده‌ها به صراحت اعلام کرده‌اند که خواستار دانستن چرایی اعدام عزیزان‌شان هستند. آنها در روز ۵ دی ماه ۱۳۶۷ کمتر از یک ماه پس از اعلام خبر اعدام‌ها در نامه‌ای به حسن حبیبی، وزیر وقت دادگستری از او سوال کرده بودند: «کدام محکمه، به چه اتهامی، در چه تاریخی، حکم اعدام عزیزان ما را صادر کرده است؟» آنها همچنان از وزیر دادگستری خواسته بودند که: «تاریخ محاکمه، مدتی که محکمه مشغول بررسی پرونده هر یک از قربانیان بوده، دلیل محاکمه دوباره و محل محاکمه برای تک تک قربانیان اعلام دارید.»[۲۲] این سوالات در نامه‌های بعدی خانواده‌ها به محمد خاتمی[۲۳] و حسن روحانی،[۲۴] روسای جمهور ایران نیز اعلام شد و همچنان بی‌پاسخ مانده است.

تنها پاسخ‌هایی که در هنگام اعلام خبر اعدام از سوی ماموران زندان به آنها داده شده موارد کلی همچون «ضدانقلاب بودن»، «کافر، مفسد فی‌الارض، کمونیست بی‌خدا»،[۲۵] «کمونیست کردن دیگران» بوده است.[۲۶] گاه نیز مسائل خلاف واقعی

---

[۲۱] ن.ک.ب: جفری رابینسون، کشتار زندانیان سیاسی ایران در سال ۱۳۶۷ ،بنیاد برومند، ۱۳۹۰ ،ص ۶۸-۴۱

[۲۲] شکایت‌نامه‌های خانواده های زندانیان اعدامی ۱۳۶۷ – ۱۳۸۲ ،تارنمای بیداران، ۱۰ مهر ۱۳۸۲ ،قابل دسترسی در: http://www.bidaran.net/spip.php?article25

[۲۳] شکایت‌نامه‌های خانواده های زندانیان اعدامی ۱۳۶۷ – ۱۳۸۲ ،تارنمای بیداران، ۱۰ مهر ۱۳۸۲ ،قابل دسترسی در: http://www.bidaran.net/spip.php?article25

[۲۴] منصوره بهکیش، آقای روحانی صدای ما را بشنوید، تارنمای مادران پارک لاله، ۱۶ مرداد ۱۳۹۲ ،قابل دسترسی در: http://www.mpliran.org/2013/08/blog-post_7.html

[۲۵] شهادت سحر محمدی، عدالت برای ایران، بهمن ۱۳۹۳

[۲۶] شهادت عفت ماهباز، عدالت برای ایران، مهر ۱۳۹۳

همچون «دست داشتن در عملیات فروغ جاویدان»[۲۷] برای زندانیان طیف چپ که از سال‌ها قبل از این عملیات در زندان بودند[۲۸] به عنوان دلیل اعدام آنها اعلام شده است.

این خواسته فقط از جهت فردی و بدیهی بودن حق خانواده‌ها برای دانستن دلیل اعدام عزیزشان اهمیت ندارد و بسیاری از خانواده‌ها بیشتر از جنبه فردی ماجرا بر جنبه عمومی آن و حق جامعه برای دانستن این حقیقت تاکید دارند. حتی آنهایی که پس از اعدام عزیزان‌شان به دلیل فشارهای وارده به صورت آگاهانه یا ناخودآگاه تصمیم به فراموشی خودخواسته جزئیات اعدام‌ها گرفته‌اند نیز می‌گویند همچنان به خاطر حق عمومی جامعه، خواهان روشن شدن حقیقت دربارهٔ دلایل اعدام گسترده زندانیان سیاسی هستند.

آیدین اخوان که پدرش[۲۹] در سال ۶۷ اعدام شده، می‌گوید که این اعدام‌ها برای او یک نقطه مبهم تاریخی است و می‌خواهد بداند که چه روندی سیاسی در پشت پرده، منجر به این اعدام‌ها شده و جنگ نیروهای سیاسی در داخل جمهوری اسلامی، فرآیند تثبیت جمهوری اسلامی، جنگ و این وقایع کلان جریان‌های سیاسی چه تاثیری در وقوع اعدام‌ها داشته است. آیدین اخوان با بیان اینکه در داخل ایران امکان رسمی برای روشن شدن این نقاط مبهم وجود نداشته، می‌گوید: «غیر از کسانی که در قدرت بوده‌اند و مسئولیت داشته‌اند، حتی برای کسانی که بعدها در اپوزیسیون قرار گرفتند و در آن دوران در موقعیتی بوده‌اند که از جریان مطلع بودند نیز تا همین امروز، این‌ها همه به عنوان راز مگو باقی مانده و انگار تمام جریان‌های سیاسی داخل حکومت که الان با هم دشمن شده‌اند هم هنوز سر آن نقطه اشتراک دارند و یک توافقی بین‌شان است که نه فقط در مورد این مسئله بلکه در مورد بقیه اتفاقات دهه شصت در آن فرآیند ده ساله اول حکومت برای تثبیت، حرفی نزنند و هنوز نقاط تاریک‌اش باید تاریک بماند.»[۳۰]

جمهوری اسلامی ضمن سکوت دربارهٔ دلایل اعدام زندانیان طیف چپ، اعدام‌های سال ۶۷ را منحصر به زندانیان وابسته به سازمان مجاهدین خلق کرده و آن را با «تروریست» خواندن اعدام‌شدگان و «شورش» آنها هم‌زمان با حمله نظامی

---

[۲۷] حمله سازمان مجاهدین خلق به ایران در مرداد ۱۳۶۷

[۲۸] شهادت رخشنده حسین‌پور، عدالت برای ایران

[۲۹] ناصر اخوان از اعضای انشعاب بیانیه شانزده آذر از اعضای سازمان فداییان خلق اکثریت بود که در شهریور ۱۳۶۷ اعدام شد.

[۳۰] شهادت آیدین اخوان، عدالت برای ایران، بهمن ۱۳۹۳

ششم مرداد مجاهدین به مرزهای ایران توجیه کرده است.[۳۱] پژوهش‌های انجام شده در این حوزه، از جمله تحقیق حاضر و شهادت زندانیان سیاسی جان به‌دربرده از اعدام‌ها حقیقت نداشتن این ادعاها را ثابت می‌کند. کتمان دلایل اصلی این کشتار گسترده، راه را برای پیشگیری از وقوع چنین فجایعی در آینده می‌بندد و جامعه را از حق دانستن حقیقت محروم می‌کند.

ب- حق دانستن چگونگی اعدام‌ها

اکثر قریب به اتفاق خانواده‌ها، از حق اولیه و بدیهی‌شان برای آخرین ملاقات قبل از اعدام محروم شدند. در بسیاری از موارد، خانواده‌ها و حتی خود زندانیان سیاسی از صدور حکم اعدام و تصمیم برای اجرای آن بی‌اطلاع بودند. در اندک مواردی که در سال‌های نخست دهه ۶۰ زندانیان و خانواده از صدور حکم اعدام مطلع بودند نیز زمان اجرای اعدام از قبل به خانواده‌ها اطلاع داده نشده بود و گاه پیش از انجام هر اقدامی از سوی خانواده یا اجازه ملاقات آخر، زندانی‌شان اعدام شده بود.[۳۲]

عفت ماهباز که برادرش علی در آذر ۱۳۶۰ اعدام شده است می‌گوید: «واقعیت این است که ما ناباور بودیم. برای اینکه بین مهر [زمان بازداشت] تا آذر [که خبر اعدام را دادند] فاصله‌ای نبود و برادر من که کاری نکرده بود. وقتی که رفتیم لوناپارک پدرم خیلی پریشان بود. وقتی رفت آنجا حاجی کربلایی دم لوناپارک بود. پدرم می‌گوید آخر شما چطور دل‌تان آمد پسرم را بکشید؟ شکنجه‌های روی تنش [که به جای مانده از بازداشتش در زمان شاه بود] را ندیدید؟ او هم گفت نگران نباش گلوله را زدیم همان جا که شکنجه شده بود. این را که می‌گوید پدرم یک آه می‌کشد و می‌افتد روی زمین.»[۳۳]

شیوه اعدام زندانیان سیاسی در اغلب موارد به خانواده‌ها اعلام نمی‌شد، در مواردی که از خانواده فرد اعدام شده «پول گلوله» گرفته می‌شد[۳۴] خانواده

---

[۳۱] اعدام‌های ۶۷ و ماجرای صیغه کردن دختران اعدامی، جوابیه سایت «پرسمان دانشجویی» وابسته به اداره مشاوره نهاد رهبری در پاسخ به پرسش یکی از کاربرانش در ارتباط با اعدام زندانیان سیاسی در تابستان سال ۶۷، منتشر شده در خبرگزاری دانشجویی ایران (ایسنا)، ۲۷ شهریور ۱۳۹۲، قابل دسترسی در: http://goo.gl/GGeXQD

[۳۲] شهادت فتحیه زرکش، عدالت برای ایران، مهر ۱۳۹۳

[۳۳] شهادت عفت ماهباز، عدالت برای ایران، مهر ۱۳۹۳

[۳۴] شهادت یکی از نزدیکان روبرت پاپازیان، عدالت برای ایران،بهمن ۱۳۹۳

می‌دانستند که عزیزشان تیرباران شده، اما در سایر موارد اطلاعات خانواده‌ها بر اساس حدس و گمان و اطلاعاتی نادقیقی بود که از گوشه و کنار به دست می‌آمد.

ج- حق دانستن سرنوشت زندانیان

در حالی‌که دانستن سرنوشت زندانیانی که اعدام یا ناپدید شده‌اند یکی از حقوق اولیه خانواده‌ها است، از همان نخستین اعدام‌های زندانیان سیاسی، خانواده‌های آنها از دانستن کمترین اطلاعات دربارهٔ سرنوشت‌شان محروم بوده‌اند. خانواده‌ها در سال ۱۳۶۷ به صورت شفاهی از اعدام فرزندان‌شان مطلع می‌شدند و هیچ گواهی مکتوبی که اعدام آنها را تایید کند و محل و چگونگی اعدام را اعلام کرده باشد به آنها داده نمی‌شد. در سال‌های نخست دهه ۶۰ نیز بسیاری از خانواده‌ها از طریق انتشار اخبار اعدام در روزنامه‌ها مطلع می‌شدند و مقامات رسمی از دادن سندی رسمی و مکتوب مبنی بر اعدام‌ها خودداری می‌کردند.

در شرایطی که اجساد اعدام‌شدگان به خانواده‌های‌شان تحویل داده نمی‌شد و گاه محل دفن آنها نیز پنهان نگاه داشته می‌شد، خانواده‌ها بدون دانستن سرنوشت عزیزان‌شان در سردرگمی بودند و هیچ مقام رسمی نیز پاسخگوی سوالات آنها نبود.

پس از اعتراضات خانواده‌ها در دو سال نخست پس از اعدام‌ها، شدت سرکوب‌ها به سمتی رفت که کمتر امکان و امیدی برای پاسخگو کردن مقامات مسئول وجود داشت. ریاست جمهوری خاتمی با شعارهایی در رابطه با حقوق شهروندان بار دیگر امید به پیگیری وضعیت اعدام‌شدگان را در خانواده‌ها زنده کرد. در همین راستا در سال ۱۳۷۷ جمعی از خانواده‌های اعدام‌شدگان با نوشتن نامه‌ای به خاتمی خواهان آن شدند که اسامی، زمان فوت و محل دفن اعدام‌شدگان مشخص شود. در این نامه آمده بود: «تاریخ فوت و محل دفن بسیاری از اعدام شدگان پس از انقلاب اسلامی به ویژه جان باختگان سال ۱۳۶۷ که جنازه‌های‌شان را در گورهای دسته‌جمعی دفن کردند برای خانواده‌های داغدارشان مشخص نشده و هیچ‌یک از ارگان‌های مربوطه در این زمینه پاسخگو نیستند. ما بازماندگان و خانواده‌های داغدار از مسئولین مربوطه مصرانه می‌خواهیم که: اسامی، زمان فوت و محل دفن عزیزان ما را اعلام نمایند.»[۳۵] این نامه که رونوشتی از آن به کمیسیون حقوق بشر سازمان ملل متحد و گزارشگران حقوق بشر سازمان ملل متحد ارسال

---

[۳۵] شکایت نامه‌های خانواده های زندانیان اعدامی ۱۳۶۷– ۱۳۸۲، تارنمای بیداران، ۱۰ مهر ۱۳۸۲، قابل دسترسی در: http://www.bidaran.net/spip.php?article25

شده بود، به برخی «مسئولین ذیربط» هم ارائه شد. اما نه محمد خاتمی و نه مسئولان دیگر هیچ‌گاه پاسخی به آن ندادند.

۳۰ بهمن ۱۳۸۱ نیز شماری از خانواده‌های اعدام‌شدگان در نامه‌ای به هیئت گزارشگران کمیسیون حقوق بشر، با شرح وضعیت زندانیان سیاسی در دهه ۶۰ و اعدام دسته‌جمعی و مخفیانه آنها در سال ۱۳۶۷ خواهان آن شدند که گزارشگران کمیسیون حقوق بشر سازمان ملل متحد حکومت ایران را به پاسخ‌گویی وادار کنند. در بخشی از این نامه آمده بود: «در نبود آمار و پنهان‌کاری از لحاظ محل اعدام و مکان خاک‌سپاری تنها با حدس و گمان، هر خانواده در مجاورت گورستان ارامنه و سایر اقلیت‌ها محلی را یافتند، که اعدام‌شدگان را در گورهای دسته‌جمعی با لباس زندانی به خاک سپرده یافتند. در دره‌های کوهستان‌ها و بیابان‌های متروک نیز اجساد تلاشی شده شهیدان زندانی یافته شد و آنجا را مزار شهیدان فاجعه ملی سال ۱۳۶۷ نام نهادند. اینک خانواده‌های بسیاری گوستان خاوران را نمادی از قتل‌گاه زندانیان شهید خود می‌دانند و با وجود مزاحمت‌های پلیس در آنجا گردهم می‌آیند و یاد عزیزان خود را گرامی می‌دارند. ما می‌خواهیم جامعه جهانی و بشریت صلح‌دوست و ترقی‌خواه آنها را به پاسخ‌گویی در برابر ما، ملت ایران و تاریخ وادار نماید.»[۳۶]

د- حق دانستن هویت آمران و عاملان اعدام‌ها

در تمام بیش از سه دهه‌ای که از اعدام زندانیان سیاسی در جمهوری اسلامی ایران می‌گذرد، خانواده اعدام‌شدگان به صورت مستمر پیگیر دادخواهی در رابطه با کشتار زندانیان سیاسی و شناسایی، پاسخ‌گویی و محاکمه آمران و عاملان اعدام‌ها بوده‌اند. این پیگیری به دلیل فشارهای امنیتی فراز و نشیب زیادی داشته اما هیچ‌گاه فراموش نشده است.

در راستای همین خواسته است که خانواده‌ها از نخستین اعتراضات خود در دی ماه ۱۳۶۷ با «اعلام جرم علیه مسئولین این فاجعه دردناک» خواهان «بازداشت و محاکمه علنی» آنها بودند.[۳۷] خانواده‌ها در تمامی سه دهه گذشته بارها و بارها بر این خواسته پافشاری کرده‌اند و از مقامات رسمی خواسته‌اند که به‌ویژه در رابطه با اعدام‌های دسته‌جمعی سال ۱۳۶۷ آمران و عاملان این اعدام‌ها را مشخص کنند. جمهوری اسلامی ایران اما تا کنون نه تنها قدمی برای مشخص کردن آمران و عاملان این اعدام‌ها برنداشته است بلکه با ممنوع کردن هرگونه

---

[۳۶] همان‌جا.

[۳۷] دادخواست خانواده زندانیان سیاسی خطاب به حسن حبیبی وزیر دادگستری، ۵ دی ۱۳۶۷

گفت‌وگو و اطلاع‌رسانی دربارهٔ اعدام‌ها، اجازه ایجاد کمترین فضایی برای شناسایی افراد مسئول در رابطه با این اعدام‌ها را نمی‌دهد. آنچه از نهادهای رسمی در این رابطه شنیده شده، فقط سکوت و تبدیل کردن موضوع به خط قرمزی است که طرح آن مجازات سنگینی را در پی خواهد داشت.

اما اظهار نظرهای جسته و گریخته برخی مقامات فعلی و پیشین جمهوری اسلامی در این رابطه تا حدی سیاست پشت پرده نظام در رابطه با این اعدام‌ها را نشان می‌دهد. مقامات جمهوری اسلامی از یک سو اعدام شدگان (به‌ویژه اعدام شدگان سال‌های نخست دهه ۶۰ که اسامی آنها در رسانه‌ها اعلام می‌شد) را افراد «ضدانقلاب» و «کافر» که مستحق اعدام هستند، می‌نامند و اعدام آنها در راستای اجرای احکام اسلامی اعلام می‌شود و از سوی دیگر (به‌ویژه در رابطه با اعدام‌های سال ۱۳۶۷) منکر گستردگی اعدام‌ها شده و با تقلیل آن به اعدام شمار اندکی از زندانیان مرتبط با سازمان مجاهدین سعی در کم اهمیت جلوه دادن ماجرا دارند.

توجیه اعدام‌های ۱۳۶۷ از سوی مصطفی پورمحمدی، وزیر دادگستری دولت روحانی یکی از آخرین اظهارات مقامات رسمی جمهوری اسلامی است که طی آن به صراحت به وقوع اعدام‌ها اذعان و از ضرورت آن دفاع شده است.

پورمحمدی در شهریور ۱۳۹۴ طی یک نشست خبری در پاسخ به سوال یکی از خبرنگاران درباره اعدام‌های ۱۳۶۷، کشتار زندانیان سیاسی را مرتبط با جنگ ایران و عراق دانست و گفت: «حوادث جنگ را باید با توجه به شرایط و موقعیت آن دوران مورد بازخوانی و تحلیل قرار داد. تا وقتی انسان در شرایط جنگ قرار نگیرد، نمی‌تواند در خصوص حوادث آن سال‌ها به درستی قضاوت کند. حوادث سال ۶۷ هم از بحث جنگ تحمیلی جدا نیست و حتما برای توضیح بیشتر نیاز به فرصت کافی است.»

او بر خلاف رویه پیشین مقامات رسمی جمهوری اسلامی بدون انکار این اعدام‌ها و اعلام بی‌خبری از کشتار زندانیان سیاسی، این اعدام‌ها را نتیجه «جدیت نیروهای انقلابی» عنوان کرد و افزود: «ما از ابتدای انقلاب و در طول سال‌های جنگ تحمیلی با ضدانقلاب و نیروهایی روبرو بودیم که قصد سرنگونی انقلاب با هدف جدایی‌طلبی داشتند و از هیچ جنایتی هم فروگذاری نمی‌کردند. به هر حال اگر جدیت نیروهای انقلابی در آن زمان نبود نمی‌توانستیم مقابل ضدانقلاب گروهک‌ها و منافقین بایستیم. باید واقعیت‌های جنگ را درک کنیم؛ در جنگ اگر بخواهید در کشیدن ماشه علیه دشمن تامل کنید و حرکتی انجام ندهید، مسلماً کشته خواهید شد.»[۳۸]

---

[۳۸] برجام نیاز به ارجاع به مجلس ندارد، خبرگزاری جمهوری اسلامی ایران (ایرنا)، ۱۱ شهریور ۱۳۹۴، قابل دسترسی در: http://www.irna.ir/fa/News/81744662/

مصطفی پورمحمدی یکی از اعضای هیات سه نفره‌ای بود که در سال ۱۳۶۷ در رابطه با اعدام زندانیان سیاسی در تهران تصمیم‌گیری می‌کردند و به هیات مرگ معروف است.در واقع جمهوری اسلامی با در پیش گرفتن سیاست انکار یا توجیه از زیربار وظیفه تحقیق بی‌طرفانه و مستقل و اعلام نام مرتکبان که بر اساس حقوق بین‌المللی به آن متعهد است، شانه خالی کرده است و با وجود مشخص شدن اسامی برخی عاملان اعدام‌ها در روزنامه‌ها و تریبون‌های رسمی داخلی یا شهادت زندانیان سیاسی آن دوره، مقامات و نهادهای رسمی حکومت هیچ‌گاه اسامی عاملان اعدام‌ها را به صورت رسمی اعلام نکرده و در راستای شناسایی و پاسخگو کردن آنها قدمی برنداشته‌اند.

همان‌طور که در فصل اول اشاره شد، آیت‌الله علی خامنه‌ای رهبر جمهوری اسلامی که در سال‌های ۱۳۶۰ تا ۱۳۶۸ ریاست جمهوری را بر عهده داشت، از توجیه‌کنندگان این اعدام‌ها است. او در آذر ۱۳۶۷ هم‌زمان با اعلام خبر اعدام زندانیان سیاسی بدون اشاره مستقیم به اعدام بیش از پنج هزار زندانی سیاسی طی چند ماه، از اعدام زندانیان سیاسی دفاع کرده بود.[۳۹]

اکبر هاشمی رفسنجانی که در زمان اعدام‌های ۱۳۶۷ علاوه بر ریاست مجلس، جانشینی فرمانده کل قوا در نیروهای مسلح را بر عهده داشت، از مقاماتی است که هر دو سیاست توجیه و انکار را اجرا کرده است. او از یک سو در دی ماه ۱۳۶۷ در خطبه‌های نماز جمعه با اذعان به اعدام سیاسی، منکر گستردگی این کشتار شد و گفت که «تعداد زندانیان اعدام شده به هزار هم نمی‌رسد» و از طرف دیگر در خاطرات روزانه[۴۰] خود در سال ۱۳۶۷ به کلی در رابطه با اعدام‌ها سکوت کرده و تنها در یک مورد به طور ضمنی به آن اشاره کرده[۴۱] و گفته است که «منافقین... مسئله اعدام‌ها را بزرگ کرده‌اند»[۴۲]

---

[۳۹] روزنامه رسالت ۱۶ آذرماه ۶۷

[۴۰] اکبر هاشمی رفسنجانی روزانه خاطرات و گزارش کارهایش را نوشته و تاکنون طی ۱۱ جلد آنها را منتشر کرده است که خاطرات او تا پایان سال ۱۳۶۷ را در بر می‌گیرد

[۴۱] در خاطرات مربوط به ۱۶ بهمن سال ۱۳۶۷ اکبر هاشمی رفسنجانی آمده است که در دیدار با وزیر امور خارجه فرانسه می‌گوید:« منافقین که افراد خودشان را در مرصاد از دست داده‌اند، برای توجیه اشتباه خود، مسئله اعدام‌ها را بزرگ کرده‌اند که تلفات خودشان را که عمدتاً زندانی های سابق، آنها را که پس از آزادی از زندان به عراق رفته و در این عملیات کشته شده اند، توجیه نمایند.»

[۴۲] اکبر گنجی، نگاهی دیگر: خاطرات اکبر هاشمی رفسنجانی و حذف روایت کشتار ۶۷، بی‌بی‌سی فارسی، ۸ تیر ۱۳۹۰، قابل دسترسی در:
http://www.bbc.co.uk/persian/iran/2011/06/110629_l13_hashemi_memoirs_ganji.shtml

اغلب مقامات فعلی یا سابق جمهوری اسلامی که از اعدام زندانیان سیاسی در سال ۶۷ دفاع نمی‌کنند نیز هرگاه مجبور به اظهارنظر در این رابطه شده‌اند، گفته‌اند که از اجرای این اعدام‌ها خبر نداشته‌اند. میرحسین موسوی، که طی سال‌های ۱۳۶۰ تا ۱۳۶۸ نخست وزیر ایران بود، سال ۱۳۸۸ در دوران نامزدی ریاست جمهوری دربارهٔ اعدام‌های سال ۱۳۶۷ گفت: «مسئله سال ۶۷ را باید در منظر تاریخی خود بررسی کرد و بعد هم دید آیا دولت در این زمینه اطلاعی داشته است؟ نقشی داشته است؟ آیا اصلاً امکانی برای دخالت داشته است؟ آیا در احکام و اسناد، نامی از دولت وجود داشته است؟ دولت که نقشی در این مسئله نداشته است. خیلی از کسان دیگر هم اطلاع نداشته‌اند. اما برای مطرح کردن این مسائل با ذکر جزئیات، من هم محذوراتی دارم.»[۴۳]

اظهار بی‌اطلاعی مقامات جمهوری اسلامی از وقوع اعدام‌ها در حالی است که خانواده زندانیان سیاسی که در سال ۱۳۶۷ اعدام شدند در چهار ماهی که ملاقات‌ها قطع شده بود و زندانیان دسته دسته اعدام می‌شدند، بارها به تمامی نهادها و مقامات مسئول از جمله دفتر میرحسین موسوی، نخست وزیر مراجعه کردند و با ابراز نگرانی از احتمال اعدام عزیزان‌شان خواستار پیگیری وضعیت آنها شدند.[۴۴] اغلب این مراجعه‌ها بی‌نتیجه بود و هیچ‌کدام از این مقامات حاضر به ملاقات با خانواده‌ها نشدند. با این حال جواب دفتر نخست‌وزیری مبنی بر اینکه نگرانی خانواده‌ها «بی‌مورد» است و تحویل گرفتن نامه خانواده‌ها در مجلس شورای اسلامی[۴۵] پذیرفتن ادعای بی‌اطلاعی از وقوع اعدام‌ها را مشکل می‌کند. به‌ویژه آنکه میرحسین موسوی در آذر ۱۳۶۷ در پاسخ به یک خبرنگار تلویزیون اتریشی دربارهٔ ادعاهای رسانه‌های غربی در مورد نقض حقوق بشر در ایران، با اشاره به قضیه عملیات فروغ جاویدان (مرصاد) گفت: «آن‌ها نقشه‌هایی برای کشت و کشتار

---

۴۳ میرحسین در جمع اصحاب رسانه: تعدد روزنامه نگاران زندانی، نشانی از حقانیت جنبش سبز، تارنمای کلمه، ۱۳ مرداد ۱۳۸۹، قابل دسترسی در:
http://www.kaleme.com/1389/05/13/klm-27824/

۴۴ روزنامه انقلاب اسلامی (در هجرت)، شماره‌ی ۱۸۵، شهریور ۱۳۶۷ به نقل از ناصر مهاجر، جنبش مادران خاوران، سالنامه نوزدهمین کنفرانس بنیاد پژوهشهای زنان ایران، ۱۳۸۸. منتشر شده در تارنمای بیداران، قابل دسترسی در:
http://www.bidaran.net/spip.php?article231

۴۵ متن سخنرانی میهن روستا در برنامه بزرگداشت جان باختگان ۶۷ در مراسم یادمان فرانکفورت، تارنمای بیداران ،۲۶ شهریور ۱۳۸۵ ، قابل دسترسی در:
http://www.bidaran.net/spip.php?article117

داشتند و ما مجبور بودیم که توطئه آنها را سرکوب کنیم... ما در این زمینه ها هیچ گذشتی نداریم.»[۴۶]

خانواده‌های اعدام‌شدگان همچنین طی نامه‌هایی به محمد خاتمی، پنجمین رئیس جمهوری ایران،[۴۷] محمود هاشمی شاهرودی، رئیس وقت قوه قضاییه[۴۸]، کمیسیون اصل ۹۰ مجلس ششم، شورای شهر تهران[۴۹] بار دیگر خواهان پیگیری اعدام‌های دهه ۶۰ شدند. بی‌پاسخ ماندن تمامی این درخواست‌ها این مقامات را نیز در زمره ناقضان حقوق خانواده اعدام‌شدگان قرار می‌دهد.

با انتخاب حسن روحانی به ریاست جمهوری در سال ۱۳۹۲ و انتصاب مصطفی پورمحمدی به وزارت دادگستری، موجی دیگر از اعتراضات خانواده‌ها شروع شد. منصوره بهکیش[۵۰] و پروانه میلانی[۵۱] در نامه‌های جداگانه اعتراض خود را به این انتصاب اعلام کردند و بار دیگر خواهان پیگیری اعدام‌های دهه ۶۰ شدند.

پروانه میلانی، در نامه‌اش به حسن روحانی در ۲۸ مرداد ۱۳۹۲ نوشت: «پرسش من از شما این است که چگونه توانستید آقای پورمحمدی را که عالم و آدم از جنایت‌های ایشان که بسیار هم سنگین است [خبر دارد] به وزارت دادگستری بگمارید. دادگستری یا بی‌دادگستری؟ من آدم ساده‌لوحی نیستم که فکر کنم شما از سوابق مشعشع ایشان در بسیاری از کشتارها چه در بندرعباس،

---

[۴۶] جفری رابینسون، کشتار زندانیان سیاسی ایران در سال ۱۳۶۷، بنیاد برومند، ۱۳۹۰، ص ۲ ، قابل دسترسی در:
http://www.iranrights.org/fa/library/document/1380/the-massacre-of-political-prisoners-in-iran-1988-report-of-an-inquiry

[۴۷] گفت و گوی سایت مادران پارک لاله با آسیب دیدگان خشونت های دولتی- پروانه میلانی، تارنمای مادران پارک لاله، ۲۴ آذر ۱۳۹۲ ، قابل دسترسی در:
http://www.mpliran.org/2013/12/4.html
شکایت نامه‌های خانواده های زندانیان اعدامی ۱۳۶۷ – ۱۳۸۲، تارنمای بیداران، ۱۰ مهر ۱۳۸۲ ، قابل دسترسی در: http://www.bidaran.net/spip.php?article25

[۴۸] رضا معینی، جعفر بهکیش، جهت اطلاع آقای علیرضا جمشیدی سخنگوی قوه قضاییه، تارنمای بیداران، ۱۳ بهمن ۱۳۸۷ ، قابل دسترسی در:
http://www.bidaran.net/spip.php?article211

[۴۹] گفت و گوی سایت مادران پارک لاله با آسیب دیدگان خشونت های دولتی- پروانه میلانی، تارنمای مادران پارک لاله، ۲۴ آذر ۱۳۹۲ ، قابل دسترسی در:
http://www.mpliran.org/2013/12/4.html

[۵۰] منصوره بهکیش، آقای روحانی صدای ما را بشنوید، تارنمای مادران پارک لاله، ۱۶ مرداد ۱۳۹۲ ، قابل دسترسی در: http://www.mpliran.org/2013/08/blog-post_7.html

[۵۱] دادنامه سرگشاده پروانه میلانی به رییس جمهور، تارنمای مادران پارک لاله، ۲۸ مرداد ۱۳۹۲ ، قابل دسترسی در: http://www.mpliran.org/2013/08/blog-post_19.html

چه در مشهد، و چه در زندان اوین و چه در زندان رجایی‌شهر بی‌خبر بوده باشید. به‌ویژه آنکه ایشان یکی از سه نفر مأموران هیئت مرگ بودند که در کلیه زندان‌های ایران در تابستان ۱۳۶۷ باقیمانده زندانیان را به جوخه اعدام سپردند یا حلق آویز کردند و در گورهای دسته‌جمعی، در گورستان خاوران به خاک سپردند.»[۵۲]

منصوره بهکیش نیز ۱۶مرداد ۱۳۹۲ پس از آغاز به کار دولت حسن روحانی، با انتشار نامه‌ای خطاب به رئیس جمهور نوشت: «آقای روحانی، آیا می‌دانید وزیر "داد"گستری که شما انتخاب کرده‌اید، در ۲۵ سال پیش یکی از اعضای کمیسیون مرگ بوده و چندین هزار نفر از بهترین و صادق‌ترین انسان‌ها و از جمله دو برادر نازنینم که حکم زندان داشتند را به دلیل دگراندیشی اعدام کردند.»

حسن روحانی با بی‌پاسخ گذاشتن این دادخواهی‌ها و انتصاب یکی از عاملان اعدام‌های دهه ۶۰ در هیات دولت و همچنین تهدید خانواده اعدام شدگان به سکوت[۵۳] از سوی وزارت اطلاعات دولتش، نامش را در زمره افراد مسئول در خصوص اعدام‌های دهه ۶۰ ثبت کرده است.

خانواده‌ها علاوه بر تلاش برای شناسایی و محاکمه افراد مسئول در اعدام زندانیان سیاسی، از طریق مراجع بین‌المللی نیز پیگیر این مسئله بوده‌اند. به عنوان نمونه، آذر ۱۳۹۱ خاطره معینی، حدیث بیرانوند و صمد بهادری طولابی سه تن از خانواده‌های اعدام‌شدگان دهه ۶۰ در دیداری در نروژ با احمد شهید، گزارشگر ویژه سازمان ملل در زمینه وضعیت حقوق بشر در ایران، اسناد و مدارک مربوط به اعدام‌های دهه ۶۰ و نقض حقوق خانواده‌ها برای دانستن حقیقت و سوگواری برای عزیزان‌شان را در اختیار او قرار دادند. علاوه بر این هرکدام از آنها طی یک نامه جداگانه شکایتی را علیه آیت‌الله علی خامنه‌ای، به عنوان رهبر جمهوری اسلامی و براساس نقشش در زمان اعدام زندانیان سیاسی، تنظیم کرده و برای پیگیری از طریق سازمان ملل در اختیار احمد شهید قرار دادند.[۵۴] علاوه بر این شمار دیگری از

---

[۵۲] دادنامه سرگشاده پروانه میلانی به رییس جمهور، تارنمای مادران پارک لاله، ۲۸ مرداد ۱۳۹۲ ، قابل دسترسی در: http://www.mpliran.org/2013/08/blog-post_19.html

[۵۳] نه تنها این نامه نیز به روال معمول مقامات جمهوری اسلامی بی جواب ماند، بلکه منصوره بهکیش ۶ شهریور ۱۳۹۲ به وزارت اطلاعات احضار و تهدید شد که در صورت تکرار نامه نویسی به رییس جمهور و مقامات دیگر و پیگیری اعدام‌های سال ۶۷ و برگزاری مراسم در قبرستان خاوران حکم شش ماه زندان او اجرا خواهد شد. رک: احضار دوباره منصوره بهکیش از گروه مادران عزادار به وزارت اطلاعات، کمپین بین‌المللی حقوق بشر در ایران، ۱۸ شهریور ۱۳۹۲، قابل دسترسی در:
http://persian.iranhumanrights.org/1392/06/behkish_khavaran/

[۵۴] گزارش دیدار کمیته خاوران در نروژ با احمد شهید، گویا نیوز، ۴ آذر ۱۳۹۱، قابل دسترسی در: http://news.gooya.com/politics/archives/2012/11/150942.php

خانواده‌ها نیز در دیدار با احمد شهید، گزارشگر ویژه سازمان ملل گزارش‌هایی در رابطه با اعدام‌های دهه ۶۰ و آزار و اذیت خانواده‌ها به او ارائه کردند. احمد شهید در بخشی از گزارش اکتبر ۲۰۱۳ خود می‌نویسد: «افرادی کماکان به گزارشگر ویژه مراجعه می‌کنند تا ادعای ناپدید شدن، شکنجه و اعدام‌های مخفی بین سال‌های ۱۹۸۰ تا ۱۹۹۰ را در میان بگذارند. چندین نفر، شامل اعضاء گروه "مادران عزادار پارک لاله/مادران خاوران" همچنین موارد آزار و اذیت مستمر افرادی که به دنبال اطلاعات برای این ناپدید شدن‌ها، و یا به دنبال عدالت برای اعدامی‌های دههٔ فوق‌الذکر بوده‌اند را مطرح کرده‌اند. گزارشگر ویژه همچنان اعتقاد دارد که در موقعیتی نیست که موارد فوق را بررسی کند و یادآور می‌شود که نماینده ویژه سازمان ملل، رینالدو گالیندوپل این مسئله را بررسی کرد و نتیجه‌گیری کرد که این ادعاها مطابق عرف بین‌المللی نیازمند تحقیقات مشروح و اطلاعات از دولت ایران است. اما عدم تحقیق در خصوص این موارد موجب نقض تعهدات دولت ایران در قبال مبارزه با مصونیت، تقویت حقوق قربانیان نسبت به جبران خسارت وحصول اطمینان از عدم تکرار مجدد از طریق کسب اطمینان نسبت به مسئولیت کیفری و مجازات عاملان و همدستان ناقضان حقوق بشر بوده است.»[55]

با توجه به گسترده بودن اعدام‌ها در دهه ۶۰ و به طور ویژه در سال ۱۳۶۷ تهیه فهرستی از افراد مسئول در صدور حکم اعدام، اجرای اعدام، زمینه سازی برای صدور احکام اعدام، عدم تلاش برای توقف اعدام‌ها و همچنین مقاماتی که در سال‌های پس از اعدام‌ها اقدام به آزار و اذیت خانواده اعدام شدگان کرده یا در پیگیری این اعدام‌ها کوتاهی کرده‌اند، مستلزم دسترسی به اسناد رسمی است و باید به صورت دقیق از مجرای حقوقی و قضایی پیگیری شود. سازمان‌های حقوق بشری تا کنون فهرست‌های مختلفی از اسامی افراد مسئول در اعدام‌های دهه ۶۰ و آزار و اذیت خانواده‌ها تهیه کرده‌اند[56] اما هیچ نهاد و مقام رسمی در جمهوری اسلامی ایران تا کنون قدمی در راستای شناسایی و پاسخگو کردن افراد مسئول از طریق مراجع رسمی و قضایی برنداشته و بسیاری از افراد مسئول در کشتارهای دهه ۶۰ به جای محاکمه و مجازات به مقام‌های بلندپایه دولتی و قضایی منصوب

---

[55] گزارش اکتبر ۲۰۱۳ گزارشگر ویژه در مورد حقوق بشر در جمهوری اسلامی ایران، بند ۳۱، قابل دسترسی در:
http://shaheedoniran.org/english/dr-shaheeds-work/latest-reports/october-2013-report-of-the-special-rapporteur-on-the-situation-of-human-rights-in-the-islamic-republic-of-iran-2/

[56] به عنوان نمونه ن.ک.ب: جفری رابینسون، کشتار زندانیان سیاسی ایران در سال ۱۳۶۷، بنیاد برومند، ۱۳۹۰، ص ۱۰۶، قابل دسترسی در:
http://www.iranrights.org/fa/library/document/1380/the-massacre-of-political-prisoners-in-iran-1988-report-of-an-inquiry

شده‌اند و یا در بخش اقتصادی دارای قدرت و صاحب مقام هستند. تنها استثنا در این رابطه حسینعلی منتظری است که در زمان عهده دار بودن مقام جانشینی رهبری طی سال‌های ۱۳۶۷-۱۳۶۴ به رفتار خشونت‌بار با زندانیان سیاسی و اعدام آنها اعتراض کرد و به دلیل این اعتراضات و مسائل دیگر، مورد خشم آیت‌الله خمینی، رهبر جمهوری اسلامی قرار گرفت و از مقام خود عزل شد.

ذ- حق اطلاع‌رسانی و آزادی بیان

حق آزادی‌بیان که شامل «حق جستجو، دریافت و انتشار اطلاعات» است، از جمله حقوقی است که به صراحت در میثاق بین‌المللی حقوق سیاسی و مدنی بر آن تاکید شده است.[۵۷] علاوه بر این بر اساس آنچه در گزارش کمیسیون حقوق بشر سازمان ملل آمده است، حق دانستن حقیقت و حق آزادی بیان شامل حق جستجو و انتشار اطلاعات در ارتباط با هم قرار دارند و در واقع حق جستجوی اطلاعات ابزاری برای حق دانستن حقیقت است. [۵۸]

تا آبان سال ۱۳۶۰ بسیاری از اعدام‌های زندانیان سیاسی به صورت رسمی در روزنامه‌ها اعلام می‌شد،[۵۹] اما این اطلاع‌رسانی جنبه‌ای یک‌سویه داشت و فقط از سوی مقامات رسمی و بنا بر روایت رسمی بود که اعدام شدگان را مستحق مجازات می‌دانست، اعدام آنها را عملی انقلابی عنوان می‌کرد و هدف اصلی از انعکاس رسانه‌ای آن ارعاب جامعه و مخالفان بود. خانواده‌های اعدام‌شدگان و نیروهای مخالف جمهوری اسلامی اجازه هیچ‌گونه اطلاع‌رسانی در رابطه با روند ناعادلانه صدور و اجرای حکم اعدام و همچنین برخورد مقامات امنیتی با خانواده اعدام‌شدگان نداشتند. علاوه بر این هیچ امکان اطلاع‌رسانی دربارهٔ ممنوعیت برگزاری مراسم خاکسپاری و سوگواری برای اعدام‌شدگان و آزار و اذیت خانواده‌های اعدام‌شدگان وجود نداشت.

---

[۵۷] ماده ۱۹ میثاق بین‌المللی حقوق مدنی و سیاسی

[58] Promotion And Protection Of Human Rights Study On The Right To The Truth Report Of The Office Of The United Nations High Commissioner For Human Rights, E/CN.4/2006/91 8 February 2006, Para 43

[۵۹] منیره برادران، فاجعه۶۷ ، نماد جنایت‌های جمهوری اسلامی، مجله آرش، شماره ۱۰۳، ص ۱۴۶-۱۴۵ ، قابل دسترسی در:
http://arashmag.com/wp-content/uploads/2013/08/%D8%A2%D8%B1%D8%B4-103-%D8%B5-144-%D8%AA%D8%A7-209.pdf
همچنین ن.ک.ب: جعفر بهکیش، اعدام‌های ۶۷ و اصلاح طلبان حکومتی، روزآنلاین، ۲ شهریور ۱۳۸۹ ، قابل دسترسی در:
http://www.roozonline.com/persian/news/newsitem/article/67-1.html

اعدام‌های دسته‌جمعی سال ۱۳۶۷ حتی در زمان وقوعش در رسانه‌های رسمی و دولتی و با روایت رسمی حاکمیت نیز مجال انتشار نیافت. حکومت به شدت از هرگونه اطلاع‌رسانی دربارهٔ این موضوع ممانعت می‌کرد. نشریات داخل کشور اجازه انتشار مطلبی در رابطه با اعدام‌ها را نداشتند و هنگام اعلام خبر اعدام به خانواده‌ها از برخی از آنها می‌خواستند تعهد بدهند که برای انتشار خبر اعدام‌ها با خارج از کشور تماس نمی‌گیرند. [۶۰]

با همه این فشارها و ممنوعیت‌ها، خانواده‌ها به‌ویژه پس از اعدام‌های دسته‌جمعی تابستان ۱۳۶۷ بسیاری از راه‌های ممکن برای اطلاع‌رسانی به رسانه‌ها و نهادهای بین‌المللی را امتحان کرده‌اند. در سال‌های نخست دهه ۶۰ تنها راه انتشار اخبار مربوط به اعدام‌ها نشریات سازمان‌های سیاسی بود. اطلاعات اعدام شدگان اغلب از سوی خود خانواده‌ها به دست این سازمان‌ها می‌رسید و خانواده‌هایی بودند که با بقیه تماس می‌گرفتند و از آنها می‌خواستند مشخصات و عکس فرزندان اعدام شده‌شان را برای درج در این نشریات به آنها بدهند. [۶۱] برخی خانواده‌ها که خودشان نیز فعال سیاسی بودند تلاش می‌کردند طی تماس‌های تلفنی اخبار اعدام‌ها را به سازمان‌های سیاسی خارج از کشور برسانند. لیست دیگری که از اعدام‌شدگان سال ۱۳۶۷ منتشر شد، نتیجه فعالیت کانون دفاع از زندانیان سیاسی بود که ارتباطات گسترده‌ای با خانواده اعدام‌شدگان داشت.

تلاش خانواده‌ها برای اطلاع‌رسانی دربارهٔ اعدام‌ها از همان روزهای نخست از سوی نهادهای امنیتی رصد می‌شد و بسیاری از خانواده‌ها در رابطه با این موضوع بازخواست و بازجویی شده‌اند. شناسایی و بازجویی خانواده‌هایی که آذر ۱۳۶۷ چند روز پس از اعلام خبر اعدام‌ها، نامه‌ای را خطاب به «تمامی آزادی‌خواهان جهان» نوشته بودند، یک نمونه از این آزار و اذیت‌ها است. این نامه که به امضای ۵۰ تن از خانواده‌ها رسیده بود از طریق یکی از گروه‌های سیاسی منتسب به حزب توده [۶۲] برای انتشار به خارج از کشور فرستاده شده بود، اما به دلایلی که همچنان نامعلوم است هیچ‌گاه منتشر نشد. با این حال وزارت اطلاعات از محتوا و اسامی امضاکنندگان مطلع شد و برخی خانواده‌ها را به خاطر آن بازجویی کرد. [۶۳]

---

[۶۰] شهادت فریده امیرشکاری، عدالت برای ایران، بهمن ۱۳۹۳

[۶۱] شهادت لادن بازرگان، عدالت برای ایران، مهر ۱۳۹۳

[۶۲] جعفر بهکیش، نگاهی به تجربه کانون دفاع از زندانیان سیاسی (داخل کشور)، تارنمای بیداران، ۲۰ مهر ۱۳۸۴ ، قابل دسترسی در: http://www.bidaran.net/spip.php?article83

[۶۳] شهادت جعفر بهکیش، عدالت برای ایران.

جعفر بهکیش با بیان اینکه خانواده‌ها خیلی مصر بودند که خبر اعدام‌ها پخش شود و به رادیوهای خارج از ایران، گوش می‌کردند که اسم فرزندان‌شان و خبری دربارهٔ اعدام‌ها بشنوند، می‌گوید که این عمومی شدن خبر اعدام‌ها برای خانواده‌ها بسیار اهمیت داشت و برای همین بود که در جمع‌آوری اطلاعات و انتشار نامه‌های اعتراضی همکاری می‌کردند و خطراتش را هم به جان می‌خریدند. به گفته او تحمیل سکوت خبری دربارهٔ اعدام‌ها بخشی از سیاست سرکوب جمهوری اسلامی بود تا از افرادی که اعدام شده‌اند هیچ نام و خاطره ای باقی نماند.[۶۴]

در شرایطی که حکومت ایران تمامی فضاهای رسانه‌ای برای اطلاع‌رسانی دربارهٔ اعدام‌ها را مسدود کرده بود، خانواده‌ها تلاش داشتند با تجمع‌های خیابانی سکوت تحمیل شده از سوی حاکمیت را بشکنند. در یکی از نخستین اقدام‌ها، در آذر ۱۳۶۷ و در بحبوحه اعلام تدریجی خبر اعدام‌ها به خانواده‌ها و دو هفته پس از آن‌که خانواده‌ها با دیدن اجساد و لباس‌های بیرون مانده از کانال‌های خاوران از دفن عزیزان‌شان در آنجا مطمئن شده بودند، حدود ۲۰۰ تن از خانواده‌ها که خبر به آنها رسیده بود، از تهران و شهرهای دیگر در خاوران گردهم آمدند و تصمیم گرفتند با تجمع در اتوبان، صدای اعتراض‌شان را بلند کنند. این تجمع با ضرب و شتم خانواده‌ها و بازداشت بسیاری از آنها سرکوب شد. خاطره معینی تجربه خود از آن روز را چنین به یاد می آورد:

ما می‌خواستیم از جلوی خاوران تا اتوبان عکس‌های بچه‌ها را بگیریم به قصد اینکه بیاییم به اتوبان تا مردم بفهمند، خیلی حالمان بد بود از اینکه این بلا سرمان آمده، بچه‌های‌مان را کشته‌اند و نمی‌گذارند حرف‌مان را هم بزنیم. نمی‌گذارند بگوییم بچه‌های‌مان را کشته‌اند. عکس‌ها را گرفتیم و آمدیم. سر اتوبان شاید بگویم صدتا ماشین سپاه آمد و محاصره‌مان کرد. اتوبان به سمت گرمسار و جاده خراسان بود و اتوبانی بود که تریلی و ماشین‌های بزرگ می‌آمدند. ما همان‌جا نشستیم. ماشین‌ها هم می‌آمدند، می‌ایستادند. خیلی از راننده‌ها، خیلی از اتوبوس‌ها پیاده می‌شدند می‌آمدند می‌گفتند چی شده؟ می‌گفتیم بچه‌های‌مان را کشته‌اند، این هم عکس‌های‌شان است، اینجا [در خاوران] گذاشتن‌شان. مامورها ریختند و ما را گرفتند. ما هم همان‌جا نشستیم. این‌ها شروع کردند به زدن. خیلی بدجور مادرها را زدند. یعنی مادرها و پدرها، ما را که جوان‌تر بودیم انداخته بودند وسط و نمی‌گذاشتند آنها ما را بزنند. آن روز ما را [بازداشت کردند] و بردند کمیته خراسان.[۶۵]

---

[۶۴] شهادت جعفر بهکیش، عدالت برای ایران، اسفند ۱۳۹۳

[۶۵] شهادت خاطره معینی، عدالت برای ایران، آبان ۱۳۹۱

با این حال، تلاش خانواده‌ها متوقف نشد. خاطره معینی می‌گوید: «یک بار دیگر هم آخرهای آذر ۱۳۶۷ دوباره تصمیم گرفتیم راهپیمایی کنیم و بیاییم تا توی شهر. تقریباً ۳۰ تا ۴۰ نفر بودیم می‌خواستیم برویم میدان خراسان. اما تا سر خیابون منتهی به اتوبان رسیدیم نیروهای امنیتی رسیدند و همان جا ما رو متوقف کردند. عکس‌ها رو از ما گرفتند و شکستند و با مشت و لگد به جان همه افتادند و تعداد زیادی رو بردند. برخی از ما که توانستیم بمانیم گفتیم برویم میدان خراسان اما تمام راه را هم بسته بودند و نتوانستیم.»[۶۶]

پس از آن بود که خانواده‌ها در دی ماه ۱۳۶۷ در برابر کاخ دادگستری در تهران تجمع کردند. ایدهٔ این تجمع از پروانه میلانی بود و همانند سایر برنامه‌ها در خود خاوران برنامه‌ریزی شد.[۶۷] او دربارهٔ این تجمع گفته است:

> [روز ۵ دی ماه ۱۳۶۷] هنگامی که جلوی دادگستری رسیدیم حدود ۸۰ نفر از مادران و خواهران داغدیده در همان حول و حوش بودند، همه باهم جلوی دادگستری جمع شدیم. ما نه پلاکارد داشتیم و نه شعار می‌دادیم. در پیاده‌روی منتهی به کاخ دادگستری تجمع کرده بودیم. آرام آرام خبر به اغیار رسید و پاسداران و کمیته‌چی‌ها سر رسیدند، با ماشین‌های بدون پنجره و پشت و پیش بسته‌ای که در واقع ماشین حمل و نقل زندانیان بودند. کمیته جلوی ما [با نرده‌های آهنین] حصار کشید و خیابان را از دو سو بستند. پیاده‌ها به ما نزدیک می‌شدند و می‌پرسیدند که چرا اینجا جمع شده‌اید؟ ما هم داستان کشتار جمعی زندانیان را به آنها توضیح می‌دادیم. بعد تعداد بیش‌تری ماشین کمیته آمد. آنها مسلح بودند. یکی از کمیته‌چی‌ها خطاب به جمعیت گفت: هرچه زودتر پراکنده شوید. من که در صف جلو بودم، گفتم تا حالا ما از شما می‌ترسیدیم. ولی حالا می‌بینیم که شما از ما می‌ترسید. همه نوع ماشینی برای ارعاب ما آورده‌اید. بروید یک تانک هم بیاورید تا تجهیزات‌تان تکمیل شود. یکی از پاسدارها که پسرک جوانی بود، به من نزدیک شد و گفت از ما چه می‌خواهید؟ نامه‌ای را که یکی از خانواده‌ها آورده بود، نشانش دادم و گفتم می‌خواهیم این نامه دادخواهی‌مان را به دادگستری تسلیم کنیم و رسیدش را بگیریم. بخشی از نامه را خواند و گفت من می‌برم و به دادگستری می‌دهم. همین‌جا بمانید تا من رسیدش را بیاورم. ما از ساعت ۹ صبح تا ساعت ۱۱ آنجا بودیم. گزارش‌گری هم از رادیو بی بی سی آمد و علت تجمع ما را پرسید. خبرنگاری هم از آساهی

---

[۶۶] شهادت خاطره معینی، عدالت برای ایران، آبان ۱۳۹۱

[۶۷] شهادت فریده امیرشکاری، عدالت برای ایران، بهمن ۱۳۹۳

ژاپن آمد و به او هم توضیح دادم. دیگر می‌رفت که ساعت ۱۱ شود که کمیته‌چی‌ها از ما خواستند تا محل را ترک کنیم و ما را با دو ردیف دیوار گوشتی مسلح محاصره کردند.[۶۸]

این تجمع به بازداشت شماری از شرکت‌کنندگان از جمله دو زن جوان که به مدت دو ماه در سلول‌های انفرادی اوین حبس بودند، انجامید.[۶۹] معزز خواهشی، همسر کمال‌الدین پاکدل یکی از شرکت‌کنندگان در این تجمع به مدت ۱۱ روز در بازداشتگاه کمیته وصال و سلول‌های انفرادی زندان اوین، بازداشت بود.[۷۰]

ارتباط با سازمان ملل و نهادهای بین‌المللی حقوق بشری برای رساندن اطلاعات مربوط به اعدام‌ها بخشی دیگر از فعالیت خانواده‌ها برای اطلاع‌رسانی دربارۀ اعدام‌ها بود که در تمامی این سال‌ها فشار مضاعف حاکمیت بر آنها را به دنبال داشته است.

ممانعت از دیدار خانواده‌ها با گالیندوپل به ایران در اولین سفرش به ایران یکی از نمونه‌های فشار نهادهای رسمی در رابطه با اطلاع‌رسانی دربارۀ اعدام زندانیان سیاسی است. در بهمن ۱۳۶۸ هم‌زمان با سفر گالیندوپل، گزارشگر ویژه سازمان ملل به ایران، تعدادی از خانواده‌ها در مقابل دفتر سازمان ملل در میدان آرژانتین تجمع کردند و قصد دادن نامه‌ای به گزارشگر ویژه دربارۀ اعدام زندانیان سیاسی را داشتند. این تجمع نیز از سوی ماموران امنیتی و عده‌ای که تحت عنوان خانواده‌های قربانی ترور سازمان مجاهدین خلق سازماندهی شده بودند به خشونت کشیده شد. مادران و خانواده‌ها از سوی این افراد مورد ضرب و شتم قرار گرفتند[۷۱] و دنده مادر امیرشکاری در اثر این ضرب و شتم شکسته شد. نامه به گالیندوپل در ویلچر ملوک زمانی (مادر سرحدی)[۷۲] گذاشته شده بود، اما ماموران با حمله به این

---

[۶۸] گفت و گوی سایت مادران پارک لاله با آسیب دیدگان خشونت های دولتی- پروانه میلانی، تارنمای مادران پارک لاله، ۲۴ آذر ۱۳۹۲، قابل دسترسی در:
http://www.mpliran.org/2013/12/4.html

[۶۹] همان‌جا.

[۷۰] گفت‌وگو با معزز خواهشی، تارنمای مادران پارک لاله، تارنمای مادران پارک لاله، اسفند ۱۳۹۲، قابل دسترس در: http://www.mpliran.org/2014/03/6.html

[۷۱] جعفر بهکیش، در خلوت روشن با تو گریسته ام برای خاطر زندگان، تارنمای بیداران، ۱۵ مهر ۱۳۸۵، قابل دسترسی در: http://www.bidaran.net/spip.php?article86

[۷۲] ملوک زمانی، مادر منوچهر سرحدی متولد سال ۱۳۱۲ بود. شش اردیبهشت ۱۳۹۲ در تهران در گذشت. او یکی از مادرانی بود که در زمان حکومت پهلوی و پس از آن در جمهوری اسلامی در پشت دیوارهای زندان پیگیر وضعیت زندانیان سیاسی بود و پس از اعدام فرزندش در سال ۱۳۶۷ در مسیر دادخواهی برای فرزندش تلاش می‌کرد. برای اطلاعات بیشتر ن.ک.ب: مادر سرحدی درگذشت، اخبار روز، ۷ اردیبهشت ۱۳۹۲، قابل دسترسی در: http://www.akhbar-rooz.com/article.jsp?essayId=52412

مادر نامه خانواده‌ها را از او گرفتند.[۷۳]

خانواده‌ها همچنین تلاش داشتند در ششم بهمن ماه که گفته می‌شد قرار است گالیندوپل از خاوران بازدید کند، در آنجا تجمع کنند[۷۴] اما نیروهای پلیس در آن روز تمام جاده‌های منتهی به خاوران را مسدود کرده و مانع حضور آنها در خاوران و دیدار با گزارشگر ویژه سازمان ملل شدند. ده‌ها تن از خانواده‌ها نیز در آن روز بازداشت شدند.[۷۵] همچنین تعداد زیادی از خانواده‌ها به صورت تلفنی تهدید شدند یا به مقر کمیته‌ها یا دفتر دادستانی انقلاب احضار شدند و با تهدید به حبس یا اعدام، به آنها گفته شد که از نماینده ویژه دوری کنند.[۷۶] با همه این فشارها برخی خانواده‌هایی که آن زمان در خارج از ایران بودند توانستند اسامی اعدام شدگان و عکس‌های گرفته شده از خاوران را به گالیندوپل برسانند.[۷۷]

خانواده‌ها همچنین با ارائه شهادت‌های خود به سازمان عفوبین‌الملل آنها را نیز در جریان اعدام گسترده زندانیان سیاسی قرار دادند. در نتیجه این تلاش‌ها بود که عفو بین‌الملل در ۱۰ آذر ۱۳۶۹ با انتشار گزارشی مفصل دربارهٔ اعدام‌های دسته‌جمعی سال ۱۳۶۷ در زندان‌های ایران، اعلام کرد که اسامی و مشخصات دو هزار تن از اعدام‌شدگان به دست این سازمان رسیده است. عفو بین‌الملل همچنین بر مبنای مصاحبه‌ای که با خانواده اعدام شدگان و گزارش‌هایی که از سوی خانواده‌ها دریافت کرده بود گزارش داد که حق بازماندگان این اعدام‌ها برای اطلاع از محل دفن بستگان‌شان و برگزاری مراسم سوگواری نقض شده است.[۷۸] این

---

[۷۳] شهادت فریده امیرشکاری، عدالت برای ایران،بهمن ۱۳۹۳

[۷۴] جعفر بهکیش، در خلوت روشن با تو گریسته ام برای خاطر زندگان، تارنمای بیداران، ۱۵ مهر ۱۳۸۵ ، قابل دسترسی در: http://www.bidaran.net/spip.php?article86

[۷۵] جعفر بهکیش، نگاهی به مقاله آقای همنشین بهار به نام انسان، گرگ انسان است، در حاشیه قتل عام سال ۶۷، جعفر بهکیش، گویا نیوز، ۱۵ شهریور ۱۳۸۴ ، قابل دسترسی در: http://news.gooya.com/politics/archives/035461.php

[۷۶] گزارش در باره ی وضع حقوق بشر در جمهوری اسلامی ایران، رینالدو گالیندوپل، سازمان ملل متحد،۲۴ بهمن ۱۳۶۹، پاراگراف ۲۱۳ ، قابل دسترسی در: http://www.iranrights.org/fa/library/document/182

[۷۷] رضامعینی در مصاحبه با کامبیز حسینی، مادرم تا لحظه مرگ ندانست فرزندش کجا دفن شده است،کمپین بین‌المللی حقوق بشر در ایران، ۸ شهریور ۱۳۹۲، قابل دسترسی در: http://persian.iranhumanrights.org/1392/06/hosseini_moini/

[۷۸] گزارش عفو بین‌الملل، نقض حقوق بشر در ایران، ۱۹۹۰-۱۹۸۷: قتل عام در زندان‌ها ۱۹۸۸، ۱۰ آذر ۱۳۶۹، قابل دسترسی در: http://www.iranrights.org/fa/library/document/349/report-on-human-rights-violations-in-iran-1987-to-1990-the-massacre-of-1988

تلاش‌ها در حالی بود که برخی خانواده‌ها می‌گویند در صورت ارتباط با نهادهای حقوق بشری زیر فشار بیش‌تری قرار می‌گرفتند.[۷۹]

سرکوب شدید در رابطه با هرگونه اطلاع‌رسانی در رابطه با اعدام‌ها تا اواسط دهه ۷۰ ادامه داشت. از سال۱۳۷۶ و روی کار آمدن محمد خاتمی شماری از مادران و خانواده‌های خاوران با مراجعه به برخی مطبوعات از جمله روزنامه اصلاح‌طلب خرداد و ماهنامه ایران فردا، نزدیک به گروه‌های ملی‌مذهبی، خواستار انعکاس کشتارهای دهه ۶۰ و به‌ویژه اعدام‌های دسته‌جمعی ۱۳۶۷ شدند.[۸۰] بر اساس تحقیقات عدالت برای ایران در تمامی سال‌های پس از اعدام‌های دهه ۶۰ هیچ مطلب مستقل و منصفانه‌ای دربارهٔ این اعدام‌ها و به خصوص اعدام‌های سال ۱۳۶۷ در رسانه‌های سراسری داخل ایران منتشر نشده است و فقط در نیمه دوم دهه ۷۰ بود که دست‌کم چهار نشریه ایران فردا، عصر آزادگان، آریا و پیام امروز توانستند اشاراتی کوتاه به اعدام‌های دهه شصت داشته باشند.

رضا علیجانی، سردبیر ایران فردا در شماره ۵۷ این نشریه که ۱۷ شهریور ۱۳۷۸ منتشر شد به «اعدام‌های سراسری مرداد و شهریور ۱۳۶۷» اشاره کرد.[۸۱] او همچنین در مقاله‌ای که آذر ۱۳۷۸ منتشر شد، «اعدام سراسری انبوهی از زندانیان سیاسی و فکری کشور در تابستان ۶۷» را دلیل عادی شدن و رواج قتل‌های زنجیره‌ای دانست.[۸۲] ۲۱ دی ماه ۱۳۷۸ نیز رسول اصغری، روزنامه‌نگار طی دو مطلب با عنوان‌های «عالیجنابان و آن روزها، هردو خاکستری» و«اصلاح‌طلبان تا چه اندازه به حقوق مخالفان خود پای‌بندند؟» در روزنامه عصر آزادگان به طور مستقیم به اعدام‌های دسته‌جمعی سال ۱۳۶۷ اشاره کرد.[۸۳]

رسول اصغری با اشاره به سرکوب مخالفان در دهه ۶۰ و استفاده از روش‌هایی مانند زندان، تواب‌سازی و سر به‌نیست کردن مخالفان سیاسی، این سئوال را مطرح

---

[۷۹] شهادت فتحیه زرکش، عدالت برای ایران، مهر ۱۳۹۳

[۸۰] جعفر بهکیش، گفتمان دادخواهی و «مادران خاوران»، وبلاگ من از یادت نمی کاهم، ۲۷ اسفند ۱۳۹۱ قابل دسترسی در:
http://jafar-behkish.blogspot.co.uk/2013/03/blog-post.html

[۸۱] ن.ک.ب: رضا علیجانی، چالش های اخیر در خصوص یک امر قدیم، ماهنامه ایران فردا، در شماره ۵۷ این نشریه که ۱۷ شهریور ۱۳۷۸، قابل دسترسی در:
http://rezaalijani.com/images/Alijani_Jozveh/siasi06.pdf

[۸۲] ن.ک.ب: رضا علیجانی، آیا می دانید چرا پرونده قتل ها پیش نمی رود؟، ایران فردا، شماره ۶۳، ۱۰ آذر ۱۳۷۸ قابل دسترسی در:
http://rezaalijani.com/images/Alijani_Jozveh/siasi06.pdf

[۸۳] شهادت رسول اصغری، عدالت برای ایران، خرداد ۱۳۹۴

کرد که چرا اکبر گنجی و سایر اصلاح‌طلبان که در جهت حقیقت‌یابی در مورد قتل‌های زنجیره‌ای تلاش می‌کنند، «از رویدادهای قبل از دهه ۷۰ نمی‌گویند و از این واقعیت گزنده که تقریباً تمامی مراجع روحانی هوادار آنان، بالاترین سمت‌های قضایی را به ویژه در سال‌های یاد شده داشته‌اند.» و اضافه کرد: «من در این نوشته، از کسانی می‌گویم که جدای از مرام و مشی خود، لابد انسان بوده‌اند و حقوقی داشته‌اند و اتفاقاً طرف حساب‌شان هم شما بوده‌اید و شما هم‌پای جناحی که اکنون آن را مخالف آزادی و حقوق بشر می‌خوانید (و می‌خوانم) با هم به شیوه‌ای برادرانه به مخالفت آنان پایان دادید؟»[۸۴]

پس از انتشار این مطلب، حمیدرضا جلایی‌پور، عضو شورای سردبیری عصر آزادگان در نقدی یک صفحه‌ای با عنوان «اولترا اصلاح‌طلبی»، نویسنده را به این متهم کرد که دلیل تحلیلش، این بوده که نیروهای سیاسی مورد علاقه‌اش در «دهه انقلاب» و در چالش‌های تشکیل جمهوری اسلامی پس از انقلاب ناکام مانده‌اند.[۸۵] اصلی‌ترین استدلال جلایی‌پور برای دفاع از گنجی در برابر نقد اصغری این است که «پس از پیروزی انقلاب و فروپاشی حکومت مرکزی به دست نیروهای انقلابی، تا برقراری حکومت و نظم جدید،... مدت زمانی جامعه در حالت بی‌دولتی به سر می‌برد، در این مدت در تمام انقلاب‌ها هزاران حادثه جوراجور و غیرمنتظره که وقوع آنها مورد نظر هیچ‌کدام از انقلابیون واقعی نیست رخ می‌دهد.»[۸۶] او ادعا می‌کند که می‌توان حتی تا ۱۳۶۷ گفت که جامعه ایران در حالت بی‌دولتی پس از انقلاب به سر می‌برده است و بنابر این، نمی‌توان وقایع دهه اول انقلاب را با قتل‌های دگراندیشان مقایسه کرد. به نوشتهٔ او: «نقد اندیشه و اقدام حلقه‌های خشونت‌طلب که به نام یک تفسیر از دین صورت می‌گیرد و در پرتوی آن قصد داشتند با کشتن نویسندگان بی‌گناه یک «وضعیت بسته سیاسی» را پس از گذشت دو دهه از انقلاب برقرار کنند، نقد این وضع کجا و نقد وقایع ناشی از انقلاب و در حالت جامعه بدون دولت کجا!» و در نهایت، با متصف کردن صفت «تروریست» به مخالفان در دهه ۶۰، به طور تلویحی مقصر اصلی سرکوب دهه ۶۰ را خود آنها می‌داند و می‌نویسد: «مهم‌ترین عامل خشونت،... یعنی همین گروه‌های تروریستی که تخم بدبینی، نفاق و عدم رعایت حقوق بشر را در این مرز و بوم کاشتند [بودند].»[۸۷]

---

[۸۴] رسول اصغری، عالیجنابان و آن روزها، هردو خاکستری، روزنامه عصر آزادگان، ۷ دی ۱۳۷۸، شماره ۶۸

[۸۵] حمیدرضا جلایی‌پور، اولترا اصلاح‌طلبی، روزنامه عصرآزادگان، ۱۴ دی ۱۳۷۸،شماره ۷۲

[۸۶] همان

[۸۷] همان

انتشار مصاحبه روزنامه آریا با رضا علیجانی در ۱۴ اسفند ۱۳۷۸ و سخنان صریح او دربارهٔ لزوم «برکناری تمامی افرادی که در اعدام وسیع زندانیان سیاسی در تابستان ۱۳۶۷ مشارکت داشتند» از دیگر تلاش‌ها در این راستا بود که توبیخ و توقیف روزنامه آریا را دربرداشت.[۸۸] رضا علیجانی می‌گوید که ماموران امنیتی در بازداشت‌های سال ۱۳۷۹ و ۱۳۸۰ بارها از او در رابطه با این نوشته‌ها بازجویی کرده‌اند.[۸۹]

این اشاره‌های کوتاه به اعدام‌ها اما ادامه نیافت و با توقیف گسترده روزنامه‌های اصلاح‌طلب خانواده‌ها تلاش کردند از طریق رسانه‌های فارسی زبان خارج از ایران در رابطه با اعدام‌ها اطلاع‌رسانی کنند. پروانه میلانی نخستین کسی بود که به صورت علنی و با نام خودش، با رسانه‌های فارسی‌زبان خارج از ایران مصاحبه کرد. او شهریور ۱۳۸۰ طی مصاحبه‌ای با رادیو فردا، از مراسم سالگرد اعدام‌های سال ۱۳۶۷ در خاوران گزارش داد و بعدها نیز به مصاحبه‌هایش با این رسانه دربارهٔ اعدام‌ها ادامه داد. تهدیدهای تلفنی، احضار به وزارت اطلاعات و مراجعه ماموران به منزل شخصی‌اش، پیامد این مصاحبه‌ها برای پروانه میلانی بود. شدت فشارها به گونه‌ای بود که دو دخترش مجبور به ترک ایران شدند.[۹۰] با این حال پس از مصاحبه پروانه میلانی، خانواده‌های بیش‌تری با رسانه‌های فارسی‌زبان خارج از ایران مصاحبه کردند و در سال‌های اخیر صدها مقاله و گزارش دربارهٔ اعدام‌های دهه ۶۰ در رسانه‌های خارج از ایران منتشر شده است و خانواده اعدام‌شدگان دهه ۶۰ بارها با رسانه‌های خارج از ایران مصاحبه کرده‌اند.

در داخل ایران اما همچنان ممنوعیت کامل در رابطه با این موضوع حاکم است و معدود روزنامه‌ها[۹۱] یا وبلاگ‌هایی[۹۲] که گاه به این موضوع اشاره داشته‌اند با

---

[۸۸] ن.ک.ب مصاحبه با رضا علیجانی، اگر جاسوس؛ پس استعفا، روزنامه آریا، ۱۴ اسفند ۱۳۷۸ قابل دسترسی در: http://rezaalijani.com/images/Alijani_Jozveh/siasi06.pdf

[۸۹] شهادت رضا علیجانی، عدالت برای ایران، اردیبهشت ۱۳۹۴

[۹۰] گفت و گوی سایت مادران پارک لاله با آسیب دیدگان خشونت های دولتی- پروانه میلانی، تارنمای مادران پارک لاله، ۲۴ آذر ۱۳۹۲، قابل دسترسی در:
http://www.mpliran.org/2013/12/4.html

[۹۱] نوشته رضا علیجانی در سال ۱۳۷۹ دربارهٔ اعدام زندانیان سیاسی یکی از دلایل توقیف روزنامه آریا بود. ن.ک.ب: مصاحبه با محمدرضا معینی، سکوت در مورد کشتار ۶۷ به نفع هیچ‌کس نیست، رادیو زمانه، ۲۰ شهریور ۱۳۸۷
http://zamaaneh.com/daneshvar/2008/09/print_post_101.html

[۹۲] آرش سیگارچی، روزنامه نگار در بهمن ۱۳۸۳ پس از انجام تحقیقاتی دربارهٔ اعدام‌های دهه ۶۰ و نوشتن مطلبی در رابطه با آن در وبلاگش بازداشت شد. ن.ک.ب:
http://www.radiofarda.com/content/article/293031.html
بیوگرافی آرش سیگارچی در وبلاگ شخصی‌اش
http://www.sigarchi.com/Arash/aboutme-01.htm?we

توقیف رسانه و بازداشت روزنامه‌نگاران مجازات شده‌اند. حبس یک ساله مهرنوش سلوکی، مستندساز فرانسوی ایرانی تبار که سال ۱۳۸۵ به خاطر تحقیق و فیلمبرداری از خاوران بازداشت شد، دیگر نمونه‌های برخورد شدید با هرگونه اطلاع‌رسانی دربارهٔ اعدام‌های دهه ۶۰ است.[۹۳]

سرکوب حاکمیت و تلاش همه جانبه برای نبود هرگونه اطلاع‌رسانی دربارهٔ اعدام‌های دهه ۶۰ نتوانست به سکوت کامل در این رابطه بیانجامد و در دوران تبلیغات انتخابات ریاست جمهوری در سال ۱۳۸۸ و ناآرامی‌های پس از آن بارها موضوع اعدام‌های دهه ۶۰ در سطح جامعه مطرح شد.

در نشست انتخاباتی میرحسین موسوی در مسجد دانشگاه مازندران (بابلسر) نیز دانشجویان از موسوی خواستند که در رابطه با اعدام‌های سال ۱۳۶۷ موضع‌گیری کند و دلیل سکوتش در این رابطه را اعلام کند. این نشست با سکوت موسوی در رابطه با اعدام‌های ۶۷ پایان یافت.[۹۴] اما یک‌سال بعد در نشستی که با روزنامه‌نگاران داشت بار دیگر این پرسش از سوی یکی از خبرنگاران مطرح شد. پاسخ کوتاه میرحسین موسوی مبنی بر بی‌اطلاعی از این اعدام‌ها[۹۵] و همچنین مصاحبه با زهرا رهنورد[۹۶] در رابطه با این اعدام‌ها و موضع‌گیری‌اش در ادعای بی اطلاعی نخست

---

[۹۳] مهرنوش سلوکی که برای ساخت فیلم مستندی از قبرستان‌های اقلیت‌های مذهبی به ایران آمده بود، با دیدن خاوران در نزدیکی گورستان ارامنه و بهاییان، به این موضع علاقمند شد و در حین تحقیق دربارهٔ این گورستان بازداشت شد. ن.ک.ب: *تورج طاهباز، مهرنوش سلوکی: بازداشت زندگی مرا دگرگون کرد*، رادیو فردا، ۲ بهمن ۱۳۸۶ ، قابل دسترسی در:
http://www.radiofarda.com/content/f3_solouki_jailedfilmmaker/431396.html

[۹۴] اعتراض دانشجویان به میر حسین موسوی با فریاد "میرحسین، ۶۷، جواب بده"، تارنمای فعالین حقوق بشر و دموکراسی در ایران، ۱۴ اردیبهشت ۱۳۸۸ ، قابل دسترسی در:
http://www.akhbar-rooz.com/news.jsp?essayId=20689

[۹۵] میرحسین موسوی در پاسخ روزنامه‌نگاران درمورد وقایع دهه ۶۰ می‌گوید: "مسئله سال ۶۷ را باید در منظر تاریخی خود بررسی کرد و بعد هم دید آیا دولت در این زمینه اطلاعی داشته است؟ نقشی داشته است؟ آیا اصلا امکانی برای دخالت داشته است؟ آیا در احکام و اسناد، نامی از دولت وجود داشته است؟ دولت که نقشی در این مسئله نداشته است. خیلی از کسان دیگر هم اطلاع نداشته اند. اما برای مطرح کردن این مسائل با ذکر جزئیات، من هم محذوراتی دارم." منتشر شده در: تعدد روزنامه نگاران زندانی، نشانی از حقانیت جنبش سبز، تارنمای کلمه، ۱۳ مرداد ۱۳۸۹ ، قابل دسترسی در:
http://www.kaleme.com/1389/05/13/klm-27824/

[۹۶] زهرا رهنورد در پاسخ به این سوال که: «چرا سخن گفتن از وقایع دهه ۶۰ این قدر سخت است؟ قابل درک است که یک گروه با عملیات تروریستی خود فضا را مخدوش کرده بود، اما آیا می‌توان اسرای یک گروه را به این راحتی در تابستان سال ۶۷ سر به نیست کرد؟ آیا می‌توان پذیرفت که نخست وزیر از این ماجرا بی‌اطلاع بوده؟ آیا سکوت و

وزیر وقت، موسوی و رییس جمهوری وقت، خامنه‌ای و اعلام مخالفت با اعدام‌ها از جمله مواردی بود که بار دیگر مسئله اعدام‌های دهه ۶۰ و به ویژه سال ۱۳۶۷ را به سطح جامعه آورد و در رسانه‌های غیررسمی و اینترنتی مطرح کرد. این فضا اما پایدار نبود و با سرکوب اعتراضات پس از انتخابات، همان فضای اندک و غیررسمی برای نوشتن و گفتن از اعدام‌های دهه ۶۰ در سطح وسیع بار دیگر مسدود شد.

۲. حق برخورداری از عدالت

«برخورداری از عدالت» یکی از حقوق قربانیان برای جبران خسارات ناشی از نقض حقوق بشر است که در اسناد حقوق بین‌المللی از جمله ماده دوم میثاق بین‌المللی حقوق سیاسی و مدنی به رسمیت شناخته شده است.[۹۷] براساس گزارش شورای اقتصادی- اجتماعی سازمان ملل تحت عنوان «سوال از مصونیت از مجازات مرتکبان نقض حقوق بشر» همه قربانیان باید فرصت دسترسی به یک دادگاه عادلانه و موثر را برای اطمینان حاصل کردن از محاکمه ناقضان و جبران خسارت‌های وارد آمده، داشته باشند.[۹۸]

«اعلامیه اصول بنیادین اجرای عدالت در حق قربانیان جرم و قربانیان سوء استفاده از قدرت» نیز تاکید دارد که قربانیان حق دارند برای ترمیم و جبران آسیب‌هایی که متحمل شده‌اند به محاکم قضایی که عدالت را در چارچوب قوانین

حتی توجیه این اتفاق به معنی قبول داشتنش نیست؟» گفت: «البته همانطور که شما اشاره کردید جنایات و عملیات تروریستی آن گروه کذایی بر کسی پوشیده نیست. اما انتقام‌جویی طرف مقابل هم خطای بزرگی بوده است و هیچ کج‌روی قابل قبول یا اغماض نیست. اما به طوری که بارها گفته شده از این جنایت نه آقای خامنه‌ای و نه آقای موسوی هیچ یک اطلاعی نداشته‌اند و در حوزه وظایف شان هم نبوده است. البته سکوت و توجیهی هم در کار نیست و آن اقدامات خارج از چارچوبهای حقوقی و ملاحظات اخلاقی بوده که بارها در نشست‌ها و در پاسخ به سوال کنندگان دربارهٔ آن تقبیح شده است، آن اتفاق لکه‌های سیاهی است که به آب زمزم و کوثر، سفید نتوان کرد.» ن.ک.ب: گفت‌وگوی اختصاصی خودنویس با زهرا رهنورد، تارنمای خودنویس، ۲۰ مهر ۱۳۸۹ ، قابل دسترسی در: https://khodnevis.org/article/42512#.VYLvR_lVhBc

[97] Also see: Commission on Human Rights, Updated Set of Principles for the Protection and Promotion of Human Rights through Action to Combat Impunity, UN Doc. E/CN4/2005/102/Add 1, 8 February 2005 (prepared by Diane Orentlicher), Definitions. Pribciples 19-30.

[98] UN Sub-Commission on the Promotion and Protection of Human Rights, Question of the impunity of perpetrators of human rights violations (civil and political), 26 June 1997, E/CN.4/Sub.2/1997/20

ملی محقق کند دسترسی داشته باشند.[۹۹] همچنین اصل ۱۲ قطعنامه سازمان ملل با عنوان «اصول اساسی احقاق حق» با اشاره به حق دسترسی قربانیان به «مراجع دادرسی کارآمد» اعلام کرده که «التزامات ناشی از قوانین بین‌المللی که ناظر بر تضمین حق برخورداری از عدالت و دادرسی عادلانه و بی‌طرف برای قربانی است باید در قوانین داخلی منعکس شود.» براساس این اصل دولت‌ها موظف هستند در رابطه با سازوکارهای قانونی احقاق حق در صورت وقوع نقض آشکار قوانین بین-المللی ناظر بر حقوق بشر و نقض فاحش قوانین بشردوستانه بین‌المللی اطلاع‌رسانی کنند، راهکارهایی برای کاهش موانع موجود بر سر دادخواهی قربانیان اتخاذ کرده و امنیت آنها تامین کنند و دسترسی قربانیان به راه‌های مناسب قضایی را تسهیل کنند.[۱۰۰]

نگاهی به مجموعه قوانین و مقررات بین‌المللی ناظر بر حق برخورداری از عدالت در رابطه با مواردی همچون نقض فاحش و گسترده حقوق بشر، جنایت علیه بشریت و ناپدیدشدگی اجباری نشان می‌دهد که دولت‌ها موظف به انجام تحقیقات مستقل قضایی هستند[۱۰۱] و اینکه ، تعقیب قضایی مجرمان را دستور کار بگذارند[۱۰۲] و با اصلاحات قضایی در قوانین داخلی زمینه را برای اجرای عدالت فراهم کنند.[۱۰۳] با وجود مقررات بین‌المللی موجود، ایران تا کنون هیچ قدمی در راستای تحقق عدالت در رابطه با اعدام‌های دهه ۶۰ برنداشته است. در حالیکه گام نخست اجرای عدالت به رسمیت شناختن وقوع نقض حقوق بشر است، مقامات و نهادهای رسمی جمهوری اسلامی با دفاع از اعدام‌های دهه ۶۰ و نپذیرفتن مسئولیت رسمی اعدام‌های تابستان ۱۳۶۷ از یک سو و ممنوعیت طرح این موضوع از سوی دیگر، هرگونه امکان گفت وگو برای شروع پروسه تحقیقات قضایی و دادرسی عادلانه در رابطه با این اعدام‌ها را مسدود کرده‌اند. علاوه بر این بسیاری از مقامات قضایی و اجرایی که در اعدام‌های دهه ۶۰ و به‌ویژه سال ۱۳۶۷ دست داشته‌اند و اسامی آنها

---

99 General Assembly, *Declaration of Basic Principles of Justice for Victims of Crime and Abuse of Power*, A/Res 40/34, 29 November 1985, Principles 4.

100 Basic Principles and Guidelines on the Right to a Remedy and Reparation for Victims of Gross Violations of International Human Rights Law and Serious Violations of International Humanitarian Law, Adopted and proclaimed by General Assembly resolution 60/147 of 16 December 2005.

101 Commission on Human Rights, *Updated Set of Principles for the Protection and Promotion of Human Rights through Action to Combat Impunity*, UN Doc. E/CN4/2005/102/Add 1, 8 February 2005 (prepared by Diane Orentlicher), Definitions, *Principle 19.*

۱۰۲ کنوانسیون بین‌المللی حمایت از تمام اشخاص در برابر ناپدیدشدن اجباری، مواد ۶ تا ۱۲، قابل دسترسی در: http://www.unic-ir.org/hr/hr37.pdf

103 General Assembly, *Declaration of Basic Principles of Justice for Victims of Crime and Abuse of Power*, A/Res 40/34, 29 November 1985, Principles 5 - 6.

مشخص است، بدون آنکه در رابطه با نقش خود اعم از آمریت و عاملیت یا اطلاع و سکوت در برابر آن، پاسخگو باشند، همچون حسین‌علی نیری، قاضی شرع وقت، علی مبشری، قاضی شرع وقت در زندان اوین، ابراهیم رییسی، رئیس وقت سازمان بازرسی کل کشور، اسماعیل شوشتری، سرپرست سازمان اداره زندان‌ها در دهه ۶۰، مصطفی پورمحمدی، نماینده وزارت اطلاعات درهیات سه نفره مرگ و بسیاری دیگر در مقام خود باقی مانده، ارتقای مقام پیدا کرده و یا همچون آیت‌الله موسوی اردبیلی، رئیس وقت قوه قضاییه حتی به عنوان شخصیت مورد احترام برخی منتقدان جمهوری اسلامی درداخل کشور به شمار می‌روند.

از این رو و با توجه به سابقه جمهوری اسلامی در دادن مصونیت قضایی به عاملان و آمران مواردی همچون قتل‌های سیاسی و ترورهای خارج از کشور در دهه ۷۰، خشونت‌های کوی دانشگاه تهران در سال ۱۳۷۸، قتل زهرا کاظمی، عکاس-خبرنگار ایرانی-کانادایی در زندان اوین، شکنجه و قتل زندانیان سیاسی در بازداشتگاه کهریزک پس از رخدادهای سال ۱۳۸۸ به نظر می‌رسد که هنوز راهی طولانی برای تحقق عدالت در رابطه با اعدام‌های دهه ۶۰ در پیش است و شیوه عمل جمهوری اسلامی فاصله زیادی با امکان برخورداری از عدالت برای قربانیان دارد.

در تمام سال‌هایی که از اعدام زندانیان سیاسی در جمهوری اسلامی ایران می‌گذرد، خانواده‌ها به صورت مستمر خواستار شناسایی، پاسخگویی و محاکمه آمران و عاملان اعدام زندانیان سیاسی بوده‌اند و به‌ویژه پس از اعدام‌های سال ۱۳۶۷ بارها در مراجعه به مقامات داخلی و بین‌المللی بر این خواسته پافشاری کرده‌اند. این پیگیری به دلیل فشارهای امنیتی فراز و نشیب زیادی داشته اما هیچ‌گاه فراموش نشده است.

در پنج دی ماه ۱۳۶۷ در حالی‌که کمتر از یک ماه از اعلام خبر اعدام دسته‌جمعی هزاران زندانی سیاسی در سراسر ایران گذشته بود، خانواده‌ها با تجمع در برابر کاخ دادگستری در تهران، خواهان محاکمه عاملان اعدام‌ها شدند. در نامه‌ای که از سوی خانواده‌ها و خطاب به حسن حبیبی، وزیر وقت دادگستری نوشته شده بود، آمده بود: «به دلیل اینکه این اقدام ناقص صریح اصول قانون اساسی جمهوری اسلامی و اعلامیه جهانی حقوق بشر است، ما علیه مسئولین این فاجعه دردناک اعلام جرم می‌کنیم و خواهان آن هستیم که اینان بازداشت و در یک محکمه علنی محاکمه گردند.»[۱۰۴]

---

[۱۰۴] شکایت نامه‌های خانواده های زندانیان اعدامی ۱۳۶۷ – ۱۳۸۲، تارنمای بیداران، ۱۰ مهر ۱۳۸۲، قابل دسترسی در:
http://www.bidaran.net/spip.php?article25

نامه جعفر بهکیش به خاتمی در سال ۱۳۷۶ برای محاکمه علنی مسئولان اعدام‌های دهه ۶۰ و قتل عام تابستان ۱۳۶۷ و حضور نمایندگان خانواده‌های اعدام‌شدگان به عنوان شاکی در این دادگاه،[۱۰۵] نامه شماری از خانواده‌ها در ۳۰ بهمن ۱۳۸۱به هیئت گزارشگران کمیسیون حقوق بشر برای وادار کردن حکومت ایران به پاسخ‌گویی[۱۰۶] و نامه سرگشاده شماری از خانواده‌ها در اسفند ۱۳۸۷ که خواهان «پیگرد و محاکمه مسببین کشتارهای دهه شصت، به ویژه اعدام‌های دسته‌جمعی سال ۶۷ بودند[۱۰۷] از دیگر نمونه‌های پافشاری خانواده‌ها برای اجرای عدالت در رابطه با کشتارهای دهه ۶۰ است.

در شرایطی که هیچ‌کدام از این درخواست‌های خانواده‌ها برای محاکمه عادلانه عاملان و آمران اعدام‌ها نتیجه‌بخش نبوده و منجر به برداشتن گامی هرچند کوچک از سوی حاکمیت در مسیر دادرسی عادلانه نشده، شماری از جان به‌در بردگان کشتارهای دهه ۶۰ و خانواده‌های اعدام‌شدگان در همکاری با فعالان سیاسی و حقوق‌دانان ایرانی و بین‌المللی اقدام به برگزاری دادگاه مردمی بین‌المللی موسوم به ایران تریبونال کردند. این دادگاه از پاییز ۱۳۸۶ آغاز به کار کرد و پس از برگزاری دو جلسه در لندن و لاهه طی حکمی بر مبنای گزارش کمیسیون حقیقت یاب و شهادت ۱۰۰ نفر از خانواده‌های اعدام‌شدگان و بازماندگان اعدام‌ها، جمهوری اسلامی ایران را در رابطه با اعدام‌های دهه ۶۰ به «ارتکاب به جنایت علیه بشریت» محکوم کرد.[۱۰۸]

این حکم ضمانت اجرایی و قابلیت پیگیری حقوقی ندارد و تلاشی برای مستند کردن ادعاها و شواهدی بود که در هیچ محکمه قضایی ثبت نشده است، اما تلاش خانواده‌ها برای برخورداری از عدالت همچنان ادامه دارد و از هر فرصتی برای محقق کردن این مطالبه استفاده می‌کنند. چنانکه مادران خاوران در هنگام دریافت جایزه گوانگجو با تاکید بر خواسته خود برای برگزاری دادگاهی عادلانه، اعلام کردند:

---

[۱۰۵] جعفر بهکیش، خاوران، دوم خرداد ۷۶ و دهمین سالگرد قتل عام تابستان ۶۷، وبلاگ من از یادت نمی‌کاهم، ۱۷ آذر ۱۳۸۷، قابل دسترسی در:
http://jafar-behkish.blogspot.co.uk/2008/12/76-67.html

[۱۰۶] شکایت نامه‌های خانواده های زندانیان اعدامی ۱۳۶۷ – ۱۳۸۲، تارنمای بیداران، ۱۰ مهر ۱۳۸۲، قابل دسترسی در: http://www.bidaran.net/spip.php?article25

[۱۰۷] نامه سرگشاده تعدادی از خانواده‌های اعدام شدگان دهه شصت، تارنمای گویا نیوز، ۲۹ اسفند ۱۳۸۷ ، قابل دسترسی در:
http://news.gooya.com/politics/archives/2009/03/085328.php

[۱۰۸] ن.ک.ب تارنمای ایران تربیونال، قابل دسترسی در:
http://www.irantribunal.com/index.php/2012-12-29-14-44-05

«ما به دنبال خون‌خواهی نیستیم و با کشته شدن حتی قاتلان فرزندان‌مان مخالفیم، ولی می‌خواهیم که مسئولان این جنایت‌ها شناسایی و در دادگاهی عادلانه و علنی و مردمی محاکمه شوند و چرایی و چگونگی این اعدام‌ها برای ما و همه مردم ایران روشن شود تا شاید بتوانیم به این وسیله از تکرار جنایت جلوگیری کنیم.»[۱۰۹]

مخالفت با هرگونه مجازات خشونت‌آمیز عاملان و آمران اعدام‌ها یکی از مهم‌ترین فصل مشترک‌های مطالبات دادخواهانه خانواده اعدام‌شدگان است و بسیاری از خانواده‌ها در حالی که به شدت دنبال اجرای عدالت هستند به صراحت می‌گویند که خواهان اعدام عاملان و آمران کشتارهای دهه نیستند. سحر محمدی می‌گوید:

> من نه به دنبال حکم اعدام برای قاتلین خانواده‌ام هستم و نه به دنبال انتقام و شکنجه وخون‌خواهی. من خواهان دادخواهی هستم. خواهان این هستم که دادگاه‌های مردمی برگزار شوند و عاملین و آمرین اعدام‌ها شناسایی شده و در دادگاه مسئولیت بپذیرند. جنایات جمهوری اسلامی را نه فراموش می‌کنم نه می‌بخشم، ولی نه از سر کینه‌توزی بلکه به این دلیل که عمیقاً به برقراری عدالت در حق به خون‌خفتگان خاوران‌ها اعتقاد دارم و در مقابل نسل‌های آینده احساس مسئولیت می‌کنم. من و امثال من باید با بازگویی آنچه که بر ما گذشته و بلایی که جمهوری اسلامی بر سر ما آورد از تحریف تاریخ جلوگیری کنیم و نگذاریم یک نسل دیگر قربانی همان سیستم فکری و حکومتی شود که خاوران و خاوران‌ها را بر پا کرد.[۱۱۰]

مادران پارک لاله[۱۱۱] نیز در کتابی که با عنوان «مفاهیم دادخواهی به زبان ساده» منتشر کرده‌اند با تاکید بر اینکه بسیاری از خانواده‌ها و دادخواهان که خواهان محاکمه و مجازات آمران و عاملان جنایت‌های دولتی هستند، با خون‌خواهی و مجازات اعدام مخالف‌اند، نوشته‌اند: «افرادی که دنبال خون‌خواهی هستند، مجازات اعدام را مجازاتی لازم و ضروری برای اجرای عدالت می‌دانند. ولی افرادی که با

---

[۱۰۹] پیام مادران خاوران هنگام دریافت جایزه گوانگجو، تارنمای عدالت برای ایران، ۲۸ اردیبهشت ۱۳۹۳ ، قابل دسترسی در:
http://justice4iran.org/persian/publication/articles/mothers-of-khavaran-gwangju-award/

[۱۱۰] شهادت سحر محمدی،عدالت برای ایران، بهمن ۱۳۹۳

[۱۱۱] مادران پارک لاله، از تیر ۱۳۸۸با فراخوان تعدادی از زنان دادخواه در اعتراض به کشتن و مجروح و زندانی کردن افرادی که در اعتراضات پس از انتخابات ریاست جمهوری به خیابان آمده بودند، شکل گرفت. «محاکمه و مجازات آمران و عاملان همه جنایت‌های صورت گرفته در جمهوری اسلامی» یکی از خواسته‌های مادران پارک لاله است.

مجازات اعدام و خون‌خواهی مخالف‌اند، می‌گویند با مجازات اعدام خشونت بازتولید می‌شود و عوامل جرم و جنایت نیز شناسایی نمی‌شوند.»[۱۱۲]

علاوه بر این بسیاری از خانواده‌ها می‌گویند که تلاش‌شان برای دادخواهی یک مسئله شخصی نیست و به دلیل نسبت خانوادگی با اعدام‌شدگان نیست که پیگیر برپایی محاکمه عادلانه هستند. آیدین اخوان معتقد است مدعی اعدام‌های دهه ۶۰ باید کل مردم ایران باشند و لازم است یک خواست عمومی برای دادخواهی از طرف مردم انجام شود. او می‌گوید: «من این قضیه را در چارچوب یک فضای سیاسی بزرگ‌تر می‌بینم و به نظرم نمی‌شود این اعدام‌ها را به حقوق شخصی افراد تقلیل داد و این‌گونه پیگیری‌اش کرد. اعدام زندانیان سیاسی در دهه ۶۰ یک مسئله سیاسی عمده در تاریخ ایران است و پیگیری‌اش هم لزوماً مثل هر مسئله اجتماعی دیگری، از چنین مسیری میسر است. راه پیگیری چنین مسئله عظیمی در واقع فقط پای میز محاکمه کشاندن نیری و پورمحمدی و خامنه‌ای نیست و مسئله جدی‌تر از این است. در واقع یک سیستم این کار را کرده نه یک فرد.»[۱۱۳]

با وجود آن‌که جمهوری اسلامی ایران هنوز قدمی حتی کوچک برای تحقق عدالت در رابطه با اعدام‌های ۶۰ برنداشته، بسیاری از خانواده‌ها و به‌ویژه مادران اعدام‌شدگان همچنان چشم‌انتظار تحقق عدالت و محاکمه عاملان و آمران اعدام‌ها هستند.

منصوره بهکیش یکی از کسانی است که بر دادخواهی اصرار دارد و به گفته خودش روز به روز نیز مصمم‌تر می‌شود. او می‌گوید:

من واقعاً آرزوی چنین روزی را دارم. روزی که دادگاهی تشکیل شود، دادگاهی واقعی و عادلانه که همهٔ مسئولان جنایت‌ها پاسخگو باشند و مجازاتی متناسب با جرمی که مرتکب شده‌اند، برایشان در نظر گرفته شود. روزی که دیگر جنایت تکرار نشود، اینقدر تبعیض و بی‌عدالتی نباشد و همه بتوانیم در محیطی امن و آزادانه زندگی کنیم. مادر من نیز برای چنین روزی زنده است، الان نود و یک سالش است و به این امید زنده است که روزی در دادگاه بنشیند و این‌ها در جلویش بایستند و پاسخ دهند.»[۱۱۴]

---

[۱۱۲] مفاهیم دادخواهی به زبان ساده و مروری بر فعالیت‌های دادخواهانه، مادران پارک لاله، انتشارات خاوران، ۱۳۹۳، ص ۴۴

[۱۱۳] شهادت آیدین اخوان، عدالت برای ایران، بهمن ۱۳۹۳

[۱۱۴] شهادت منصوره بهکیش، عدالت برای ایران، اسفند ۱۳۹۳

به گفته پروانه میلانی، مادر[۱۱۵] او نیز که فروردین ۱۳۹۳ درگذشت تا لحظه آخر منتظر دادخواهی بود: «هربار که به دیدنش می‌رفتم می‌گفت پروانه بیرون چه خبر؟ یعنی مادر من در انتظار مرد.»[۱۱۶]

۳. حق جبران خسارت و برخورداری از اقدامات ترمیمی

از جمله حقوق قربانیان نقض گسترده و فاحش حقوق بشر که در بسیاری از اسناد بین‌المللی بر آن تاکید شده است، اقدامات ترمیمی برای بازگرداندن قربانیان به وضعیت پیش از وقوع نقض فاحش و آشکار حقوق بشر است. از آنجایی که در مواردی همچون اعدام زندانیان سیاسی یا ناپدیدشدن برای سال‌های طولانی که دیگر زنده بودن فرد بعید است، امکان بازگرداندن قربانیان به وضعیت پیش وجود ندارد، اقدامات ترمیمی می‌توانند معطوف به جلب رضایت خانواده اعدام‌شدگان، جبران بخشی از صدمات وارد شده به خانواده‌ها و تضمین عدم تکرار جنایاتی همچون اعدام گسترده و دسته‌جمعی زندانیان سیاسی باشند. ماده هشت اعلامیه جهانی حقوق بشر، ماده دو میثاق بین‌المللی حقوق مدنی و سیاسی و ماده ۷ اعلامیه حذف کلیه اشکال تبعیض نژادی از جمله اسناد بین‌المللی هستند که بر حق اشخاص برای جبران خسارت و اقدامات ترمیمی تصریح کرده‌اند.

با این حال اولین سندی که به طور خاص بر حق جبران خسارت قربانیان و احقاق حق آنها پرداخته، «اصول اساسی احقاق حق» مصوب مجمع عمومی سازمان ملل است. بر اساس اصل ۲ این سند کشورها موظفند بر اساس الزامات بین‌المللی خود امکان احقاق حق کافی، کارآمد، سریع و مناسب را که شامل اقدامات ترمیمی برای قربانیان است را تضمین کنند.[۱۱۷]

---

[۱۱۵] منور ایلی‌پور، مادر رحیم میلانی یکی از مادرانی بود که از سال ۱۳۶۰ پس از اعدام پسرش برای دادخواهی و زنده نگهداشتن یاد اعدام‌شدگان تلاش می‌کرد. او دهم فروردین ۱۳۹۳ درگذشت و در بهشت‌زهرای تهران به خاک سپرده شد. ن.ک.ب. زندگینامه مادر میلانی، ایران تریبونال، قابل دسترسی در:
http://www.irantribunal.com/images/PDF/Madar-Milani-Bio.pdf

[۱۱۶] شهادت پروانه میلانی، عدالت برای ایران، اردیبهشت ۱۳۹۳

[117] "Basic Principles and Guidelines on the Right to a Remedy and Reparation for Victims of Gross Violations of International Human Rights Law and Serious Violations of

اصل ۳۲ «مجموعه اصول به روز شده» مصوب شورای اقتصادی- اجتماعی سازمان ملل متحد از دیگر اسنادی است که به صراحت بر دسترسی سریع و موثر قربانیان نقض حقوق بشر به جبران خسارت تاکید کرده است.[۱۱۸] باید توجه داشت که حق جبران خسارت قربانیان فقط پرداخت غرامت نیست و طیف وسیعی از اقدامات ترمیمی از ابطال قوانین داخلی مغایر با حقوق بشر تا اعلام محکومیت عاملان موارد نقض حقوق بشر را در برمی‌گیرد.[۱۱۹]

اصل ۱۱ «اعلامیه اصول بنیادین عدالت برای قربانیان جنایت و سوءاستفاده از قدرت» دولت را مسئول جبران خسارتی که از سوی کارمندان و ماموران ناقض حقوق بشر می‌داند و تاکید می‌کند که در صورت برکناری دولتی که خسارت وارده تحت حاکمیت او انجام گرفته، قدرت حاکمه و یا دولت جانشین در آن کشور، مسئول جبران خسارت است. بر این اساس حتی اگر حاکمان فعلی مسئولیتی در نقض حقوق بشری که رخ داده، نداشته باشند، همچنان مسئول رسیدگی به آن و محاکمه عاملانش هستند.[۱۲۰] اصل ۳۱ «مجموعه اصول به‌روز شده برای حمایت و ترویج حقوق بشر از طریق اقدام برای مبارزه با مصونیت خاطیان» (که در این گزارش از آن با نام «مجموعه اصول به‌روز شده» یاد می‌کنیم) نیز از دیگر اسناد بین‌المللی است که دولت را موظف به جبران خسارت در رابطه با نقض حقوق‌بشر می‌داند.[۱۲۱]

از دیگر اسناد ناظر بر حق جبران خسارت قربانیان، کنوانسیون ناپدید شدن اجباری است. در ماده ۲۴ این کنوانسیون آمده است: «هرکشور باید در نظام قضایی خود تضمین کند که قربانیان ناپدید شدن اجباری حق داشته باشند غرامت و خسارت فوری، عادلانه و کافی بگیرند. حق گرفتن غرامت، خسارت‌های مادی و روانی و در صورت اقتضا سایر اشکال غرامت مانند جبران خسارت، بازپروری، جلب رضایت از جمله اعاده حیثیت و آبرو و همچنین ضمانت‌هایی مبنی بر عدم تکرار را شامل می‌شود.»[۱۲۲]

International Humanitarian Law", Adopted and proclaimed by General Assembly resolution 60/147 of 16 December 2005.

[118] Commission on Human Rights, Updated Set of Principles for the Protection and Promotion of Human Rights through Action to Combat Impunity, UN Doc. E/CN4/2005/102/Add 1, 8 February 2005 (prepared by Diane Orentlicher), Definitions.

[۱۱۹] برای مطالعه بیشتر ن.ک.ب محمدحسین رمضانی قوام آبادی، مهین سبحانی، برنامه‌های جبران خسارت جامع انتقالی، فصلنامه سیاست جهانی، دوره۲، شماره ۱، بهار ۱۳۹۲، صفحه ۱۵۱-۱۱۷، قابل دسترسی در:
http://interpolitics.guilan.ac.ir/article_744_199.html

[120] General Assembly, *Declaration of Basic Principles of Justice for Victims of Crime and Abuse of Power*, A/Res 40/34, 29 November 1985.

[121] Commission on Human Rights, Updated Set of Principles for the Protection and Promotion of Human Rights through Action to Combat Impunity, UN Doc. E/CN4/2005/102/Add 1, 8 February 2005 (prepared by Diane Orentlicher), Definitions.

[122] International Convention for the protection of All persons from Enforced Disappearance (2006)

همگام با این اسناد بین‌المللی خانواده اعدام‌شدگان دهه ۶۰ نیز دولت را موظف به «احقاق حقوق تضییع شده زندانیان سیاسی و اعدام‌شدگان به دلایل سیاسی و اعتقادی و وابستگان آنان» می‌دانند. چنانکه جعفر بهکیش در نامه به محمد خاتمی، رئیس جمهوری وقت ایران نوشته بود: «در راستای پیگیری قانونی اعدام‌های دهه ۶۰ و قتل عام تابستان ۱۳۶۷: از کلیه اعدام‌شدگان سال ۱۳۶۷ اعاده حیثیت گردیده و صدمات وارده جبران گردد. گرچه جبران کامل امری غیر ممکن است. محل دفن اعدام‌شدگان به عنوان آرامگاه قربانیان جنایت کشتار جمعی (ژنوساید) شناخته شوند.»[۱۲۳]

الف- جلب رضایت

«جلب رضایت»[۱۲۴] قربانیان بخش مهمی از اقدامات ترمیمی است که باید از سوی دولت‌ها مورد توجه قرار گیرد. بر اساس «اصول اساسی احقاق حق»، از جمله مواردی که باید در این خصوص انجام شوند، عبارت است از: اتخاذ موازین موثر در توقف نقض مستمر، تحقیق و تفحص در مورد واقعه و انتشار واقعیت به طور کامل و در سطح عمومی، تحقیقات دربارهٔ وضعیت اجساد کشته شدگان، تشخیص هویت اجساد و تدفین دوباره کشته‌شدگان بر اساس آدابی که وصیت کرده‌اند یا بر اساس فرهنگ خانواده و جامعه‌ای که به آن تعلق دارند و اعاده حیثیت و اعتبار قربانیان. پوزش علنی شامل اعلام صحیح واقعه و پذیرش مسئولیت، مجازات کیفری و اداری افراد مسئول، بزرگداشت و یادبود قربانیان، وارد شدن اطلاعات مربوط به جرائم ارتکابی در مواد آموزشی در تمامی سطوح از دیگر اقدامات ترمیمی در راستای جلب رضایت قربانیان است که در این سند بین‌المللی بر آن تاکید شده است.[۱۲۵]

با این حال جمهوری اسلامی ایران طی بیش از سه دهه گذشته نه تنها انجام اقدامات ترمیمی برای خانواده‌های اعدام‌شدگان به عنوان قربانیان نقض آشکار و فاحش حقوق بشر را در دستور کار قرار نداده، بلکه با بی‌توجهی به هرگونه جبران خسارت و ترمیم صدمات وارد شده بر آنها به پروسه نقض حقوق بدیهی خانواده‌ها ادامه می‌دهد.

---

[۱۲۳] جعفر بهکیش، خاوران، دوم خرداد ۷۶ و دهمین سالگرد قتل عام تابستان ۶۷، وبلاگ من از یادت نمی‌کاهم، ۱۷ آذر ۱۳۸۷ ، قابل دسترسی در:
http://jafar-behkish.blogspot.co.uk/2008/12/76-67.html

[124] *Satisfaction*

[125] Basic Principles and Guidelines on the Right to a Remedy and Reparation for Victims of Gross Violations of International Human Rights Law and Serious Violations of International Humanitarian Law, Adopted and proclaimed by General Assembly resolution 60/147 of 16 December 2005. Para 22

یکی از نزدیکان ربرت پاپازیان، از اعدام‌شدگان سال‌های نخست دهه ۶۰ در اهمیت به رسمیت شناختن جنایتی که رخ داده می‌گوید:

آن‌قدر این مسئله اعدام‌ها قرون وسطایی و وحشیانه و خارج از مدنیت بوده که نمی‌دانم چطور می‌شود با آن مواجه شد. این‌ها بهترین نسلی بودند که ۲۵-۳۰ سال طول کشید در آن دوران آخر شاه به وجود بیایند، بعد آمدند بهترین نسلی که در صد سال اخیر ایران به وجود آمده بود، از بین بردند. هیچ چیزی نمی‌تواند فقدان نسلی را که این‌ها از بین بردند و تاثیری که این نسل می‌توانست در ساختن کشور داشته باشد، برگرداند. چیزی که الان می‌خواهم این است که اتفاقی را که افتاده قبول کنند، این مسئله به رسمیت شناخته شود و قبول کنند که اشتباه کرده‌اند. من نمی‌دانم اجرا شدن عدالت یعنی چی. من زیاد برایم مشخص نیست بعد از این همه سال چطور می‌شود عدالت را دربارهٔ آن اعدام‌ها اجرا کرد. ولی به هر حال اگر ارزش این بچه‌هایی که از بین رفتند یک جوری شناخته شود، یک رضایت خاطری در ما ایجاد می‌شود.[۱۲۶]

۱. حق قربانیان برای تحقیق دربارهٔ پیکر کشته‌شدگان و داشتن محل دفن مشخص و محترمانه

اصل ۲۲ «اصول اساسی احقاق حق» تحقیقات دربارهٔ وضعیت اجساد کشته‌شدگان، تشخیص هویت اجساد و تدفین دوباره کشته‌شدگان بر اساس آدابی که وصیت کرده‌اند یا بر اساس فرهنگ خانواده و جامعه‌ای که به آن تعلق دارند را یکی از مواردی می‌داند که دولت باید در راستای جلب رضایت خانواده کشته‌شدگان انجام دهد.[۱۲۷]

در ایران اما نه تنها خانواده اعدام‌شدگان دهه ۶۰ و به‌ویژه اعدام‌شدگان تابستان ۱۳۶۷ از داشتن حداقل اطلاعات در رابطه با محل دفن عزیزان‌شان و چگونگی خاکسپاری آنان محروم هستند، بلکه هرگونه نشانه‌گذاری برای قبرهای

---

[۱۲۶] شهادت یکی از نزدیکان ربرت پاپازیان، عدالت برای ایران (نام مصاحبه شونده نزد عدالت برای ایران محفوظ است)

[127] Basic Principles and Guidelines on the Right to a Remedy and Reparation for Victims of Gross Violations of International Human Rights Law and Serious Violations of International Humanitarian Law, Adopted and proclaimed by General Assembly resolution 60/147 of 16 December 2005.

احتمالی نیز از سوی ماموران حکومتی از بین برده می‌شود. سایر حقوق خانواده‌ها در این زمینه هیچ‌گاه مورد توجه قرار نگرفته و اعتراض آنها به مقامات مسئول در رابطه با نقض این حقوق نیز تا کنون بی نتیجه مانده است. این شرایط مختص زندانیان طیف چپ اعدام شده در تهران نیست و زندانیان مجاهد و زندانیانی که در شهرهای مختلف ایران اعدام شدند نیز یا در گورهای بی‌نام و نشان و مخفی به خاک سپرده شده‌اند[۱۲۸] و یا در بخش متروکی از گورستان‌های عمومی بدون سنگ قبر یا سنگ قبری که بارها و بارها شکسته شده است.[۱۲۹]

قطعه ۹۳ بهشت‌زهرا، گورهای بدون سنگ و نام و نشانی که محل دفن بسیاری از اعضا و هواداران سازمان مجاهدین در دهه ۶۰ است.

در تمامی سال‌های دهه ۶۰ و پس از آن، خانواده‌هایی که بر اساس اطلاعات اندک رسمی یا حدس و گمان‌های خودشان خاوران را به عنوان محل دفن عزیزان‌شان پذیرفته‌اند، همواره از هرگونه نشانه‌گذاری و یادبود روی قبرها یا محل‌هایی که احتمال می‌دهند، محل دفن بستگان‌شان باشد، منع می‌شوند. خاوران محوطه‌ای یکپارچه خاک و کلوخ است که دورتادورش میله‌های آهنین کشیده شده و در چند گوشه آن چند قبر متعلق به اعدام شدگان سال‌های نخست دهه ۶۰ قرار دارد. خانواده‌ها اجازه گذاشتن سنگ قبر و یا کاشتن درخت را ندارند و محل احتمالی قبرها را با تکه‌ای آجر سنگ‌چین یا شن‌های رنگی نشانه‌گزاری می‌کنند.[۱۳۰]

---

[۱۲۸] شهادت فتحیه زرکش، عدالت برای ایران، مهر ۱۳۹۳

[۱۲۹] شهادت ندا (نام مستعار)، عدالت برای ایران، مهر ۱۳۹۳ (نام و مشخصات شاهد نزد عدالت برای ایران محفوظ است.)

[۱۳۰] شهادت خاطره معینی، عدالت برای ایران، آبان ۱۳۹۱

سنگ قبرهایی که در سال‌های اخیر در خاوران دیده می‌شود و بارها از سوی ماموران و افراد ناشناس شکسته شده، پس از سال ۱۳۷۶ در خاوران گذاشته شده‌اند. فریده امیرشکاری می‌گوید: «قبل از ۱۳۷۶ که خاتمی رئیس جمهور شد ما هیچ کدام سنگ قبر نداشتیم. هر کسی با یک سنگ کوچکی و با علامت کوچکی برای خودش مشخص کرده بود که این جا قبر است و روی آن ردیف و شماره‌ای هم که می‌دادند ما مثلاً با متر اندازه گرفته بودیم و می‌دانستیم که آن محدوده قبر عزیزمان است. با یک چیزی برای خودمان مشخص کرده بودیم چون اجازه کار دیگری را به ما نمی‌دادند. شش، هفت ماه بعد از اینکه خاتمی رئیس جمهور شد و دیگر پلیس [به خاوران] نمی‌آمد، برخی از خانواده‌ها سنگ گذاشتند و خیلی از خانواده‌ها هم به عنوان اعتراض سنگ نگذاشتند.»[۱۳۱]

سنگ‌قبرهای شکسته اعدام‌شدگانی که در خاوران دفن هستند و محل احتمالی دفن آنها به خانواده‌ها اعلام شده است

با این حال تمامی اعدام‌شدگان طیف چپ نیز در خاوران دفن نشده‌اند و به خانوادهٔ برخی از افرادی که در تهران بین سال‌های ۱۳۶۰ تا ۱۳۶۷ اعدام شدند گفته شده که در گورستان بهشت زهرا به خاک سپرده شده‌اند با اینکه همان‌طور که گفته شد، اسامی و محل دفن آنان در وب‌سایت بهشت زهرا، قابل مشاهده نیست.[۱۳۲] با اینکه در ابتدا به خانوادهٔ برخی از این افراد که در قطعه‌های مختلف[۱۳۳] دفن شده‌اند، اجازه گذاشتن سنگ قبر داده شده اما سنگ‌قبرها به طور مرتب شکسته می‌شوند و در حال حاضر اغلب آنها بدون سنگ قبر یا با سنگ قبرهای

---

۱۳۱ شهادت فریده امیرشکاری، عدالت برای ایران، بهمن ۱۳۹۳

۱۳۲ درباره خاوران مجازی، تارنمای بیداران، ۲۲ اردیبهشت ۱۳۸۹، قابل دسترسی در:
http://www.bidaran.net/spip.php?article270

۱۳۳ شهادت عفت ماهباز، عدالت برای ایران، مهر ۱۳۹۳

قبرهای شکسته هستند.[۱۳۴] منصوره بهکیش می‌گوید برادرش محسن که از هواداران فداییان اقلیت بود در اردیبهشت ۱۳۶۴ در زندان اوین اعدام شد و محل دفن او قطعه ۹۹ بهشت زهرا است ولی تا کنون چندین بار سنگ قبر او را شکسته‌اند.[۱۳۵]

پس از اعدام دسته‌جمعی هزاران زندانی سیاسی در سال ۱۳۶۷ شیوه برخورد با خانواده‌ها برای دادن محل دفن و همچنین نحوه دفن اعدام‌شدگان نیز تغییر کرد. خانواده‌های اعدام‌شدگان سال ۶۷ می‌گویند که «هیچ اطلاعاتی» دربارهٔ محل دفن بستگان‌شان به آنها داده نشده و تمامی حدس و گمان‌ها بر اساس کنار هم گذاشتن قطعات مختلف شواهدی است که از گوشه و کنار به دست آمده است.

کشف گورهای دسته‌جمعی اعدام‌شدگان که به صورت تلنبار شده روی هم، بدون کفن شدن، و در حالی که هنوز لباس بر تن داشتند، به بخشی از سردرگمی آنها در رابطه با محل دفن اعدام‌شدگان پاسخ داد. اما مشاهده شیوه دفن دسته‌جمعی و غیرانسانی آنها و مواجه خانواده‌ها با پیکر تکه تکه و از خاک بیرون زده شده عزیزان‌شان رنجی عمیق را بر آنان تحمیل کرد به گونه‌ای که با گذشت بیش از ۲۷ سال از کشتارهای ۱۳۶۷ کشف این گورهای دسته‌جمعی همچنان یکی از تلخ‌ترین خاطرات خانواده‌ها در هنگام روایت از دست دادن عزیزان‌شان است. خاطره معینی مواجهه‌اش با گورهای دسته جمعی و دیدن اجساد و لباس‌های اعدام شدگان در اطراف کانال‌ها را این‌گونه روایت می‌کند:

> خیلی خیلی وحشتناک بود... من بیش‌تر صحنه‌هایی که دیده‌ام یادم است. آوردنمان کنار دیوار و ردیف‌مان کردند یک سری از خانواده‌هایی که از بیرون می‌آمدند را هم قبل از اینکه اصلاً چیزی ببینند، می‌آورند می‌گذاشتند [کنار ما] و ما داشتیم برای‌شان تعریف می‌کردیم که ببینید چه کرده‌اند. یادم است تا دم در که آمدیم، مادرم چادرش را در آورد و روسری و بلوز و دامن تنش بود، چادرش را در آورد و گفت خاطره تا این‌ها حواس‌شان نیست این را ببر بینداز آنجا [روی اجسادی که بخشی‌شان از زیر خاک بیرون زده بود]. چیزی که خیلی آزاردهنده بود، یکی دیدن آن کلاغ‌ها بود. شاید کسی نمی‌تواند تصورش را بکند، من الان هم از صدای کلاغ بدم می‌آید، نمی‌توانم تحمل کنم. اینکه تو احساس کنی که این بچه‌ها را گذاشته‌اند آنجا به این شکل و تو نمی‌توانی هیچ کاری کنی و حتی نگذاشتند ما دفن کنیم. آن بچه‌ها که سری اول رفته بودند [از اجساد

---

[۱۳۴] م. رها، گلزار خاوران، تارنمای بنیاد برومند، ۱۲ دی ۱۳۷۵

[۱۳۵] شهادت منصوره بهکیش، عدالت برای ایران، اسفند ۱۳۹۳

اعدام شده‌ها در کانال‌ها] عکس گرفته بودند خیلی آزار دیده بودند و یکی از بچه‌ها تا مدت‌ها تحت معالجه بود و از لحاظ روانی مشکل پیدا کرده بود. من خودم زمانی که فکر می‌کردم چیزی که مادرم می‌گوید درست است و [آن جسدی که بخشی‌اش از زیر خاک بیرون زده بود] هبت [برادرم] است، اصلاً نمی‌توانستم ادامه بدهم. الان بعد از این همه سال، من خودم هم برای همین تراپی گرفته‌ام، هنوز هم کابوس شبانه‌ام این است. من هنوز باغچه و جایی که چیزی می‌خواهم بکارم نمی‌توانم زمین را با دستم بکنم یعنی قطعاً از وسیله‌ای کمک می‌گیرم و امکان ندارد که یادم به آن صحنه نیفتد.[۱۳۶]

گلباران یکی از کانال‌هایی که محل دفن دسته‌جمعی اعدام‌شدگان در خاوران است.

در معدود مواردی نیز که خانواده زندانیان چپ توانسته‌اند با پیگیری بسیار و دادن رشوه به ماموران و مقامات ذی‌نفوذ، پیکر عزیزان‌شان را تحویل گرفته و خودشان مراسم کفن و دفن را برعهده بگیرند، نیز این کار به صورت مخفیانه و بدون رعایت آداب مرسوم انجام شده است. خانواده رستم بهمنی[۱۳۷]، که در سال ۱۳۶۱ در زندان اوین تهران اعدام شده یکی از استثناهایی هستند که موفق شدند پیکر او را تحویل گرفته و با حضور چند نفر از بستگان نزدیک شبانه و بدون نصب سنگ قبر در آرامگاه خانوادگی‌شان در بهشت زهرا دفن کنند. رستم بهمنی، زرتشتی بود و وصیت کرده بود که در گورستان زرتشتی‌ها دفن شود اما در پی مخالفت مسئولان زندان با این خواسته او، خانواده‌اش پیکر او را به صورت موقت در بهشت زهرا دفن کردند. در حالی‌که تدفین دوباره کشته‌شدگان بر اساس آدابی که

---

[۱۳۶] شهادت خاطره معینی، عدالت برای ایران، آبان ۱۳۹۱

[۱۳۷] رستم بهمنی، متولد سال ۱۳۱۸ از زندانیان سیاسی در رژیم شاه بود که بهمن ۱۳۵۷ از زندان آزاد شد. او که از موسسان گروه هوادار سازمان زحمتکشان کردستان ایران (کومه‌له) بود، شهریور ۱۳۶۰ در تهران در هنگام رفتن به محل کار بازداشت شد و ۲ بهمن ۱۳۶۱ در زندان اوین تیرباران شد. ن.ک.ب: یک سرگذشت: رستم بهمنی، تارنمای بنیاد برومند، قابل دسترسی در:
https://www.iranrights.org/fa/memorial/story/-4831/rostam-bahmani

وصیت کرده‌اند یا براساس فرهنگ خانواده و جامعه‌ای که به آن تعلق دارند را یکی از مواردی است که دولت باید در راستای جلب رضایت خانواده کشته‌شدگان انجام دهد.[۱۳۸] اما هیچ‌گاه با این خواسته خانواده موافقت نشد و تلاش خانوادهٔ رستم بهمنی برای انتقال پیکر به گورستان زرتشیان در سال ۱۳۹۲ نیز با مخالفت نیروهای امنیتی مواجه شد.[۱۳۹] عدالت برای ایران در تحقیقاتی که انجام داده هیچ مورد دیگری نیافته که به خانواده زندانیان طیف چپ که در تهران اعدام شده‌اند اجازه دفن بستگان‌شان داده شده باشد.[۱۴۰]

در طی بیش از سه دههٔ گذشته خانواده‌ها بارها خواسته‌های خود در رابطه با تعیین وضعیت اجساد اعدام‌شدگان و محل دفن آنها را با مقامات مسئول داخلی در میان گذاشته‌اند[۱۴۱] و همچنین از مقامات بین‌المللی خواسته‌اند که پیگیر این موضوع باشند.[۱۴۲] مقامات و نهادهای مسئول نه تنها پاسخی به این خواسته‌ها نداده‌اند بلکه بارها دست به تخریب خاوران زده و در پی تغییر کاربری آن بوده‌اند. در سال‌های نخست دهه ۶۰ اغلب قبرها به صورت کپه‌های خاک بدون سنگ قبر و مشخصات بود و به هر خانواده‌ای آدرس یکی از این کپه‌های خاک را داده بودند، اما هر از چندگاه همین کپه‌های خاک نیز از سوی ماموران تخریب می‌شد. از بین بردن گل و گیاه‌هایی که مادران و خانواده‌ها در زمین بایر خاوران می‌کاشتند و شکستن سنگ قبر و نشانه‌هایی که بر سرگورها بود، در سال‌های نخست دهه ۶۰ بارها و بارها تکرار شد.

سحر محمدی تخریب خاوران در آن سال‌ها را این‌گونه روایت می‌کند:

---

[138] Basic Principles and Guidelines on the Right to a Remedy and Reparation for Victims of Gross Violations of International Human Rights Law and Serious Violations of International Humanitarian Law, Adopted and proclaimed by General Assembly resolution 60/147 of 16 December 2005, Access online at:
http://www.ohchr.org/EN/ProfessionalInterest/Pages/RemedyAndReparation.aspx

[۱۳۹] شهادت فریده دیزجی، عدالت برای ایران، اسفند ۱۳۹۳

[۱۴۰] همچنین ن.ک.ب: پیام مادران خاوران در مراسم اهدای جایزه گوانگجو، ۲۸ اردیبهشت ۱۳۹۳، تارنمای عدالت برای ایران، قابل دسترسی در:
http://justice4iran.org/persian/publication/articles/mothers-of-khavaran-gwangju-award-/

[۱۴۱] ن.ک.ب: نامه جعفر بهکیش به محمد خاتمی در سال ۱۳۷۶، منتشر شده در: جعفر بهکیش، خاوران، دوم خرداد ۷۶ و دهمین سالگرد قتل عام تابستان ۶۷، وبلاگ من از یادت نمی‌کاهم، ۱۷ آذر ۱۳۸۷، قابل دسترسی در:
http://jafar-behkish.blogspot.co.uk/2008/12/76-67.html

[۱۴۲] ن.ک.ب: نامه شماری از خانواده‌های اعدام‌شدگان به هیئت گزارشگران کمیسیون حقوق بشر سازمان ملل متحد در سال ۱۳۸۱، منتشر شده در: شکایت نامه‌های خانواده‌های زندانیان اعدامی ۱۳۶۷ – ۱۳۸۲، تارنمای بیداران، ۱۰ مهر ۱۳۸۲، قابل دسترسی در:
http://www.bidaran.net/spip.php?article25

همان سال‌های اول دهه ۶۰ در یکی از دفعاتی که به خاوران رفتیم، دیدیم کپه‌های خاک روی قبرها را صاف کرده‌اند. با بولدوزر می‌آمدند، رد می‌شدند و کپه‌های خاک را کاملاً صاف می‌کردند. اینطور شد که آن نیم‌چه آدرسی هم که به عنوان محل دفن داده بودند، دیگر وجود نداشت. هربار پس از اینکه کپه‌های خاک را که نشان قبرها بود صاف می‌کردند، خانواده‌ها می‌آمدند و در آن‌جایی که حدس می‌زدند که محل دفن عزیزشان است خاک می‌ریختند، کپه درست می‌کردند و به رویش گل می‌گذاشتند. پس از مدتی دیگر خانواده‌ها کپه درست نمی‌کردند و فقط گل می‌گذاشتند، چراکه فایده‌ای نداشت، چون ماموران شبانه می‌آمدند و خاک را دوباره صاف می‌کردند. ما این موضوع را چند بار تجربه کردیم و بارها از دیگر خانواده‌ها شنیدیم که کپه گذاشته‌اند و ماموران صافش کرده‌اند.[۱۴۳]

پس از اعدام‌های دسته‌جمعی سال ۱۳۶۷ و حضور پرتعدادتر خانواده‌ها در خاوران، تلاش‌های حکومت برای تخریب خاوران و از بین بردن هرگونه نام و نشانی از محل دفن اعدام‌شدگان نیز شدت گرفت. یکی از اولین تخریب‌های گسترده و صاف کردن خاوران با بولدزر در سال ۱۳۶۹هم‌زمان با بازدید گالیندوپل از ایران بود.[۱۴۴]

ماموران حکومت اما در دهه ۸۰ به دنبال تخریب کامل یا تغییر کاربری این گورستان بودند. سال ۱۳۸۰در پی پر شدن ظرفیت گورستان بهایی‌ها که در کنار خاوران قرار دارد، به آنها گفته شده بود که می‌توانند مردگان‌شان را در بخشی از خاوران که در واقع محل دفن اعدام‌شدگان سیاسی است، به خاک بسپارند. هنگامی که خانواده‌های اعدام‌شدگان متوجه این مسئله شده و به آن اعتراض کردند، بهاییانی که با برداشتن بخشی از دیواری که مرز بین دو گورستان بود در حال کندن زمین برای درست کردن قبرهای جدید بودند، گفتند که مسئولان به آنها گفته‌اند در خاوران چیزی نیست و کسی اینجا دفن نشده است.[۱۴۵]

در فروردین ۱۳۸۱ پروانه میلانی و جمعی از خانواده‌ها در نامه‌ای خطاب به شورای شهر تهران که رونوشتی از آن به دفتر ریاست‌جمهوری نیز ارسال شد، خواستار آن شدند که این شورا «به وظیفه قانونی خود در مورد نگهداری، آبادی، ایجاد امکانات و تسهیلات لازم در گورستان خاوران» اقدام کند و «در صورت عدم توانایی و امکان در ایفای درخواست فوق مجوز کافی و لازم را به خانواده‌های مربوطه صادر

---

[۱۴۳] شهادت سحر محمدی،عدالت برای ایران، بهمن ۱۳۹۳

[۱۴۴] شهادت فریده امیرشکاری، عدالت برای ایران،بهمن ۱۳۹۳

[۱۴۵] شهادت خاطره معینی، عدالت برای ایران، آبان ۱۳۹۱

کرده و شرایط لازم را برای جلوگیری از مزاحمت‌های افراد و مراجع فاقد صلاحیت و مسئولیت فراهم آورند.»^{۱۴۶} تلاش‌های خانواده‌ها در این زمینه به ثمر نشست و در نهایت موفق شدند که مانع از ایجاد قبرهای جدید در محل دفن فرزندان‌شان شوند و بهاییان توانستند زمین دیگری برای دفن درگذشتگان‌شان بگیرند.^{۱۴۷}

دور بعدی تخریب در سال ۱۳۸۴ بود. در شهریور ۱۳۸۴، اخباری میان خانواده‌ها نقل می‌شد که شهرداری و بهشت‌زهرا، خاوران را تبدیل به یک قبرستان عادی کنند. نامه‌هایی هم در خاوران پخش شده بود که از ادبیات حاکمیت در آن استفاده شده و در آن نوشته شده بود:

توجه   توجه

ما خانواده‌های قبرستان خاوران، به همه هشدار می‌دهیم که تعدادی آدم‌های معاند و مخرب، قصد دارند جلوی ساماندهی قبرستان را گرفته و نمی‌گذارند، شهرداری و بهشت زهرا اقدام نمایند.

ما همگی قبلاً موافقت خود را کتباً اعلام نمودیم که حاضریم، همه گونه همکاری نمائیم تا قبور عزیزان‌مان مشخص و در خصوص ساماندهی و بازسازی اقدام گردد.

۱۳۸۴/۶/۲^{۱۴۸}

خانواده‌ها طی انتشار اطلاعیه‌ای در تاریخ ۴ شهریور ۱۳۸۴، با این طرح مخالفت و اعلام کردند:

... آنان به عنوان ساماندهی و بازسازی، قصد آن دارند گلزار خاوران را از شکل کنونی‌اش خارج کرده و به یک گورستان عادی تبدیل کنند. در حالی‌که عزیزان ما پس از اعدام، با لباس‌های تن‌شان، در گودال‌هایی که در این گورستان ایجاد شده بود، به صورت دسته جمعی دفن شده‌اند.

ما خانواده‌های اعدام شدگان گلزار خاوران اعلام می‌داریم که عزیزان ما در گورهای عادی و به روش معمول فوت و دفن نشده‌اند که بتوان محل دفن

^{۱۴۶} گفت و گوی سایت مادران پارک لاله با آسیب دیدگان خشونت های دولتی- پروانه میلانی، تارنمای مادران پارک لاله، ۲۴ آذر ۱۳۹۲، قابل دسترسی در:
http://www.mpliran.org/2013/12/4.html

^{۱۴۷} جعفر بهکیش، چرا به آنچه در خاوران اتفاق می‌افتد معترض هستم؟، وبلاگ من از یادت نمی‌کاهم، ۲۰ بهمن ۱۳۸۷، قابل دسترس در:
http://jafar-behkish.blogspot.co.uk/2009/02/blog-post.html

^{۱۴۸} آن‌ها قصد دارند گلزار خاوران را به گورستان عادی تبدیل نمایند...، عصرنو، ۵ شهریور ۱۳۸۴، قابل دسترسی در:
http://asre-nou.net/1384/shahrivar/5/m-khavaran.html

آنان را به شکل عادی قطعه‌بندی کرد، بلکه بسیاری از این عزیزان در گورهای دسته جمعی مدفون شده‌اند. همچنین اعلام می‌داریم، در صورت نیاز ساماندهی گلزار خاوران، ابتدا لازم است نام و نشان، چگونگی و زمان اعدام، چگونگی و محل دفن تک تک این عزیزان مشخص گردد، پس از آن خود خانواده‌های قربانیان، در مورد بازسازی گورستان اقدام خواهند کرد."[۱۴۹]

در ۲۶ آبان آن سال هنگامی که خانواده‌ها به رسم هر هفته به خاوران رفته بودند با شکستن و دور انداختن تکه سنگ‌هایی که تنها نشان گورهای خاوران بود مواجه شده بودند و کرت‌هایی که بر سر برخی قبرها کنده شده بود نیز کاملاً تخریب شده بودند. مراجعه خانواده‌ها به بهشت زهرا و تقاضای آنها برای گفت‌وگو با صادقی‌فر، مسئول بخش اجرایی سازمان بهشت زهرا به نتیجه‌ای نرسید و نامه آنها در اعتراض به تخریب صورت گرفته، هیچ‌گاه پاسخ داده نشد.[۱۵۰]

در دی‌ماه ۱۳۸۷ خاوران بار دیگر و این بار به بهانه طرح «توسعه و سازماندهی گورستان اقلیت‌های مذهبی» تخریب شد. منصوره بهکیش می‌گوید: «ما جمعه ۲۰ دی رفتیم خبری نبود، جمعه بعد یعنی ۲۷ دی، خانواده‌های دیگر رفته بودند و این خبر را گفتند و من با چند نفر دیگر همان روز بلافاصله به خاوران رفتیم و به چشم خود دیدیم و عکس گرفتیم و اطلاع‌رسانی کردیم.»[۱۵۱]

بر اساس گزارش خانواده‌هایی که جمعه چهارم بهمن ۱۳۸۷ به خاوران رفته بودند تمام زمین خاوران را با بولدزر صاف کرده بودند، سنگ‌ها و بلوک‌های سیمانی شکسته در کنار زمین و جای چرخ بولدوزرها به چشم می‌خورد. تمامی فضای خاوران را به فاصله‌های منظم در حدود سه متر از هم نهال‌هایی را در خاک گذاشته بودند و تمام نشانه‌گزاری‌های خانواده‌ها که با شن و سنگ بود از بین رفته بود.[۱۵۲] نهال‌هایی که به صورت سطحی در خاک گذاشته شده بود و برخی از آنها ریشه

---

[۱۴۹] نامه سرگشاده کانون زندانیان سیاسی ایران (در تبعید) به افکار عمومی در باره توطئه رژیم برای "سامان‌دهی" گلزار خاوران، گویا نیوز، ۳ مهر ۱۳۸۴، قابل دسترسی در:
http://news.gooya.com/politics/archives/037870.php

[۱۵۰] افراد ناشناس قبرهای اعدامیان سیاسی دهه ۶۰ را در گورستان خاوران تخریب کردند، رادیو فردا، ۲۷ آبان ۱۳۸۴، قابل دسترس در:
http://www.radiofarda.com/content/article/313353.html

[۱۵۱] شهادت منصوره بهکیش، عدالت برای ایران، اسفند ۱۳۹۳

[۱۵۲] استخوان‌های عزیزان‌مان هم در امان نیستند، اخبار روز، ۵ بهمن ۱۳۸۷ ، قابل دسترسی در:
http://www.akhbar-rooz.com/article.jsp?essayId=19110

نداشتند پس از مدتی تبدیل به چوب خشک‌هایی شد که همه جای خاوران پراکنده شده بودند و خانواده‌ها پس از چند ماه موفق به جمع‌آوری آنها و خارج کردنشان از خاوران شدند.[۱۵۳] برخی خانواده‌ها از زیرو رو شدن لباس و پتوهای اعدام‌شدگان که همراه با آنها دفن شده بود خبر دادند[۱۵۴] و گفتند که استخوان‌های دفن‌شدگان در خاوران بر اثر این تخریب در سطح خاوران پخش شده بود. عکس‌هایی از استخوان‌های زیرو رو شده اعدام‌شدگان از سوی خانواده‌ها برداشته شده است[۱۵۵] همچنین گفته می‌شود ماموران امنیتی در دی‌ماه ۱۳۸۷ بقایای به‌جا مانده از استخوان‌های اعدام‌شدگان را به محلی خارج از خاوران منتقل کرده‌اند.[۱۵۶] هیچ‌کدام از مقامات و نهادهای رسمی تا کنون حاضر به موضع‌گیری و پاسخ‌گویی در این زمینه نشده‌اند.

منصوره بهکیش می‌گوید: «بر روی خاک که راه می‌رفتیم، تکه‌های استخوان پیدا بود، تکه‌های مو نیز بر روی خاک نرم بود و این خیلی اذیتمان کرد. برخی هم می‌گفتند شاید این‌ها را عامدانه انداخته‌اند که ما را اذیت کنند و شاید این استخوان‌ها مال سگ‌ها است. ولی به چشم خود این صحنه‌ها را دیدیم.»[۱۵۷]

شماری دیگر از خانواده‌ها پیش از این تخریب و با شنیدن زمزمه‌هایی دربارهٔ تغییر کاربری یا ساماندهی خاوران، به مسئولان بهشت زهرا مراجعه کرده و خواسته بودند که پیش از انجام هر تغییری در ظاهر خاوران اسامی و محل دفن اعدام‌شدگان به ویژه افرادی که در گورهای دسته‌جمعی دفن شده‌اند، به اطلاع خانواده‌ها رسانده شود. در پی این پیگیری‌ها به خانواده‌ها اعلام شده بود که مسئولان مربوطه از تصمیم خود منصرف شده‌اند.[۱۵۸]

---

[۱۵۳] شهادت فریده امیرشکاری، عدالت برای ایران، بهمن ۱۳۹۳

[۱۵۴] تخریب خاوران را متوقف کنید، تارنمای کمپین بین‌المللی حقوق بشر در ایران، ۱۷ بهمن ۱۳۸۷ ، قابل دسترسی در: http://bit.ly/1bzJT6d

[۱۵۵] خاطره معینی، مصاحبه با عدالت برای ایران

[۱۵۶] رضامعینی در مصاحبه با کامبیز حسینی، مادرم تا لحظه مرگ ندانست فرزندش کجا دفن شده است. ، تارنمای کمپین بین‌المللی حقوق بشر در ایران، ۸ شهریور ۱۳۹۲ ، قابل دسترسی در: http://persian.iranhumanrights.org/1392/06/hosseini_moini/

[۱۵۷] شهادت منصوره بهکیش، عدالت برای ایران، اسفند ۱۳۹۳

[۱۵۸] جعفر بهکیش، چرا به آنچه در خاوران اتفاق میافتد معترض هستم؟ وبلاگ من از یادت نمی کاهم، ۲۰ بهمن ۱۳۸۷، قابل دسترسی در: http://jafar-behkish.blogspot.co.uk/2009/02/blog-post.html

۲. حق قربانیان برای سوگواری در فضای عمومی و خصوصی

یادبود و سوگواری پس از مرگ نزدیکان همواره و در همه‌جا یکی از اولین و بدیهی‌ترین نیازها و حقوق انسان‌ها در پی از دست دادن نزدیکان‌شان است. در ایران اما، خانواده‌های اعدام‌شدگان دهه ۶۰ از این حق نیز محروم بوده‌اند. در حالی‌که «اصول اساسی احقاق حق» به صراحت «بزرگداشت و ادای احترام به قربانیان» را یکی از اقدامات ترمیمی در راستای جلب رضایت خانواده قربانیان و همچنین عموم جامعه عنوان کرده است[۱۵۹] خانواده اعدام‌شدگان دهه ۶۰ و به‌ویژه اعدام‌شدگان تابستان ۱۳۶۷ اجازه سوگواری برای عزیزان‌شان را نداشته‌اند. معدود کسانی نیز که از محل دفن اعدام شدگان اطلاع یافته‌اند، از حضور آزادانه بر سر قبر آنها محروم بوده‌اند و قبرهای آنها بارها و بارها در معرض تخریب و بی‌احترامی قرار گرفته است.

۱،۲. حق برگزاری مراسم سوگواری در فضای عمومی و خصوصی

از همان نخستین اعدام‌های سیاسی در سال‌های ابتدایی دهه ۶۰ خانواده‌ها در هنگام اعلام خبر اعدام، تهدید می‌شدند که اجازه برگزاری مراسم یادبود و سوگواری برای فرزندشان را ندارند. آنها نه تنها اجازه نداشتند که در مکان‌های عمومی (همچون مساجد یا سالن‌هایی که مراسم ختم در آنها برگزار می‌شود) مجلس یادبود برگزار کنند، بلکه از برپایی مراسم خصوصی در منازل شخصی‌شان نیز منع می‌شدند و از آنها تعهد کتبی گرفته می‌شد که هیچ مراسمی برگزار نکنند. لادن بازرگان می‌گوید که پس ازاعلام خبر اعدام برادرش به پدرش گفته‌اند که اجازه گرفتن مراسم ندارد و هنگامی که او پاسخ داده از دیروز همه فامیل در خانه ما در حال عزاداری هستند، به او گفته شده: « کاری نکن که به خانه شما بیاییم و همه شما را دستگیر کنیم.»[۱۶۰]

---

[159] Basic Principles and Guidelines on the Right to a Remedy and Reparation for Victims of Gross Violations of International Human Rights Law and Serious Violations of International Humanitarian Law, Adopted and proclaimed by General Assembly resolution 60/147 of 16 December 2005. Principle 22.

[۱۶۰] لادن بازرگان، آیا می‌توان کشتار سال ۶۷ را بخشید و یا فراموش کرد؟، تارنمای بیداران، ۲۴ شهریور ۱۳۹۰، قابل دسترسی در:
http://www.bidaran.net/spip.php?article304

در چنین فضایی خانواده‌ها تلاش می‌کردند با رفتن به مراسم یادبودی که علی‌رغم همه تهدیدها در خانه‌ها برگزار می‌شد، در کنار هم باشند. به گونه‌ای که در سال‌های نخست، در مراسم سوگواری هر اعدامی، خانواده‌ها و به ویژه مادران عکس فرزندان خود را می‌آوردند، دور تا دور اتاق هر مادر با قاب عکسی می‌نشست، گاه حتی خانواده‌ها یکدیگر را نمی‌شناختند و بدون آشنایی و فامیلی با اعدامی و خانواده‌اش به مراسم می‌آمدند.[۱۶۱]

منصوره بهکیش فضای آن سال‌ها را این‌گونه توصیف می‌کند:

تهدید و تهدید که به هیچ وجه حق ندارید صدایتان در بیاید. سر و صدا نباید بکنید، مراسم نباید بگیرید و هیچ اعتراضی هم نباید بکنید. یعنی انقدر تهدیدها شدید بود که واقعاً خانواده‌ها مانده بودند. آن موقع نه رسانه‌ای بود، نه مصاحبه‌کننده‌ای بود و نه واقعاً مدافعین حقوق بشری بودند که از ما دفاع کنند. یعنی آن‌قدر این فضای وحشت شدید بود که کسانی هم که بودند واقعاً جرات نمی‌کردند به این خانواده‌ها نزدیک بشوند. حتی جرات نمی‌کردند بیایند سر بزنند به این خانواده. ما خانواده‌ها فقط همدیگر را داشتیم.[۱۶۲]

این تهدیدها فقط برای ترساندن خانواده‌ها نبود و در بسیاری موارد نیروهای امنیتی یا انتظامی با هجوم به مراسم‌های سوگواری شرکت‌کنندگان در مراسم را بازداشت می‌کردند. سحر محمدی می‌گوید ماموران امنیتی در مراسم اولین سالگرد اعدام مادر و دایی‌اش در کرمانشاه بسیاری از شرکت کنندگان را بازداشت کردند:

در اولین سالگردی که برگزار کردیم به مراسم حمله کردند. خیلی وحشتناک بود. بعضی از ماموران کلاه‌های کاموایی سیاهی که قسمت چشمش سوراخ بود به روی سر و صورت‌شان کشیده بودند. صحنه‌ای را که ماموران به ناگهان از هر دیواری به پایین پریدند هرگز فراموش نمی‌کنم. جوانانی که در مراسم بودند، مخصوصاً مردان جوان، تلاش کردند از آنجا فرار کنند ولی به آن شکلی که ماموران هجوم آورده بودند، امکانی برای فرار نبود. تعداد زیادی از جوانانی که آن جا بودند را با خودشان بردند و به فاصله‌های زمانی مختلف در بازداشت نگه داشتند؛ فقط به خاطر این‌که در

---

[۱۶۱] خاوران، نامی است برای فراموش نکردن ، رضا معینی، نشریه آرش، منتشر شده در تارنمای خاوران، شهریور ۱۳۸۱ ، قابل دسترسی در:
http://www.bidaran.net/spip.php?article48

[۱۶۲] شهادت منصوره بهکیش، عدالت برای ایران، اسفند ۱۳۹۳

مراسم سالگرد چند تن از کسانی که رژیم اعدام کرده بود، شرکت کرده بودند. از آن پس دیگر مراسم برگزار نکردیم.[۱۶۳]

سال ۱۳۶۷ اما شوک ناشی از اعدام‌ها به گونه‌ای بود که برخی خانواده‌ها در هنگام اعلام خبر مراسم نگرفتند و بسیاری از آنها چهل روز پس از شنیدن خبر اعدام (در آذرماه) مراسمی به عنوان چهلم برگزار کردند.[۱۶۴] برخی خانواده‌ها نیز به دلیل فضای رعب و وحشت آن سال‌ها هیچ‌گاه نتوانستند مراسم یادبود برای عزیزان‌شان برپا کنند.[۱۶۵] خانواده‌هایی که با وجود همهٔ این تهدیدها هر سال مراسم سالگرد اعدام عزیزان‌شان را برگزار می‌کنند، هیچ‌گاه از آزار و اذیت‌های نهادهای امنیتی و انتظامی در امان نبوده‌اند و تا همین سال‌های اخیر نیز فشار بر آنها کم‌تر نشده است.

حمله به مراسم سالگرد در منزل مادر سرحدی یکی از این نمونه‌ها است. در هفتم شهریور ۱۳۸۷ هنگامی که مادر سرحدی مراسم بیستمین سالگرد اعدام پسرش منوچهر[۱۶۶] را برگزار کرد، تعداد زیادی از نیروهای امنیتی و اطلاعاتی به منزلش یورش بردند و پس از شکستن در منزل وارد آپارتمان شده و مانع برگزاری مراسم شدند. منصوره بهکیش می‌گوید:

> جمعی خصوصی شاید ۲۰ یا ۳۰ نفره از خانواده‌ها و بیشتر مادر بودند. ماموران با اسلحه و کفش وارد خانه شده بودند. قبل از آن نیز تهدید کرده بودند که نباید مراسم را برگزار کنید، ولی مادرها این را حق خود می‌دانستند که باید برگزار شود. دور تا دور خانه پر از ماموران امنیتی بود، خیلی برخوردشان وحشیانه و توهین‌آمیز بود، موبایل‌های شرکت‌کنندگان در مراسم را گرفتند و آدرس و مشخصات خانواده‌ها را نوشتند. هم از نیروی انتظامی بودند و هم از اطلاعات. بیشتر کسانی که بالا آمده بودند لباس شخصی بودند، حکمی هم نشان ندادند. در پایین را باز کرده بودند و در بالا

---

[۱۶۳] شهادت سحر محمدی،عدالت برای ایران، بهمن ۱۳۹۳

[۱۶۴] شهادت فریده امیرشکاری، عدالت برای ایران، بهمن ۱۳۹۳

[۱۶۵] شهادت فریده دیزجی و رخشنده حسین‌پور، عدالت برای ایران

[۱۶۶] منوچهر سرحدی (سرحدی‌زاده)، از اعضای سازمان چریک‌های فدایی خلق اکثریت-۱۶ آذر بود. او تیر۱۳۶۲ در ورودی اتوبان کرج بازداشت شد و سال ۱۳۶۶ به حبس ابد محکوم شد. منوچهر سرحدی شهریور (یا مهر) ۱۳۶۷ در زندان اوین تهران اعدام شد. برای اطلاعات بیشتر ن.ک.ب: یک سرگذشت: منوچهر سرحدی، بنیاد برومند، قابل دسترسی در: http://www.iranrights.org/fa/memorial/story/-4965/manuchehr-sarhadi

را هل داده و با ضربه و لگد باز کرده بودند. خانواده‌ها به کلانتری محل می‌روند و آن‌ها اظهار بی‌اطلاعی می‌کنند.[۱۶۷]

مادر سرحدی در آن روز، زمانی که می‌خواستند عکس پسرش را از روی دیوار بردارند، فریاد می‌زند «اگر به عکس پسرم دست بزنید، خودم را آتش می‌زنم».[۱۶۸]

منصوره بهکیش که هنگام یورش ماموران به منزل مادر سرحدی به آنها اعتراض کرده بود، روز بعد در محل کارش بازداشت شد. او سه روز در بازداشت بود و پس از آن کارش را از دست داد. چندی بعد نیز خانواده سرحدی و مادران و خانواده‌های شرکت کننده در مراسم به صورت دسته جمعی احضار شدند و از آنها خواسته شد که فرمی چندین صفحه‌ای را پر کنند و تعهد دهند که دیگر به خاوران و دیدار همدیگر نمی‌روند که مادران و خانواده‌ها این خواسته را نپذیرفتند و گفتند که رفتن به خاوران و دیدار خانواده‌ها حق آنها است.[۱۶۹]

حمله به مراسم سالگردی که خرداد ۱۳۸۹در خانه مادر لطفی برگزار شد یکی دیگر از نمونه‌های برخورد خشونت‌آمیز با مراسم سوگواری اعدام شدگان است. در حالی که مراسم سالگرد در پی تهدیدهای تلفنی وزارت اطلاعات لغو شد و فقط مراسمی خصوصی با حضور اعضای خانواده برگزار شده بود، ماموران امنیتی ساعت ۱۱ شب به خانه مادر لطفی آمده و پس از توقیف مدارک شرکت‌کنندگان آنها را مجبور به خروج از منزل کردند. در پی این برخوردها مادر لطفی دچار حمله قلبی شد و به بیمارستان منتقل شد.[۱۷۰]

در اثر همین فشارها و تهدیدها بود که خانواده‌هایی که به طور عمومی و با دعوت از سایر خانواده‌ها سالگرد می‌گرفتند به مرور کم‌تر و کم‌تر شدند و همین تعداد کم نیز از فشارهای امنیتی در امان نبودند و حتی برای چگونگی برگزاری مراسم و فهرست دعوت‌شدگان نیز مورد آزار و اذیت قرار می‌گرفتند و گاه همچون

---

[۱۶۷] شهادت منصوره بهکیش، عدالت برای ایران، اسفند ۱۳۹۳

[۱۶۸] مادر سرحدی، یکی دیگر از مادران خاوران از میان ما رفت، منصوره بهکیش، وب‌سایت بیداران، ۸ اردیبهشت ۱۳۹۲، در این نشانی اینترتی:
http://www.bidaran.net/spip.php?article321

[۱۶۹] منصوره بهکیش، مادر سرحدی، یکی دیگر از مادران خاوران از میان ما رفت، تارنمای بیداران، ۸ اردیبهشت ۱۳۹۲، قابل دسترسی در:
http://www.bidaran.net/spip.php?article321

[۱۷۰] فروغ تاجبخش (مادر لطفی) در حمله ماموراا اطلاعاتی به منزلش دچار سکته شده و در بیمارستان بستری شده اند، تارنمای بیداران، ۷ خرداد ۱۳۸۹، قابل دسترسی در:
http://www.bidaran.net/spip.php?article273

سال ۱۳۸۹ حتی مانع از برگزاری یک مراسم سالگرد خانوادگی در منزل مادر لطفی می‌شدند.[۱۷۱]

۲,۲. حق حضور آزادانه خانواده‌ها بر سر قبر و محل یادبود قربانیان

خانواده اعدام‌شدگان نه تنها اجازه نداشته و ندارند که آزادانه و فارغ از تهدید و فشار اقدام به برگزاری مراسم یادبود برای عزیزان‌شان کنند، بلکه از حضور در خاوران به عنوان محل دفن شماری از اعدام‌شدگان دهه ۶۰ نیز منع می‌شوند و نمی‌توانند با حضور بر گور آنها یادشان را گرامی بدارند.

احضار، بازجویی و تهدید خانواده‌های اعدام‌شدگان به عنوان اقدامی برای وادار کردن آنها به سکوت و عدم حضور در خاوران از جمله روش‌های مرسوم نیروهای امنیتی است که بسیاری از خانواده‌ها در سه دهه گذشته آن را تجربه کرده‌اند. این فشارها اما به دلیل فضای ناامن ایجاد شده از سوی نهادهای امنیتی، کم‌تر از سوی خانواده‌ها رسانه‌ای شده است و مستندات ارائه شده در این گزارش تنها بخش اندکی از آن را برای اثبات آنچه بر خانواده اعدام‌شدگان روا داشته شده، نشان می‌دهد.

از همان نخستین سال‌های دهه ۶۰ که اولین اعدام‌شدگان سیاسی در خاوران دفن شدند، فضای امنیتی بر آن‌جا حاکم بود. تا قبل از کشتارهای ۱۳۶۷ به دلیل کم بودن افرادی که در خاوران دفن شده بودند و طبیعتاً کم تعداد بودن خانواده‌هایی که به خاوران می‌آمدند، برخوردهای امنیتی بیش‌تر به صورت کنترل عبور و مرورها و حضور دائمی ماشین‌های گشت پلیس در خاوران بود.[۱۷۲]

اما در همین دوران نیز مادران و خانواده‌های اعدام‌شدگان از خطر بازداشت در امان نبودند. مادر شریفی که از سال ۱۳۶۰ پس از اعدام پسرش، هر جمعه به همراه مادران دیگر به خاوران می‌رفت، می‌گوید که چند دفعه از سوی ماموران مستقر در خاوران بازداشت و به کمیته‌ای که نزدیک آنجا بود منتقل شده است. در این بازداشت‌ها مادران تهدید می‌شدند که نباید با هم باشند. به گفته او پدر فرزین شریفی نیز در همان سال‌های نخست دهه ۶۰ در خاوران دستگیر شده و به مدت ۱۵ روز در زندان اوین بازداشت بوده است.[۱۷۳]

---

[۱۷۱] شهادت آیدین اخوان، عدالت برای ایران، بهمن ۱۳۹۳

[۱۷۲] شهادت فریده امیرشکاری، عدالت برای ایران، بهمن ۱۳۹۳

[۱۷۳] شهادت مادر شریفی، عدالت برای ایران، تیر ۱۳۹۴

فضای رعب و تهدید حاکم بر خاوران به گونه‌ای بود که بسیاری از خانواده‌ها که کم‌تر سیاسی بودند، برای رفتن به خاوران احساس امنیت نمی‌کردند و نگران بودند که مورد تهدید و توهین و بازداشت قرار گیرند. خواهر یکی از اعدام‌شدگان می‌گوید: «برادرم که اعدام شد مادرم در ایران نبود و یک سال بعد برگشت اما هیچ وقت هم نرفت خاوران. اما آن‌هایی که آن دوره می‌رفتند خاوران خیلی اذیت‌شان می‌کردند از ضرب و شتم تا دستگیری و همه جور فشار. مخصوصاً سال‌های بین ۶۱ تا ۶۴ وحشتناک بود.»[۱۷۴]

از سوی دیگر خانواده‌های سیاسی که اعضای دیگر آنها نیز عضو یا هوادار احزاب سیاسی مخالف جمهوری اسلامی بودند، به خاطر امکان شناسایی و دستگیر شدن از سوی مامورانی که همیشه در خاوران بودند، از حضور بر سر مزار عزیزان‌شان محروم بودند و برخی از آنها گاه مخفیانه به خاوران می‌رفتند. رخشنده حسین‌پور که همسرش در سال ۱۳۶۲ اعدام شده یکی از این فعالان سیاسی است که فقط یک بار، خیلی کوتاه و مخفیانه توانست سر مزار همسرش برود و پس از آن ایران را ترک کرد.[۱۷۵] طی سال‌های ۶۷-۱۳۶۰ برخی خانواده‌ها هم هر جمعه به خاوران می‌رفتند و هنگام سال نو نیز در آنجا بودند.[۱۷۶] سحر محمدی که به همراه خانواده‌اش از کرمانشاه به خاوران می‌آمدند، می‌گوید که در آن سال‌ها هیچ وقت خاوران را خالی ندیده و هر وقت که به خاوران رفته‌اند، تعدادی از خانواده‌ها را بر سر مزارعزیزان‌شان دیده است.[۱۷۷]

از چند ماه پس از اعلام خبر اعدام‌های ۱۳۶۷و حضور خانواده‌ها در خاوران، کمیته‌ای در مسیر خاوران دایر شد و بسیاری از بازجویی‌ها و بازداشت‌های چند ساعته خانواده‌ها از سوی این کمیته صورت می‌گرفت.[۱۷۸]

در سال‌های ۱۳۶۷و ۱۳۶۸ مامورانی که در اطراف گورستان خاوران مستقر بودند، برخورد شدیدتر و خشن‌تری با خانواده‌ها داشتند و گزارش‌هایی از بازداشت آنها در خاوران منتشر شده است. اولین مراسم دسته‌جمعی در خاوران، برگزاری مراسم چهلم اعدام‌شدگان در دی‌ماه ۱۳۶۷بود. در این مراسم بین ۳۰ تا ۳۵ تن از مادران

---

[۱۷۴] شهادت یکی از مصاحبه‌شوندگان به عدالت برای ایران که مایل به ذکر نامش در رابطه با این بخش از شهادتش نبود.

[۱۷۵] شهادت رخشنده حسین‌پور، عدالت برای ایران

[۱۷۶] شهادت فریده امیرشکاری، عدالت برای ایران، بهمن ۱۳۹۳

[177] شهادت سحر محمدی، عدالت برای ایران، بهمن ۱۳۹۳

[۱۷۸] مصاحبه با پروانه میلانی در فیلم مستند خاوران که ۱۶ شهریور ۱۳۹۲ برای نخستین بار در یوتیوپ منتشر شد و نام سازنده آن اعلام نشده است، قابل دسترسی در:
https://www.youtube.com/watch?v=tLqmnSpf260

و همسران و خواهران اعدام‌شدگان در خاوان بازداشت شدند. شماری از آنها پس از بازجویی چند ساعته در کمیته خاورشهر آزاد شدند[۱۷۹] اما بین ۱۰ تا ۱۵ تن از جمله مینا لبادی، همسر علی اصغر ضغیمی به بازداشتگاه کمیته شهرری و از آنجا به بازداشتگاه کمیته کنار دانشگاه تهران منتقل شدند و به مدت یک هفته زندانی بودند.[۱۸۰]

در اولین سالگرد اعدام‌ها در ۱۰ شهریور۱۳۶۸ نیز ماموران با یورش به خاوران مانع از برگزاری مراسم شدند، همچنین شماری از خانواده‌ها به صورت دسته‌جمعی در خاوران بازداشت شده و با یک مینی‌بوس به کمیته خاوران منتقل شدند.[۱۸۱] فریده امیرشکاری نیز به همراه خواهر و خواهر همسرش بازداشت شد:

> ۱۰ شهریور ۱۳۶۸ خیلی از خانواده‌ها آمده بودند و همه با اقوام‌شان آمده بودند. خاله، دایی، عمه، هرکس هرکسی را داشت آمده بود و یک جمعیت خیلی زیادی آمده بود خاوران و یک عده‌ای هم قبل از ساعت چهار صبح رفته بودند و ما که ساعت هفت صبح رفتیم خاوران پر از گل بود یعنی قرمز قرمز بود، فرش بود اصلاً. این‌ها وقتی دیدند این همه جمعیت جمع شده ریختند و یک عده نزدیک به ۱۵۰ نفر را دستگیر کردند و به کمیته‌ای در جاده افسریه بردند. از این تعداد حدود ۴۰ نفر را نگه داشتند و بقیه را تا غروب آزاد کردند. من و خواهرم و خواهرشوهرم جزء آن ۴۰ نفر بودیم که به اوین منتقل شدیم. من تقریباً دو ماه و ۱۰روز در اوین بازداشت بودم. بقیه هم بین یک ماه نیم و تا دو ماه و نیم در بازداشت بودند و همه ما بدون هیچ دادگاهی آزاد شدیم.[۱۸۲]

بعد از برگزاری اولین سالگرد، برگزاری سالگرد اعدام‌شدگان در خاوران ممنوع شد و در آن ایام خاوران را می‌بستند. در ایام دیگر سال هم ماموران مستقر درخاوران هر وقت که می‌خواستند مانع رفتن خانواده‌ها به خاوران می‌شدند و اگر جمعیت حاضر در خاوران از ۴۰-۳۰ نفر بیش‌تر می‌شد همه را بیرون می‌کردند.[۱۸۳]

---

۱۷۹ منصوره بهکیش، مادر سرحدی، یکی دیگر از مادران خاوران از میان ما رفت، بیداران،۸ اردیبهشت ۱۳۹۲، قابل دسترسی در:
http://www.bidaran.net/spip.php?article321

۱۸۰ گفت‌وگو با مینا لبادی، تارنمای مادران پارک لاله، ۱۵ مهر ۱۳۹۲، قابل دسترسی در:
http://www.mpliran.org/2013/10/1.html

۱۸۱ گفت‌وگو با معزز خواهشی، تارنمای مادران پارک لاله، تارنمای مادران پارک لاله، اسفند ۱۳۹۲، قابل دسترس در: http://www.mpliran.org/2014/03/6.html

۱۸۲ شهادت فریده امیرشکاری، عدالت برای ایران، بهمن ۱۳۹۳

۱۸۳ شهادت فریده امیرشکاری، عدالت برای ایران، بهمن ۱۳۹۳

با وجود محدودیت‌ها و ممنوعیت‌ها برای برگزاری برنامه‌های دسته‌جمعی در خاوران، قرار جمعه‌های آخر ماه خانواده‌ها در خاوران که از زمان اعدام انوشیروان لطفی در خرداد ۶۷ گذاشته شد[۱۸۴] و پس از کشتارهای شهریور ۶۷ ادامه پیدا کرد، هیچ‌گاه متوقف نشد. علاوه بر آن، برخی خانواده‌ها نیز هرهفته یا دوهفته یک‌بار به خاوران می‌رفتند و در ایامی همچون جمعه آخر سال و روز اول عید و جمعه نزدیک به دهم شهریورماه تعداد بیش‌تری در خاوران دیده می‌شدند.[۱۸۵] خاطره معینی، فضای خاوران را در این دوران این‌گونه توصیف می‌کند:

> بدون اغراق هربار که می‌رفتیم، به‌خصوص ما جوان‌ها، را جدا می‌کردند می‌گذاشتند کنار دیوار، با مادر و پدرها برخورد بد می‌کردند، هر دفعه قاب عکس‌های ما را می‌شکستند. هول می‌دادند. می‌زدند. من خیلی می‌دیدم که [خانواده‌ها] عکس‌ها را می‌گذارند روی زمین، دراز می‌شوند عکس‌ها را بغل می‌کنند، [مامورها] می‌زنندشان. خانواده‌ها می‌گویند بزنید. ما را بکشید ولی بگذارید همین جا بمانیم. هر دفعه هم می‌زدند. من خودم یادم است که مادرم همیشه بدنش کبود می‌شد. دردش می‌گرفت. می‌گفتم مامان پماد بزنم؟ می‌گفت نه این درد خاوران است. بگذار این باشد. همان دردی است که بچه‌های ما کشیده‌اند. این چیزی نیست.»[۱۸۶]

فریده امیرشکاری شهادت می‌دهد که سال ۱۳۶۹ پس از دیدار گالیندوپل از ایران در بهمن ۱۳۶۸ و تلاش خانواده‌ها برای ملاقات با او، طی نامه‌ای از او خواسته شد که خودش را به کمیته صبا[۱۸۷] معرفی کند. در کمیته صبا از او دربارهٔ اتهامات اعضای اعدام شده خانواده‌اش و اینکه چرا به خاوران می‌رود بازجویی شد. فریده امیرشکاری تا سال ۱۳۷۱ هر هفته به کمیته احضار می‌شد و باید برای امضا به آنجا می‌رفت: «هر دفعه از من می‌پرسیدند چه کسانی می‌آیند خاوران؟ من هم می‌گفتم من قیافه می‌شناسم اسم نمی‌شناسم. بعد از ۱۳۷۹ هم که دیگر گفتند بیا یک تعهد امضا کن که خاوران نمی‌روی و با خانواده‌های اعدامی‌ها ارتباط برقرار نمی‌کنی. گفتم باشد من امضا می‌کنم. این هم یک تعهد دیگر روی همهٔ تعهدها. ولی من خاوران می‌روم.»

---

[۱۸۴] شهادت‌های عفت ماهباز و منصوره بهکیش، عدالت برای ایران، مهر ۱۳۹۳

[۱۸۵] شهادت منصوره بهکیش، عدالت برای ایران، اسفند ۱۳۹۳

[۱۸۶] شهادت خاطره معینی، عدالت برای ایران، آبان ۱۳۹۱

[۱۸۷] کمیته صبا واقع در خیابان انقلاب در تهران، ویژه زندانیان سیاسی آزاد شده بود که باید ماهی یک بار به آنجا مراجعه می‌کردند.

ماموران امنیتی همچنین با مراجعه به خانه خواهر و همسرخواهر او که هردوی آنها برادرشان اعدام شده است، از آنها خواسته‌اند که برای نرفتن به خاوران تعهد بدهند. به گفته او، تحت فشار گذاشتن خانواده‌ها برای امضای تعهدنامه‌ای مبنی بر عدم حضور دوباره در خاوران تجربه مشترک بسیاری از خانواده‌های اعدام‌شدگان است.[۱۸۸]

در تمامی این سال‌ها خانواده‌ها حتی اجازه نداشتند در خاوران گل بگذارند و بارها از کودکان خردسال اعدام‌شدگان گرفته تا مادر و پدران کهنسال آنها برای گذاشتن گل بر مزارهای بی‌نام و نشان اعدام‌شدگان و محل احتمالی گورهای دسته‌جمعی آنها مورد آزار و اذیت و توهین قرار گرفته‌اند. لادن بازرگان می‌گوید:

مادرم رفته بود خاوران و از در عقب رفته بود داخل. یک ماموری که لباس شخصی تنش بود به او گفته بود که از اینجا برو، می‌آیند می‌گیرنت من برای خودت می‌گویم. مادرم هم سرش داد زده بود گفته بود ولم کن. گفته بوده نه من که مامور نیستم. من برای تو می‌گویم. بعد گفته بوده حالا گل‌هایت را بده من برایت گل‌هایت را پخش کنم. مادرم گل‌ها را بهش او داده بوده و این مرد بدو بدو رفته بوده سوار این ماشین‌های گشت شده بود که مثلاً اجازه ندهد مادرم روی خاک‌ها گل بگذارد. اتفاقاً یکی دیگر از دعواهای‌شان هم همین است. برای این‌که این مادرها سال‌ها است که تلاش می‌کنند یک گلی یک گیاهی آنجا بکارند همه دوست دارند یک چیز سبزی آنجا باشد. همه بوته و درختچه می‌آورند می‌کارند. با چه تلاشی آب می‌دهند بعد از سه چهار هفته می‌آیی می‌بینی کنده‌اند و دور انداخته‌اند.[۱۸۹]

در نیمه دوم دهه ۷۰ حضور ماموران انتظامی در خاوران در روزهای عادی سال متوقف شد و ماموران با وجود حضور در برنامه‌های دسته‌جمعی در خاوران، مانع برگزاری مراسم نمی‌شدند.[۱۹۰] با این حال ماموران نیروی انتظامی و ماموران لباس شخصی وزارت اطلاعات همچنان در برنامه‌های دسته‌جمعی خاوران حضور داشتند. همچنین در همان دوران هم افرادی که در طول سال و به‌صورت فردی به خاوران می‌رفتند، اغلب مورد سوال و جواب ماموران حاضر در آنجا قرار می‌گرفتند.[۱۹۱]

---

[۱۸۸] شهادت فریده امیرشکاری و خاطره معینی، عدالت برای ایران

[۱۸۹] شهادت لادن بازرگان، عدالت برای ایران، مهر ۱۳۹۳

[۱۹۰] شهادت فریده امیرشکاری، عدالت برای ایران، بهمن ۱۳۹۳

[۱۹۱] شهادت امید منتظری، عدالت برای ایران، شهریور ۱۳۹۳

با وجود همه تلاش‌های خانواده‌ها برای کاشتن گل و گیاه در خاوران، محل دفن عزیزان‌شان بیابانی خشک است.

ممنوعیت‌های پیشین در رابطه با خاوران نیز همچنان ادامه داشت. از همین رو بود که پروانه میلانی در سال ۱۳۷۸ با ارسال شکواییه‌ای به دفتر خاتمی از نابسامانی‌های موجود در خاوران اعم از اجازه گذاشتن سنگ گور و کاشتن گل و گیاه و درخت و این که چه کسانی در آن جا دفن شده‌اند و مشخص کردن قبرهای تک نفره که با خاک یک‌سان شده بود شکایت کرد و نوشت شرایط به‌گونه‌ای است که او نمی‌تواند قبر برادرش را که در سال‌های نخست دهه ۶۰ اعدام شده بود را پیدا کند.

رونوشتی از این نامه به شورای شهر تهران که در آن زمان ریاست آن را سعید حجاریان برعهده داشت و همچنین به کمیسیون اصل ۹۰ مجلس ارائه شد. پروانه میلانی گفته است که تنها پاسخی که دریافت کرد یک نامه کوتاه از کمیسیون اصل ۹۰ مجلس بود که نوشته بودند: «موضوع این گورستان از حدود اختیارات اصل ۹۰خارج است.» او همچنین مطلع شد که خاتمی روی نامه نوشته بود: «رئیس‌شورای امنیت ملی، موضوع رسیدگی شود.» [۱۹۲] اما شورای امنیت ملی و دیگر نهادها به این نامه و هیچ‌کدام از نامه‌های پیشین ترتیب اثر ندادند.[۱۹۳]

جعفر بهکیش به نقل از پروانه میلانی می‌گوید که پس از بی‌پاسخ ماندن این نامه و چندین بار تماس تلفنی پروانه میلانی با دفترخاتمی، یکی از افراد دفتر رئیس جمهوری که نام و سمتش مشخص نبود، به او گفته بود که شما پیگیر این

---

[۱۹۲] گفت و گوی سایت مادران پارک لاله با آسیب دیدگان خشونت های دولتی- پروانه میلانی، تارنمای مادران پارک لاله، ۲۴ آذر ۱۳۹۲، قابل دسترسی در:
http://www.mpliran.org/2013/12/4.html

[۱۹۳] شهادت پروانه میلانی، عدالت برای ایران، اردیبهشت ۱۳۹۳

مساله‌ای که طرح کرده‌اید باشید.[۱۹۴] پروانه میلانی تا چند ماه قبل از مرگش در دی‌ماه ۱۳۹۳ همچنان به دنبال دادخواهی اعدام‌های دهه ۶۰ بود و تمامی پیگیری‌هایش بی‌پاسخ ماند.[۱۹۵]

از سال ۱۳۸۴ هم‌زمان با انتخاب محمود احمدی‌نژاد به ریاست جمهوری برگزاری مراسم عمومی سالگرد و جمعه آخر سال با محدودیت‌های بیشتری همراه شد. در روزهای مراسم دسته‌جمعی، از ساعات اولیه صبح ماشین‌های نیروی انتظامی، جاده‌های ورودی به خاوران را می‌بستند و از یک هفته قبل از مراسم خانواده‌های سرشناسی که ارتباط بیشتری با بقیه خانواده‌ها داشتند را تهدید می‌کردند که اجازه حضور در خاوران را ندارید.[۱۹۶] به‌گونه‌ای که در شهریور ۱۳۸۴ چندین نفر از شرکت‌کنندگان در مراسم سالگرد در خاوران بازداشت شدند و موبایل و دوربین‌های بسیاری از آنها توقیف شد.[۱۹۷] فریده امیرشکاری می‌گوید:

حتی در دهه ۶۰ هم جلوی ما را نمی‌گرفتند که هر هفته سر خاک نرویم. پلیس می‌آمد ولی ما می‌رفتیم. ولی دوره احمدی‌نژاد اصلاً اجازه نمی‌دادند ما برویم. درِ خاوران را در این دوره قفل کردند. آن‌قدر مزاحمت ایجاد می‌کردند، شیشه ماشین‌های‌مان را می‌شکستند، پلاک ماشین‌ها را می‌کندند، کتک می‌زدند، می‌بردند کمیته و تا غروب نگه می‌داشتند و آن‌قدر مشکلات برای همه ایجاد کردند که در واقع خیلی‌ها به مرور بخاطر مشکلاتی که آن‌جا برای‌شان پیش آمد، دیگر کم‌تر آمدند. من خودم از جمله آن آدم‌هایی بودم که می‌روم حالا هر اتفاقی بیفتد، ولی [بعد از این اتفاق‌ها] به بچه‌هایم اجازه نمی‌دادم بروند.[۱۹۸]

با وجود این فشارها، خانواده‌ها از اصرار بر دادخواهی دست نکشیدند و مراسم سالگرد اعدام‌شدگان در شهریور ۱۳۸۵ با حضور حدود یک‌هزار نفر برگزار شد. این درحالی بود که ماموران نیروی انتظامی درِ اصلی خاوران را بسته بودند، عده‌ای با لباس‌های شخصی متحدالشکل از همه فیلم‌برداری می‌کردند و منطقه تحت کنترل

---

[۱۹۴] شهادت جعفر بهکیش، عدالت برای ایران، اسفند ۱۳۹۳

[۱۹۵] ن.ک.ب: جنبش دادخواهی ایران در سوگ فقدان پروانه میلانی، عدالت برای ایران، ۱۴ دی ۱۳۹۳، قابل دسترسی در:

http://justice4iran.org/persian/publication/call-for-action/parvaneh-milani/

[۱۹۶] شهادت آیدین اخوان، عدالت برای ایران، بهمن ۱۳۹۳

[۱۹۷] منصوره بهکیش، در خاوران چه گذشت؟ ایران امروز، ۱۰ شهریور ۱۳۸۵، قابل دسترسی در:
http://www.iran-emrooz.net/index.php?/news1/more/10033

[۱۹۸] شهادت فریده امیرشکاری، عدالت برای ایران، بهمن ۱۳۹۳

نیروهای امنیتی و انتظامی بود. ماموران نیروی انتظامی همچنین شماری از حاضران در خاوران را برای مدت کوتاهی بازداشت کردند.[۱۹۹] چند روز قبل از سالگرد نیز ماموران امنیتی با احضار و تهدیدهای تلفنی به برخی خانواده‌ها از جمله مادرلطفی هشدار داده بودند که «مراسم را در سکوت و زودتر از زمان همیشه به پایان برسانند وگرنه باید منتظر عواقب آن باشند.» منصوره بهکیش، فضای خاوران را در آن سال این‌گونه توصیف می‌کند:

> در خاوران جو به شدت پلیسی بود. ماشین‌های نیروی انتظامی و مأموران لباس شخصی به صورتی علنی به چشم می‌خورد. برای ورود به خاوران مجبور بودیم از جلوی مأموران رد شویم. بیرون در ورودی چند مأمور ساده و درون در چند مأمور رده بالا و افراد لباس شخصی حضور داشتند. پس از مدت کوتاهی جمعیت بیش‌تر شد و به دور عکس‌های عزیزان اعدام شده حلقه زدند، حضور مأموران نزدیک عکس‌ها بسیار آزار دهنده بود. من جلو رفته و از مأموران خواستم که از آنجا دور شوند. در حین مراسم به جمعیت اضافه می‌شد اما جو پلیسی باعث کندی پیوستن جمعیت به راه‌پیمایان شده بود. در پایان مراسم که قصد بیرون رفتن از خاوران را داشتیم، جمعیت زیادی گل به دست تازه وارد شدند، آقای زرافشان نیز جزو آنان بود. از آنها علت تأخیر را جویا شدیم، گفتند که راه ورود به خیابان منتهی به خاوران را بسته و مانع ورود آنها شده بودند. نزدیک در خروجی متوجه شدیم که دوربین‌ها و موبایل برخی را گرفته و با شکلی بسیار زننده مشغول تفتیش کیف یک خانم بودند. تصمیم به بازگشت گرفتیم و اعلام داشتیم تا زمان تحویل وسایل، از خاوران بیرون نخواهیم رفت. در این بین درگیری‌های لفظی مابین شرکت کنندگان و مأموران لباس شخصی پیش آمد. ما را تهدید کردند که اگر نرویم درِ خاوران را برای همیشه خواهند بست و دیگر اجازه حضور به ما نخواهند داد و ما گفتیم اگر این‌کار را کنید ما نیز برای گرامی‌داشت یاد عزیزان‌مان عکس به دست به میدان انقلاب خواهیم رفت. بالاخره مجبور شدند که وسایل افراد را به آنها بازگردانند. در پایان متوجه شدیم که یک نفر را در داخل نگه داشته‌اند. آقای زرافشان برای آزاد کردن این فرد مانده بود. برخی از خانواده‌ها نیز منتظر ماندند تا این فرد آزاد شود. باز تهدید می‌کردند ولی سعی داشتند که زیاد درگیری

---

[۱۹۹] *مراسم هجدهمین سالگرد قتل عام هزاران زندان سیاسی در گورستان خاوران تحت کنترل نیروهای امنیتی حکومت برگزار شد*، رادیو فردا، ۱۰ شهریور ۱۳۸۵، قابل دسترسی در: http://www.radiofarda.com/content/article/287244.html

ایجاد نشود. بالاخره مجبور به آزاد کردن آن فرد شدند و ما همگی با هم به راه افتادیم. هنگام بازگشت درِ اصلی خاوران باز شده بود و تعدادی که جلوی آنها را گرفته بودند و به مراسم نرسیده بودند، هر یک در گوشه‌ای از خاک نشسته بودند. همچنین شنیدم که تعدادی از خانواده‌ها را دستگیر کرده و به کمیته افسریه برده‌اند و علت آمدن آنها به خاوران را جویا شده بودند و آنها را تا ظهر نگه داشته و سپس آزاد کرده بودند.[۲۰۰]

مراسم گروهی سالگرد اعدام‌ها در سال ۱۳۸۶ نیز با برخورد شدید نیروهای امنیتی و اطلاعاتی همراه بود. در این سال دستکم پنج نفر از جمله محمدعلی منصوری، علی صارمی، میثاق یزدان نژاد، محسن نادری و حمیده نبوی به اتهام شرکت در مراسم خاوران بازداشت و پس از تحمل شکنجه و سلول انفرادی طولانی به بین یک سال تا ۱۷ سال حبس محکوم شدند. دادگاه انقلاب همچنین علی صارمی که پیشینه هواداری از سازمان مجاهدین خلق داشت و چندین بار برای دیدار با پسرش به اردوگاه اشرف، محل استقرار نیروهای سازمان مجاهدین خلق در خاک عراق رفته بود را به اعدام محکوم کرد. در حالی‌که او در سال ۱۳۸۶ و پس از حضور در خاوران دستگیر شده بود پس از تحمل هفت ماه سلول‌ های انفرادی و شکنجه‌های روحی و جسمی، دادگاه انقلاب دوم مهر ماه ۱۳۸۷ اتهام او را از شرکت در مراسم خاوران به اتهام «عضویت»، «تبلیغ» و «فعالیت‌های مکرر» برای سازمان مجاهدین خلق تغییر داده شد.[۲۰۱] حکم اعدام علی صارمی حکم هفت دی ۱۳۸۹ به اجرا درآمد.[۲۰۲]

گلزار قباخلو که در این مراسم مورد ضرب و شتم قرار گرفته و بازداشت شده می‌گوید:

---

[۲۰۰] منصوره بهکیش، در خاوران چه گذشت؟ ایران امروز،۱۰ شهریور ۱۳۸۵ ، قابل دسترسی در:
http://www.iran-emrooz.net/index.php?/news1/more/10033
[۲۰۱] نادر کرمی، ۱۷ سال حبس برای حضور در خاوران، روز آنلاین، ۲۰ آبان۱۳۸۷ قابل دسترسی در:
www.roozonline.com/persian/news/newsitem/archive/2008/november/10/article/17-2.html
همچنین ن.ک.ب: دو متهم به جاسوسی برای موساد و عضویت در سازمان مجاهدین خلق اعدام شدند، رادیو فردا، ۷دی ۱۳۸۹، قابل دسترسی در:
http://www.radiofarda.com/content/f10_iran_executed_one_iranian_convicted_of_spying_f
or_israel/2261044.html
[۲۰۲] اعدام دو زندانی دیگر در جمهوری اسلامی، دویچه وله، ۷دی ۱۳۸۹ قابل دسترسی در:
http://goo.gl/AvGewu

سال ۱۳۸۶ که برای مراسم سالگرد به خاوران رفته بودیم ماموران آمدند جلو گفتند نمی‌گذاریم بروید. گفتم چرا نمی‌گذارید؟ مردم پنجاه سال پیش پدر و مادرشان فوت کرده می‌روند سر خاک‌شان. یعنی ما نمی‌توانیم برویم سر خاک بچه‌مان دو شاخه گل بگذاریم؟ گفتند نه. دخترم گفت شما از خاک این‌ها هم می‌ترسید از استخوان‌های این‌ها هم می‌ترسید. حمله کردند بنا کردند به زدن دخترم. من رفتم جلو، طوری هل دادند که با کله آمدم زمین. یک طرف ساکم پرت شده بود و یک طرف کفشم. دخترم را زدند، من را هم زدند. بعد ما را چپاندند توی یک ماشین. آخر هم ما را بردندکمیته شهرری و چند ساعت دخترم را بردند برای سوال و جواب که کجا بودی و چی بودی و کی بودی. چند ساعت ما را در کمیته نگه داشتند و بعد غروب بود که ما را آزاد کردند رفتیم خانه.»[۲۰۳]

با همه این فشارها خانواده‌ها در آخرین جمعه سال ۱۳۸۶نیز تلاش کردند که به صورت دسته‌جمعی به خاوران بروند. با بسته شدن در اصلی خاوران در سال ۱۳۸۶ خانواده‌ها مجبور بودند قبرستان بهایی‌ها را دور بزنند و از در بهایی‌ها وارد شوند. با بستن این در حضور در خاوران برای مادرانی که توانایی پیاده روی طولانی برای آمدن از در گورستان بهایی‌ها را نداشتند، غیرممکن شد.[۲۰۴]

آنچه امید منتظری از تلاش یکی از مادران برای رسیدن به خاوران می‌گوید، شاهدی دیگر بر این فشارها است:

آخرین جمعه سال۱۳۸۶ که به رسم هر سال به خاوران رفته بودیم، سر خیابان لپه زنک که مسیر ورود به خاوران بود، بسته بودند و آن اطراف را کانال‌هایی شبیه خندق کنده بودند. مادر آذر که به سختی حرکت می‌کرد در تلاش بود هرطور می‌تواند خودش را به خاوران برساند. سمت راستش کانال‌های فاضلابی به عمق چهار متر بود و سمت چپش میله‌هایی که از آنها گرفته بود و آرام آرام می‌خزید تا به در خاوران برسد. صحنه عجیبی بود. محوطه را خندق کشی کرده بودند و پر از نیروی امنیتی بود که دائم از همه فیلم‌برداری می‌کردند و در گروه‌های پنج‌تایی- ده‌هایی ایستاده بودند روبروی خاوران و به خانواده‌ها اخطار می‌دادند.»[۲۰۵]

---

[۲۰۳] شهادت گلزار قباخلو (مادر حمید قباخلو)، عدالت برای ایران، تیر ۱۳۹۴

[۲۰۴] شهادت فریده امیرشکاری، عدالت برای ایران

[۲۰۵] شهادت امید منتظری، عدالت برای ایران، شهریور ۱۳۹۳

در بیستمین سالگرد کشتار ۱۳۶۷، در شهریور سال ۱۳۸۷، ماموران امنیتی و انتظامی با پادگانی کردن خاوران، مانع برگزاری مراسم شدند. بر اساس گزارش منتشر شده از سوی جمعی از شرکت‌کنندگان در مراسم، ماشین‌های نیروی انتظامی و ماموران امنیتی در فاصله‌های ۱۰۰ متری در جاده منتهی به خاوران مستقر شده بودند و در اصلی خاوران نیز با حصار آهنی و صفی از نیروهای ضدشورش پوشانده شده بود. ماموران حاضر در محل همچون سال‌های قبل از شرکت‌کنندگان در مراسم عکس و فیلم می‌گرفتند، با ضربات باتوم شیشه ماشین‌هایی که خود را به خاوران رسانده بودند می‌شکستند و پلاک ماشین‌ها را می‌کندند. این گزارش همچنین حاکی از مجروح شدن چند نفر بر اثر پاشیدن خرده‌های شیشه و بازداشت چند تن از افرادی است که قصد شرکت در مراسم را داشتند.[۲۰۶] بین ۱۶ تا ۱۹ تن از افرادی که قصد شرکت در مراسم سالگرد اعدام‌شدگان در خاوران را داشتند در داخل گورستان و خیابان‌های منتهی به آن بازداشت شدند. برخی از بازداشت شدگان از فعالان سیاسی یا مدنی بودند که برای همدلی با خانواده‌ها و زنده نگاه‌داشتن یاد اعدام‌شدگان قصد شرکت در مراسم خاوران را داشتند. سولماز ایکدر، امیر امیرقلی، خانم قهرمان‌زاده[۲۰۷]، جعفر اقدامی[۲۰۸] از جمله بازداشت شدگان بودند. سولماز ایکدر و امیر امیرقلی که در جاده منتهی به خاوران بازداشت شدند، هرکدام به شش ماه حبس تعزیری محکوم شدند. این حکم در دادگاه تجدیدنظر به مدت پنج سال تعلیق شد.

ماموران امنیتی برای ارعاب افرادی که خانواده‌شان در خاوران دفن نشده بود و از جهت جنبه عمومی و برای گرامی‌داشت یاد اعدام‌شدگان به خاوران می‌آمدند، اتهامات سنگینی به آنها وارد می‌کردند و با صدور حکم حبس برای بازداشت‌شدگان در صدد بالا بردن هزینه رفتن به خاوران بودند. سولماز ایکدر، روزنامه‌نگاری که در سال ۱۳۷۸ بازداشت شده، می‌گوید با وجود اینکه هیچ‌گاه هیچ ارتباطی با سازمان مجاهدین خلق نداشت، پس از بازداشت در خاوران به «تبلیغ علیه نظام از طریق هواداری گروهک سازمان مجاهدین» متهم شد و در بازداشت‌هایی بعدی که به

[۲۰۶] گزارشی از مراسم بزرگداشت قربانیان کشتار ۶۷، تارنمای عصرنو، ۱۰ شهریور ۱۳۸۷، قابل دسترسی در: http://asre-nou.net/php/view.php?objnr=43

[۲۰۷] مریم محمدی، بی‌اطلاعی از سرنوشت بازداشت‌شدگان مراسم خاوران، رادیو زمانه،۱۵ شهریور ۱۳۸۷ قابل دسترسی در: http://zamaaneh.com/humanrights/2008/09/post_291.html

[۲۰۸] بازداشت جعفر اقدامی، زندانی سیاسی سابق در مراسم خاوران، مجموعه فعالان حقوق بشر، ۱۸ شهریور ۱۳۸۷، قابل دسترسی در: http://news.gooya.com/politics/archives/2008/09/076301.php

دلیل فعالیت‌های مدنی و سیاسی‌اش بود همواره دربارهٔ سازمان مجاهدین خلق بازجویی می‌شد.[۲۰۹] علاوه بر این حضور خانواده‌ها در خاوران در سایر روزهای سال نیز تحمل نمی‌شد و خانواده‌ها یا اجازه ورود به خاوران را پیدا نمی‌کردند و یا برای ترک سریع خاوران از سوی ماموران زیر فشار بودند.

از سال ۱۳۸۷ به بعد سخت‌گیری‌ها شدیدتر شد و عملاً حضور دسته جمعی افراد در خاوران را غیرممکن کردند. امید منتظری فضای آن سال‌ها را اینطور توصیف می‌کند:

سال‌های بعد از ۱۳۸۷ گاهی می شد [به داخل خاوران] رفت ولی هرگز جمعیت را هم‌زمان راه نمی‌دادند. یعنی سیاست دولت احمدی‌نژاد کاملاً سیاست مشخصی بود سر این ماجرا یعنی می‌خواست قضیه را تمام کند و آنجا را کلاً انکار کند. خیلی جدی بودند سر این ماجرا و اساساً خاوران را تبدیل کردند به مکانی که اصلاً رفتن به آنجا جرم است و دیگر یک مکان ممنوعه‌ای شده بود. سال‌های بعد فضا خیلی متفاوت شده بود اغلب افراد به صورت پراکنده می‌رفتند. آنجا حصارکشی خاصی که ندارد. سیم خاردار که نکشیده‌اند. در نهایت در را جوش دادند چون دو تا در است یک در سمت بهایی‌ها است و یک در سمت پایین. در پایین را جوش دادند و در [گورستان] بهایی‌ها باز مانده بود. تو بالاخره خودت را به آن مکان می‌توانستی برسانی ولی به صورت پراکنده و با تلاش‌های خیلی انفرادی و در نهایت در جمع‌هایی حدود ۲۰ نفر. آن‌قدر در جنگ و گریز قرار گرفتیم با نیروهای اطلاعاتی که عملاً فقط تلاش‌های پراکنده‌ای بود که خانواده‌ها می‌رفتند که ببینند مثلاً آنجا ساختمان‌سازی نشده باشد.[۲۱۰]

با همه این محدودیت‌ها و فشارها، خانواده‌ها تلاش می‌کردند حتی به صورت کوتاه و با جمعیتی محدود هم که شده در سالگرد اعدام‌ها به خاوران بروند و حضورشان را نشان دهند. پس از برگزاری مراسم آخرین جمعه سال در ۲۳ اسفند ۱۳۸۷ و شکواییه طرح شده از سوی خانواده‌ها در این مراسم، درهای خاوران بار دیگر از ۲۹ اسفند همان سال بسته شد. خانواده‌هایی که در اردیبهشت و خرداد ۱۳۸۸ به خاوران رفته بودند، می‌گویند که درِ خاوران را با زنجیرهای آهنی بسته

---

[۲۰۹] شهادت سولماز ایکدر، عدالت برای ایران، بهمن ۱۳۹۳

[۲۱۰] شهادت امید منتظری، عدالت برای ایران، شهریور ۱۳۹۳

بودند و ماموران حاضر در محل مانع از ورود خانواده‌ها می‌شدند.[۲۱۱] شهریور آن سال، نیروهای وزارت اطلاعات همچون سال‌های قبل طی تماس با برخی خانواده‌ها آنها را تهدید کرده و خواهان شرکت نکردن در مراسم سالگرد شدند. بستن جاده منتهی به خاوران نیز مانع از حضور بسیاری از خانواده‌ها در خاوران شد.[۲۱۲] تهدید خانواده‌ها، کنترل امنیتی خاوران، بستن راه‌های منتهی به خاوران و ممانعت از حضور خانواده‌ها در خاوران مواردی بود که در جمعه آخر سال[۲۱۳] ۱۳۸۸ و مراسم سالگرد در شهریور ۱۳۸۹[۲۱۴] نیز همچون سال‌های قبل تکرار شد.

این فشارها تا سال ۱۳۹۲ به همین شیوه ادامه داشت. شهریور ۱۳۹۲و اسفند ۱۳۹۲[۲۱۵] هنگامی که خانواده‌ها به رسم هر سال قصد داشتند در خاوران گردهم بیایند، ماموران نیروی انتظامی اجازه ورود به خاوران را به خانواده‌ها ندادند و برخی خانواده‌ها نیز برای نرفتن به خاوران تهدید تلفنی شدند.[۲۱۶]

این تهدیدات فقط شامل مادران و پدران و همسران اعدام‌شدگان نبود و نسل دوم خانواده‌ها نیز از این آزار و اذیت‌ها در امان نبودند. شمار زیادی از فرزندان و حتی فرزندان خواهران و برادران اعدام‌شدگان به دلیل همین فشارهای امنیتی

---

[۲۱۱] دو ماه از بستن درهای خاوران گذشت!، تارنمای بیداران، ۱۵خرداد ۱۳۸۸، قابل دسترسی در: http://www.bidaran.net/spip.php?article230

[۲۱۲] باز هم به خاوران خواهیم رفت، تارنمای بیداران، ۶ شهریور ۱۳۸۸ ، قابل دسترسی در:
http://www.bidaran.net/spip.php?article246

[۲۱۳] منصوره بهکیش، باز هم تهدید و ارعاب برای رفتن به خاوران!، اسفند ۱۳۸۸، تارنمای بیداران، قابل دسترسی در: http://www.bidaran.net/spip.php?article269

همچنین ن‌ک‌ب: آرمان مستوفی، خاوران؛ ۲۱ سال پس از کشتار زندانیان سیاسی در سال ۶۷ ، رادیو فردا، ۸ شهریور ۱۳۸۸ قابل دسترسی در:
www.radiofarda.com/content/F7_Khavaran_after_21years_from_1367_Prisoners_Massacre/1810572.html

[۲۱۴] جلوگیری از برگزاری مراسم یابود اعدام شدگان سال ۶۷ در خاوران، رادیو فردا، ۶ شهریور ۱۳۸۹، قابل دسترسی در:
http://www.radiofarda.com/content/o2_iran_mass_executions_anniversary/2139668.html

[۲۱۵] منصوره بهکیش، مقاومت مادران و خانواده‌های خاوران، حکومت را به عقب‌نشینی وادار کرد، ۸ شهریور ۱۳۹۳، تارنمای گویا نیوز، قابل دسترسی در:
http://news.gooya.com/politics/archives/2014/08/185249print.php

[۲۱۶] احضار دوباره منصوره بهکیش از گروه مادران عزادار به وزارت اطلاعات،۱۸ شهریور ۱۳۹۲، قابل دسترسی در:
http://persian.iranhumanrights.org/1392/06/behkish_khavaran/

جعفر بهکیش، امسال هم ماموران از برگزاری مراسم دهم شهریور ماه در گورستان خاوران جلوگیری کردند، ۸ شهریور ۱۳۹۲، قابل دسترسی در:
http://jafar-behkish.blogspot.co.uk/2013/08/blog-post_30.html

مجبور به ترک ایران شدند.[۲۱۷] بسیاری از خانواده‌ها هنگامی که به خاطر فعالیت‌های سیاسی یا اجتماعی‌شان احضار یا بازداشت می‌شدند، پیگیری آنها در رابطه با اعدام‌ها و حضورشان در خاوران، به مثابه ابزار فشار مضاعفی علیه‌شان به‌کار برده می‌شد. شاخص‌ترین نمونه این برخوردها، فشار به امید منتظری از بازداشت‌شدگان پس از انتخابات ریاست جمهوری ۱۳۸۸ و گره زدن پرونده او با اعدام پدرش است.

امید منتظری که اولین بار در تابستان ۱۳۸۷ در سن ۱۹ سالگی در هنگام حضور در خاوران به همراه مادرش برای چند ساعت بازداشت و پس از آن به دفتر پیگیری وزارت اطلاعات در خیابان وصال تهران احضار شد، می‌گوید:

> این داستان، تاریخ گناهکاران است. یعنی از نظر جمهوری اسلامی نه تنها آن آدم‌ها بلکه نسل [بعدی] آن‌ها یک جوری گناهکارند. ما اسم کاری که این‌ها کردند را هنوز نسل‌کشی نمی‌توانیم بگذاریم ولی این‌ها حتی نسل بعد از آن اعدام‌ها را هم تحت فشار همان اعدام‌ها گذاشتند. به یک معنایی اصلاً حالا در واقع تو نه تنها می‌زنی و می‌کشی که انتقام کشتنت را هم می‌خواهی از نسل بعد بگیری. بازداشت من در سال ۱۳۸۸ مشخصاً یک بازداشتی بوده که من هنوز سر از کار این‌ها در نیاورده‌ام. چون من از روز اول تهدید به اعدام بودم تا حدوداً یک ماه و ۱۰ روز بعدش. یعنی تا زمانی که دادگاه من برگزار شد یعنی حتی توی دادگاه یک بخشی از کیفرخواستی که برای من خواندند رابطه با چریک‌ها بود. خطر این داستان محاربه است. ضمن اینکه بازداشت من در سالی اتفاق افتاد که فضا خیلی فضای اعدام بود. من یک روز بعد از ماجرای عاشورا بازداشت شدم. فضای زندان فضای این بود که اعدام می‌کنیم. در ملاقات اولی که به من و مادرم دادند، آن کسی ملاقات را به ما داد که از من و مادرم در دفتر پیگیری وزارت اطلاعات [درباره خاوران] بازجویی کرده بود. در ملاقات دوم هم بازجوی پدرم را به روایت خودشان سر من آوردند. یعنی یک روز من را از سلول بیرون آوردند که فلانی می‌خواهد ببیندت. آقا را آوردند سر من گفتند که حاجی این پسرِ سیا است. سیای اکثریت. پدر من اسم مستعارش سیاوش بوده. یادش نیامد گفتند پسر حمید منتظری بوده. بعد گفت تو پسر حمید منتظری هستی؟ اینجا چه کار می‌کنی؟ باز دوباره بازجوی من جواب می‌داد حاجی اعدامی است. گفت پدرش را اعدام کرده‌اید خودش را هم می‌خواهید اعدام کنید؟ در واقع بخشی از بازجویی‌ها را جدای از پرونده‌ای که مشخصاً پرونده‌ای

---

[۲۱۷] شهادت منصوره بهکیش، عدالت برای ایران، اسفند ۱۳۹۳

بود که من به‌خاطرش محاکمه شدم بردند به سمت اینکه در خاوران چه می‌گذشته و بازجویی راجع به تک تک خانواده‌ها و مراسمی که من رفته بودم و این داستان را تبدیل کردند به یکی از موارد اتهامی من در بازجویی‌ها. اینکه مثلاً شما [خانواده‌های اعدام‌شدگان] چطور تشکلی دارید؟ متشکل هستید؟ نیستید؟ بحث این بود که شماها چرا [به خاوران] می‌رفتید؟ و نباید آنجا می‌رفتید. بخاطر اینکه این کار جرم بوده. به هر صورت مثلاً اگر من ۴۰ روز بازجویی شدم اگر بخواهیم تقسیم کنیم شش هفت روز هم راجع به این ماجرا بود. از من خواسته بودند که در دادگاه [که علنی بود و از صدا وسیمای ایران نیز پخش شد] بگویم پدرم "معدوم شده" من هم گفتم پدرم در سال ۶۷ اعدام شده است و به این دلیل رضایت زیادی از دادگاه من یعنی از حرف‌های من نداشتند. چون بعد از دادگاه [به عنوان تنبیه] به سلولی رفتم که پایین آن سلول موتورخانه اوین بود که خیلی جای گرمی بود. یا موتورخانه بود یا نانوایی. به هر صورت آدم‌هایی هستند که تجربهٔ آن سلول را دارند، می‌دانند که سلول بسیار داغی است.[۲۱۸]

گره زدن اتهامات افراد به خاطر فعالیت سیاسی و مدنی خودشان به پیشینه اعدام اعضای خانواده و پیگیری اعدام‌ها را برخی دیگر از خانواده‌ها تجربه کرده‌اند، به‌گونه‌ای که چند تن از فرزندان اعدام‌شدگان دهه ۶۰ در سال ۱۳۸۸ و پس از مراجعه ماموران به منزل‌شان برای بازداشت آنها مجبور به ترک ایران شدند و یکی از آنها پس از بازداشت به‌دلیل اعدام پدرش و حضور در خاوران مورد فشار مضاعف قرار گرفت.[۲۱۹]

مادران و خواهرانی که به صورت متمرکز روی مسئله دادخواهی فعالیت می‌کردند نیز در جریان اعتراضات پس از انتخابات ۱۳۸۸ در معرض فشاری بیش‌تر از همیشه بودند. منصوره بهکیش یکی از کسانی است که در این سال‌ها بارها بازداشت، احضار و تهدید شده و از سوی دادگاه به حبس محکوم شده است. یکی از این احضارها دوم شهریور ۱۳۸۸ بود:

زنگ تلفن همراهم به صدا در آمد و مردی به نام آقای صالحی پشت خط بود. از من خواست که ساعت سه بعدازظهر برای پاره‌ای توضیحات به اداره پیگیری وزارت اطلاعات خیابان صبا بروم. دلیل احضارم را جویا شدم. گفتند که راجع به خاوران است. گفتم چرا دست از سر ما بر نمی‌دارید؟ مگر چه

[۲۱۸] شهادت امید منتظری، عدالت برای ایران، شهریور ۱۳۹۳
[۲۱۹] شهادت امید منتظری، عدالت برای ایران، شهریور ۱۳۹۳

اتفاقی افتاده است؟ گفت لازم است بیایید و من هم رفتم. می‌گفتند: ما خبر داریم که شما خانواده‌ها را تشویق به رفتن به خاوران می‌کنید و خودتان نیز می‌خواهید به خاوران بروید. گفتند: شهریور نبایستی آنجا بروید الان شرایط بحرانی است و اگر بیایید با شما برخورد خواهد شد. من هم گفتم: من قبلاً گفته‌ام و هر بار که مرا بیاورید نیز خواهم گفت که چنین تعهدی نمی‌دهم و به خاوران نیز خواهم رفت و در هر جایی که خانواده‌ها مراسمی بگیرند نیز شرکت خواهم کرد و هیچ کس نمی‌تواند من را از این کار منع کند. زیرا این حق قانونی و طبیعی من است گفت: رفتن به صورت فردی اشکالی ندارد ولی شما می‌خواهید دسته‌جمعی بروید. گفتم: این مسئله را شما به وجود آورده‌اید. شما آنها را گروهی کشته‌اید و ما نیز طبیعی است که برای برگزاری سالگردشان گروهی برویم.[۲۲۰]

پروانه میلانی در اردیبهشت ۱۳۹۳ وضعیت خاوران را اینطور توصیف کرد: «در خاوران دری که مربوط به بچه‌های ما است، قفل کرده‌اند، لاک و مهر کرده‌اند و ما ناچار هستیم از در گورستان بهاییان وارد شویم ولی خب آن‌را هم نمی‌گذارند، حتی اجازه نمی‌دهند ما وارد بشویم و گل‌های‌مان را آنجا بگذاریم. ولی با تمام این تفاسیر خانواده‌ها می‌روند و سعی می‌کنند که آنجا را تنها نگذارند.»[۲۲۱]

در شهریور ۱۳۹۳ خانواده‌ها توانستند پس از هفت سال، بار دیگر در سالگرد اعدام‌های ۱۳۶۷ در خاوران گردهم بیایند.[۲۲۲] تعداد حاضران در این مراسم سالگرد نسبت به مراسم‌های دسته‌جمعی در سال‌های قبل بسیار کمتر بود، اما خانواده‌ها از اینکه بار دیگر اجازه حضور دسته‌جمعی در خاوران را داشتند، خوشحال بودند.

این شرایط اما ماندگار نبود و برخی خانواده‌ها که ۳ آبان ۱۳۹۳ به خاوران رفته بودند بار دیگر با یورش ماموران نیروی انتظامی به خاوران مواجه شده و با توهین و خشونت از آنجا بیرون شدند.[۲۲۳] اسفند ۱۳۹۳ نیز اجازه برگزاری مراسم دسته‌جمعی به خانواده‌ها داده نشد.

[۲۲۰] منصوره بهکیش،گیریم که ببندید و بگیرید و بکشید، با رویش جوانه‌ها چه می‌کنید، گویا نیوز، ۴ شهریور ۱۳۸۸، قابل دسترسی در:
http://news.gooya.com/politics/archives/2009/08/092752.php
[۲۲۱] شهادت پروانه میلانی، عدالت برای ایران، اردیبهشت ۱۳۹۳
[۲۲۲] منصوره بهکیش، مقاومت مادران و خانواده‌های خاوران، حکومت را به عقب‌نشینی وادار کرد، ۸ شهریور ۱۳۹۳، تارنمای گویا نیوز، قابل دسترسی در:
http://news.gooya.com/politics/archives/2014/08/185249print.php
[۲۲۳] منصوره بهکیش، صفحه شخصی فیس بوک، ۳ آبان ۱۳۹۳

مراسم سالگرد اعدام‌ها در خاوران- شهریور ۱۳۹۳

منصوره بهکیش نوشته است:

بازار گل بودیم که یکی از خانواده‌ها زنگ زد و گفت جلوی ما رو گرفتند و کارت شناسایی خواستند. در خیابان لپه‌زنک، جلوی در اصلی، یک ماشین نیروی انتظامی پارک شده بود. به خیابان پشتی رفتیم. گل‌ها را برداشتیم و به داخل رفتیم، کسی جلوی ما را نگرفت، چون لباس شخصی‌ها و ماموران نیروی انتظامی داخل بودند. داخل هم تعدادی از همراهان و خانواده‌ها این طرف و آن طرف ایستاده بودند. ما به اتفاق چند نفر از خانواده‌ها از پشت قطعه بهایی‌ها وارد قطعه بالایی شدیم و گل‌های‌مان را لای بوته‌ها گذاشتیم و پرپر کردیم، بلافاصله متوجه شدند و آمدند و جلوی ما را گرفتند. یکی از لباس شخصی‌ها که پارسال هم گل‌های مرا گرفته و زیر پا له کرده بود، می‌خواست گل‌ها را از دستم بگیرد، ولی آن‌چنان غضبناک نگاهش کردم که خود را کنار کشید و مشغول جمع کردن گل‌های لای بوته‌ها شد. ما هم گل‌های دستمان را پرپر کردیم و ریختیم. مادر الیکا هم با ما بود و آنقدر بر سرشان فریاد کشید که خفه شدند. گفتیم دخترش تازه فوت شده است و آمده که به یاد او و همسرش بر خاوران گلی بگذارد، چرا شما عوضی‌ها نمی‌گذارید، مامور نیروی انتظامی سرش را پایین انداخت و گفت: "بالایی‌ها دستور داده‌اند." بالاخره نگذاشتند آن جا بمانیم. به اتفاق تعدادی دیگر از خانواده‌ها و دوستان مدتی در خیابان بین دو قطعه ایستادیم و روی نیمکت نشستیم و آنها هم از دور ما را تماشا می‌کردند، بالاخره طاقت نیاوردند و ما را از آن جا هم به بیرون گورستان فرستادند. گفتم: "بالاخره روزی در دادگاهی به پای ما خواهید افتاد که شما را ببخشیم". گفت: "شما دارید یکی‌یکی می‌میرید"، گفتم: "ما در حال زاده شدن هستیم

و بالاخره روزی باید پاسخ‌گوی اعمال‌تان باشید" خانواده‌ها همین‌طور می‌آمدند و بیرون گورستان شلوغ شده بود. همه شاکی و معترض بودند، دختر جوانی اعتراض کرد و آن جوانک اطلاعاتی تهدیدکنان خواست کارت شناسایی او را بگیرد که ما راهش را سد کردیم و نگذاشتیم. [۲۲۴]

ششم شهریور ۱۳۹۴ نیز هنگامی که جمعی از خانواده‌های اعدام‌شدگان برای برگزاری مراسم سالگرد به خاوران رفتند، بار دیگر با درهای بسته خاوران مواجه شدند و به آنها گفته شد که تا پایان شهریور ماه اجازه ورود به خاوران را ندارند. یک خودروی نیروی انتظامی در خیابان لپه‌زنک روبروی در اصلی خاوران ایستاده بود و چند خودروی متعلق به وزارت اطلاعات و نیروهای امنیتی لباس شخصی با استقرار در مقابل در پشتی خاوران از ورود خانواده‌ها به خاوران ممانعت می‌کردند. با وجود اینکه برخی خانواده‌ها تا چند ساعت جلوی درخاوران بر روی جدول‌های کنار خیابان نشستند اما حتی پرتاب گل به داخل خاوران نیز از سوی ماموران انتظامی و امنیتی حاضر در محل تحمل نشد و با اعمال خشونت اقدام به گرفتن گل‌ها از دست خانواده‌ها کردند. [۲۲۵]

۳. حق قربانیان برای اعاده حیثیت و اعتبار

اعاده حیثیت از قربانیان و اعلام صحیح و بی‌طرفانه وقایع تاریخی که منجر به نقض حقوق بشر شده یکی از مهم‌ترین اقدامات ترمیمی در موارد نقض فاحش و گسترده حقوق بشر است. در اغلب مواقع در هنگام نقض حقوق بشر گسترده‌ای همچون اعدام یا قتل‌عام مخالفان، نیروهایی که قدرت را در دست دارند برای توجیه کشتار خود اقدام به تحریف واقعیت کرده و ماجرا را به گونه‌ای که توجیه کننده عمل آنها باشد روایت می‌کنند.

در جمهوری اسلامی ایران نهادها و مقامات رسمی از زندانیان سیاسی اعدام شده به عنوان گروهی تروریست و «مفسد فی‌الارض» یاد می‌کنند که استحقاق اعدام را داشته‌اند. در نبود رسانه‌های آزاد و مستقل و حاکمیت فضای سرکوب بر

---

[۲۲۴] منصوره بهکیش،صفحه شخصی فیس بوک، ۲۲ اسفند ۱۳۹۳

[۲۲۵] منصوره بهکیش،خاوران و بحران پاسخ‌گویی و مسئولیت‌پذیری حکومت، تارنمای اخبار روز، ۸ شهریور ۱۳۹۴، قابل دسترسی در:
http://www.akhbar-rooz.com/article.jsp?essayId=68956

جامعه، امکان اعلام روایت‌های بی‌طرفانه مبتنی بر حقیقت در جامعه وجود ندارد و روایت رسمی حاکمیت برای بخش بزرگی از جامعه تبدیل به تنها روایت موجود در رابطه با اعدام زندانیان سیاسی دهه ۶۰ شده است. پذیرش روایت رسمی در این رابطه به‌خصوص در دهه ۶۰ و ۷۰ پیش از رواج اینترنت در جامعه ایران و دسترسی بخشی از مردم به رسانه‌های آزاد خارج از ایران، مشهودتر بود. این در حالی است که برای کسانی نیز که به اقدام مسلحانه دست زده بودند و یا برای آن تدارک می‌دیدند نیز امکان هیچ محاکمه منصفانه‌ای موجود نبوده و چنانچه اعدام شده‌اند، خانواده‌هایشان از تمام حقوق خود به شرحی که تا کنون رفت محروم بوده‌اند.

بسیاری از مردم وقتی از اعدام یک فعال سیاسی با خبر می‌شدند اولین چیزی که از خانواده او می‌پرسیدند این بود که «اسلحه داشت؟ آدم کشته؟» به گفته لادن بازرگان: «پروپاگاندایی که رژیم ایجاد کرده بود و تبلیغاتی که شبانه‌روز از رادیو و تلویزیون می‌کرد، باعث شده بود همه فکر کنند اگر کسی در زندان است جنایتکار یا آدم‌کش و قاتلی است که کار خیلی بدی کرده. متوجه نبودند که تو فقط به جرم یک کتاب خواندن به جرم ابراز عقیده به جرم هواداری از یک سازمان سیاسی می‌توانی در زندان باشی و انگار هر کسی در زندان‌های این رژیم است باید اسلحه داشته باشد.»[۲۲۶]

در چنین شرایطی متهم شدن زندانیان سیاسی اعدام شده به انجام عملیات‌های تروریستی و اعمال خشونت‌هایی که آنها را مستحق اعدام کرده است، یکی از سخت‌ترین آزارها برای خانواده‌ها بوده است. به‌ویژه اینکه بسیاری از زندانیان سیاسی به صورت فردی و سازمانی به انجام عملیات مسلحانه باور نداشتند و برخی از فعالانی که سازمان سیاسی آنها اعتقاد به عملیات مسلحانه داشت نیز در زمان بازداشت آنها به صورت مسالمت‌آمیز و گاه قانونی فعالیت می‌کردند و حتی در صورتی که سازمان سیاسی متبوع در حال انجام عملیات مسلحانه بود، بسیاری از اعضا و هواداران آن هیچ‌گاه دست به اسلحه نبرده و در حال پخش اعلامیه یا فروش روزنامه سازمان سیاسی‌شان بازداشت شده بودند. سلطه این روایت حکومتی از اعدام مخالفان سیاسی، یکی از آزارهای روانی اعمال شده علیه خانواده‌ها بود:

> یکی از مهم‌ترین مسائلی که مرا تا آخرین روز اقامتم در ایران آزار می‌داد این بود که باید هویت خودم و پدر و مادرم را پنهان می‌کردم. در تمام لحظات زندگی‌ام به اینکه دختر چنین انسان‌های آزادی‌خواه و انسان‌دوستی هستم افتخار کرده و تا آخر عمر هم افتخار خواهم کرد. ولی در ایران باید

---

[۲۲۶] شهادت لادن بازرگان، عدالت برای ایران، مهر ۱۳۹۳

هویتم را پنهان می‌کردم. در دوران مدرسه مجبور بودم در مورد علت نبودن پدر و مادرم و این‌که چرا نمی‌توانند به مدرسه ما بیایند، دروغ بگویم؛ در حالیکه عمیقاً دلم می‌خواست نامشان را فریاد بزنم، بگویم چگونه انسان‌هایی بودند و به خاطر چه آرزوهای زیبا و انسانی کشته شدند. دلم می‌خواست همه بدانند که این رژیم چه بلایی بر سر خانواده من آورده و چقدر بی‌شرمانه واقعیات را جعل می‌کند، تحریف می‌کند و جای قربانی و جانی را وارونه جلوه می‌دهد. تحریف واقعیت در مورد قربانیان دهه شصت را در ایران مدام تجربه می‌کردیم. یک عمر در ایران شاهد این بودم که عوامل و مبلغان رژیم، کتاب و مقاله نوشتند و فیلم ساختند و از نسل آرمان‌خواهی که در دهه شصت به خون کشیده شد، تصویر موجودات آدم‌خوار و اژدهای هفت‌سر ارائه دادند. ولی ما نمی‌توانستیم فریاد بزنیم که این‌ها دروغ می‌گویند. من دختر دو تن از آزادی‌خواهان دهه شصتم. می‌دانم آنان چگونه انسان‌هایی بودند و برای چه آرمان‌هایی جان‌شان را از دست دادند. ولی نه تنها باید این هویت را پنهان می‌کردم بلکه باید در مقابل این‌همه تحریف و دروغ و جعل، فریادم را فرو می‌خوردم و سکوت می‌کردم. تحمل این امر کار بسیار سختی است. تا آخرین روز اقامتم در ایران از این مسئله زجر کشیدم. ۲۲۷

در حالی‌که در اعمال و رفتار سیاست‌گذاران و ماموران حکومتی کمترین نشانه‌ای از اقدامات ترمیمی و مبتنی بر جبران خسارت در رابطه با اعدام‌های دهه ۶۰ دیده نمی‌شود، خانواده‌ها از درخواست حقوق قانونی خود دست نکشیده‌اند و به صراحت خواستار اعاده حیثیت از اعدام‌شدگان شده‌اند. در نامه‌ای که ۲۸ فروردین ۱۳۸۱ با امضای «پروانه میلانی و جمعی از خانواده‌ها» به شورای شهر تهران نوشته شد، آمده بود: «صرف‌نظر از نحوه توقیف، محاکمه و مرگ این افراد که مقوله‌ای است حقوقی،... با کمال تاسف باید عرض شود در این مدت نه فقط از آوازه و منزلت آنانی که اعدام شده‌اند پاسداری نشده بلکه حتی بعد از مرگ هم به انحاء مختلف مورد تحقیر و اهانت و خانواده‌هایشان مورد تهدید و ایذا و آزار بوده‌اند.» ۲۲۸

---

۲۲۷ شهادت سحر محمدی، عدالت برای ایران، بهمن ۱۳۹۳
۲۲۸ گفت و گوی سایت مادران پارک لاله با آسیب دیدگان خشونت های دولتی- پروانه میلانی، تارنمای مادران پارک لاله، ۲۴ آذر ۱۳۹۲، قابل دسترسی در:
http://www.mpliran.org/2013/12/4.html

الف- اقدامات در جهت جبران خسارت[229]

بر اساس قوانین بین‌المللی برای هر ضرر و زیان ناشی از نقض آشکار قوانین بین‌المللی ناظر بر حقوق بشر و یا نقض فاحش قوانین بشردوستانه بین‌المللی که قابل ارزیابی مادی باشد، باید در صورت امکان به روش مناسب و متناسب با شدت جرم و اوضاع و احوال هر پرونده غرامت پرداخت شود. اصل ۲۰ «اصول اساسی احقاق حق» این غرامت را شامل ضرر و زیان جسمی یا روانی؛ فرصت‌های از دست رفته چون از دست دادن کار، تحصیل و خدمات اجتماعی؛ ضرر و زیان مادی و از دست دادن درآمد، از جمله درآمدهای بالقوه؛ آسیب روحی و مخارج معاضدت حقوقی یا ارجاع به کارشناسی، مخارج درمانی خدمات روانشناختی و خدمات اجتماعی می‌داند.[230]

اگرچه پرداخت غرامت مالی در خصوص جنایاتی همچون کشتار دسته جمعی زندانیان سیاسی نمی‌تواند به تنهایی جبران صدمات وارد آمده بر خانواده آنها به طور خاص و کل جامعه به طور عام را داشته باشد، اما از آنجا که پیش‌شرط چنین اقدامی پذیرش رسمی مسئولیت این اعدام‌ها است، تلاش برای وادار کردن دولت به انجام این وظیفه قانونی خود می‌تواند گامی در جهت التیام این زخم باشد. لازم به ذکر است که میان زندانیان سیاسی جان به‌دربرده از دهه ۶۰ و خانواده‌های قربانیان، اتفاق نظری در مورد مطالبه غرامت مادی وجود ندارد و برخی از آنها اعتقاد دارند که نمی‌خواهند پول خون عزیزان‌شان را طلب کنند.

۱. صدمات جسمی و روحی

بسیاری از خانواده‌های اعدام‌شدگان پس از شنیدن خبر اعدام فرزندان‌شان و به‌خصوص با شیوه ناگهانی، غیرانسانی و توهین‌آمیزی که معمول بود، سکته کرده یا دچار بیماری‌های روحی شدند.

فریده امیرشکاری که همسر، دو برادر و دو برادر همسرش را در جریان کشتار مخالفان جمهوری اسلامی از دست داده است، در رابطه با صدمات جسمی و روحی وارد شده بر خود وخانواده‌اش می‌گوید:

> من امروز یک بیماری هستم که دچار افسردگی هستم، ناراحتی قلبی دارم و دچار تشنج‌های گاه به گاه می‌شوم. دکترهایم می‌گویند این مسائلی که

---

[229] Compensation

[230] Principle 20 of " Basic Principles and Guidelines on the Right to a Remedy and Reparation for Victims of Gross Violations of International Human Rights Law and Serious Violations of International Humanitarian Law", Adopted and proclaimed by General Assembly resolution 60/147 of 16 December 2005, Access online at: http://www.ohchr.org/EN/ProfessionalInterest/Pages/RemedyAndReparation.aspx

برای تو پی در پی پیش آمد همه فرسایش پیدا کرده در ذهنت و در آن زمان مسئولیت دو بچه را داشتی و می‌خواستی روحیه آنها را حفظ کنی و از آن طرف مسئولیت این را داشتی که روحیه خانواده همسرت را حفظ کنی و روحیه مادرت را حفظ کنی، همه این مسائل باعث شده تو آن موقع تخلیه نشوی از نظر غم درونی‌ات. همیشه به دکترم می‌گویم من چطور می‌توانستم این شوک را تخلیه کنم در آن لحظه؟ من الان در این سن در این شرایط باید با عصا راه بروم چون تعادل ندارم. مادرم به شکل دیگری مریض است. خواهرم هم یک ناراحتی عصبی بعد از مرگ آن دو برادرم برایش پیش می‌آید. مادر همسرم که واقعاً دوام نیاورد. زنی بود که قلب سالمی داشت و زندگی سالمی کرده بود هفت-هشت سال قبل فوت کرد. یعنی واقعاً از غصهٔ مرگ بچه‌هایش، طوری که روزها می‌نشست در خانه جلوی این عکس‌ها و با آن عکس‌ها حرف می‌زد. تمام روز کارش همین بود که یک آشپزی بکند و بیاید بنشیند جلوی عکس بچه‌هایش. خب واقعاً از غصه و مخصوصاً بعد از ۶۷ که هیچ نشانی از بچه‌ها به ما ندادند.[۲۳۱]

آن گونه که خاطره معینی نیز تاکید دارد صدمات وارده از کشتارهای دهه ۶۰ فقط محدود به فقدان آنها و تاثیرات جبران‌ناپذیر اعدام‌شان نبود و خانواده‌های آنها نیز در جریان اعدام‌ها و پس از آن در جریان دادخواهی برای اعدام‌ها به صورت روحی و جسمی متحمل صدمات بسیار شدند:

مادر من بعد از اینکه خاوران را تخریب کردند و درِ خاوران را بستند، همان شب سکته کرد و [از آن به بعد] با دستگاه اکسیژن تنفس می‌کرد. ابعاد [این آزار و اذیت خانواده‌ها] خیلی وسیع است. من خیلی دلم می‌خواهد کسی بتواند همه اینها را در بیاورد. هم بلایی که سر بچه‌ها آمده، هم بلایی که سر خانواده‌های‌شان آمده است. کمتر خانواده‌ای است حداقل در خانواده‌هایی که من می‌شناسم، که آسیب روحی ندیده باشد یا حداقل از خواهرهای بزرگ ما [کمتر کسی است که] سکته نکرده باشد و مشکل پیدا نکرده باشد. یک فاجعه بود واقعاً یک فاجعه بود. نمی‌دانم چطور می‌شود یک زمانی به ابعاد مختلف و قضایای مختلفی که در کنار این قضیه است رسیدگی شود.[۲۳۲]

---

[۲۳۱] شهادت فریده امیرشکاری، عدالت برای ایران، بهمن ۱۳۹۳

[۲۳۲] شهادت خاطره معینی، عدالت برای ایران، آبان ۱۳۹۱

اهمیت بررسی صدمات روحی و جسمی وارده به خانواده‌ها در جریان اعدام عزیزان شان از این جهت نیز حائز اهمیت است که جمهوری اسلامی به هیچ وجه مسئولیت این صدمات را برعهده نمی‌گیرد و حتی در مواردی که خانواده‌ها به طور مشخص در خاوران و از سوی ماموران دولتی مورد ضرب و شتم قرار گرفته‌اند نیز از زیر بار مسئولیت آن فرار می‌کنند. خاطره معینی با اشاره به ضرب و شتم خانواده‌ها در خاوران می‌گوید:

> صحنه‌ای که هیچ وقت فراموش نمی‌کنم، صحنه کتک زدن پدرم بود، پدرم را می‌زدند و می‌خواستند قاب عکس [برادر اعدام شده‌ام] را ازش بگیرند او هم سفت این قاب عکس را گرفته بود، انگار فکر می‌کرد برادرم را بغل کرده. می‌زدند با لگد. پیرمرد افتاده بود روی زمین. من را و بقیه بچه‌هایی که جوان‌تر بودند، ما را گذاشته بودند رو به دیوار، جلوی‌مان را گرفته بودند و نمی‌گذاشتند بیاییم، من جیغ می‌زدم می‌گفتم پدرم را کشتید، چه کارش دارید. به پدرم می‌گفتم قاب را بده، برایت بهتر درست می‌کنم. ولی سفت گرفته بود تا وقتی بردن‌مان کمیته قاب توی بغلش بود و نداد. ولی توی خاوران می‌زدند. یک بار که [من را] خیلی بدجور زدند و من عینکم شکست، خانواده‌ها گفتند بچه‌های‌مان را زده‌اید. [ماموران] گفتند کی؟ کی زده؟ این خودش خورده زمین. گفتم عینک من را شکسته‌اند. صورتم هم زخم شده بود. گفتند نه اصلاً همچین چیزی نیست. اصلاً منکر می‌شدند.[۲۳۳]

رخشنده حسین‌پور که بعد از شنیدن خبر اعدام برادرش «حالت نیم سکته» پیدا کرد و به بیمارستان منتقل شد نیز می‌گوید از فرزند خردسال تا پدر پیرش همگی پس از اعدام همسر و برادرانش سلامتی‌شان را از دست دادند. پسرش به دلیل از کار افتادن اعصاب روده غذا نمی‌خورد و قدرت دفع را از دست داده بود و پدرش نیز به فاصله کمی پس از اعدام‌ها سرطان معده گرفت و درگذشت.[۲۳۴] علاوه بر این بوده‌اند خانواده‌هایی که به صورت مستقیم‌تر و بلافاصله پس از شنیدن خبر از پا افتاده‌اند. نمونه‌هایی همچون پدری که پس از اینکه خبر اعدام پسرش را به او دادند همان‌جا در زندان سکته کرد و درگذشت.[۲۳۵]

کابوس‌هایی که گاه تمام عمر با خانواده زندانیان باقی می‌ماند بخشی دیگر از صدمات وارده بر آنان است که شاید هیچ‌گاه قابل جبران نباشد، اما به رسمیت

---

[۲۳۳] شهادت خاطره معینی، عدالت برای ایران، آبان ۱۳۹۱

[۲۳۴] شهادت رخشنده حسین‌پور، عدالت برای ایران، مهر ۱۳۹۳

[۲۳۵] شهادت سحر محمدی، عدالت برای ایران، بهمن ۱۳۹۳، بهمن ۱۳۹۳

شناختن آن و تلاش برای جبرانش، می‌تواند گامی رو به جلو در راستای ترمیم این زخم‌های باز باشد. کابوس‌های سحر محمدی که در سه سالگی پدرش تیرباران شده و در شش سالگی مادرش را اعدام کرده‌اند یکی از این نمونه‌ها است:

> برای یک دوره طولانی یکی از کابوس‌های تکراری‌ام این بود که خواب می‌دیدم ماموران برای دستگیری مادرم به خانه ما هجوم می‌آوردند و من که در خوابم یک بچه کوچک بودم سعی می‌کردم مادرم را پنهان کنم ولی جایی برای پنهان کردنش پیدا نمی‌کردم. حتی یک دیوار نبود که بگویم مامان برو پشت آن دیوار قایم شو. در مورد پدرم هم این کابوس را می‌بینم ولی به اشکال دیگر. کابوس می‌بینم که یک نفر آن روبرو ایستاده، سینه پدرم را نشانه گرفته و می‌خواهد به سینه‌اش شلیک کند. در خواب سعی می‌کنم جلویش بایستم تا گلوله به سینه‌اش نخورد ولی جثه‌ام کوچک است و قدم نمی‌رسد تا جلوی اصابت گلوله به پدرم را بگیرم. یکی دیگر از کابوس‌های مکررم این است که عزیزانم را روبرویم ردیف بسته‌اند و می‌خواهند تیرباران کنند و به من می‌گویند تو تصمیم بگیر کدام‌شان را نکشیم. می‌گویند من می‌توانم جان یکی از آنان را نجات دهم. گاهی هم می‌گویند تو تصمیم بگیر کدام‌شان را بکشیم. این کابوس سالیان سال است که به اشکال مختلف تکرار می‌شود.[۲۳۶]

منصوره بهکیش بخشی از صدمات وارد شده بر خانواده‌ها را این‌گونه شرح می‌دهد:

> من خود شاهد بیماری بسیاری از عزیزان بوده‌ام که به خاطر این فاجعه دچار این مشکل شده‌اند، مادر پنجه‌شاهی که دچار سکته قلبی شد، مادر رضایی در هنگام بازگشت از مزار یکی از پسران اعدام شده‌اش در بهشت زهرا زیر اتوبوس له شد، پدر خود من به مدت سه سال دچار بیماری روان پریشی شد. او از همه چیز وحشت داشت و تصور می‌کرد که همه جای خانه را دوربین کار گذاشته‌اند. پدرم می‌گفت بالاخره مرا به آن بیرق بسیج جلوی خانه دار می‌زنند، او بیرون از خانه، در کوچه فرش می‌انداخت و آن‌جا می‌نشست که به گمان خود از خانه و از ما مراقبت کند؛ تصور کنید در این سه سال مادر من چه کشید، خود من در سن ۴۹ سالگی در تابستان امسال (سال ۱۳۸۶) به خاطر شنیدن یک خبر خودکشی با طناب دار، تمام صحنه‌های دار کشیدن عزیزان‌مان در خواب برایم تداعی شد و

---

[۲۳۶] شهادت سحر محمدی، عدالت برای ایران، بهمن ۱۳۹۳

دوبار بیهوش شدم و کم مانده بود دچار سکته مغزی شوم. مادر فروغ (تاجبخش) که به خاطر فشارهای روحی روانی قبل از مراسم امسال و فشارهای یکی از مأمورین امنیتی در خاوران و دستگیری یکی از شرکت کنندگان بعد از مراسم دچار سکته خفیف مغزی شد و هزاران نمونه دیگری که لازم است این موارد به عنوان مدرک و سند استخراج و ثبت شود.»[۲۳۷]

۲. فرصت‌های گرفته شده: اشتغال، تحصیل و سفر

آزار و اذیت خانواده اعدام‌شدگان محدود به نقض حقوق آنها در روند اعلام خبر اعدام، دفن و داشتن محل دفن مشخص، حضور آزادانه بر سر مزار اعدام‌شدگان و اعتراض و اطلاع‌رسانی و دادخواهی دربارۀ اعدام‌ها نبود و گاه به محرومیت از حقوق اولیه نیز منجر می‌شود و برخورداری از حقوقی چون اشتغال، تحصیل و سفر را برای خانواده اعدام‌شدگان غیرممکن یا سخت می‌کند.

در سال‌های نخست پس از اعدام‌ها، تعداد زیادی از افراد خانواده و حتی بستگان دور بسیاری از اعدام‌شدگان در گزینش‌های مربوط به اشتغال و دانشگاه رد شدند و در بسیاری از این موارد، این افراد که هیچ فعالیت سیاسی یا فعالیت مرتبط با پیگیری اعدام‌ها نداشتند فقط به خاطر نسبت فامیلی با اعدام‌شدگان این محرومیت را تجربه کردند.[۲۳۸]

به دلیل فضای امنیتی که همچنان به خانواده‌ها فشار می‌آورد، آمار و اسناد مشخصی در این زمینه وجود ندارد و بسیاری از خانواده‌های تحت فشار، حاضر نیستند در این رابطه صحبت کنند. اما شهادت افرادی که با آنها مصاحبه کرده‌ایم حاکی از وجود و تدوام این گونه فشارها است. نامه‌ای که شماری از خانواده‌ها در بهمن ۱۳۸۱ به هیات گزارشگران کمیسیون حقوق بشر سازمان ملل متحد نوشتند و طی آن از ایجاد محدودیت در اشتغال و کار خانواده اعدام‌شدگان به عنوان یکی از موارد نقض حقوق بشر یاد کردند، شاهدی دیگر بر این مدعا است.[۲۳۹]

---

[۲۳۷] منصوره بهکیش، بخشی از فشارهای هرساله رژیم به ما خانواده ها، تارنمای بیداران، ۳ مهر ۱۳۸۶، قابل دسترسی در: http://www.bidaran.net/spip.php?article131
[۲۳۸] شهادت سحر محمدی، عدالت برای ایران، بهمن ۱۳۹۳
[۲۳۹] شکایت نامه‌های خانواده های زندانیان اعدامی ۱۳۶۷ – ۱۳۸۲، تارنمای بیداران، ۱۰ مهر ۱۳۸۲، قابل دسترسی در: http://www.bidaran.net/spip.php?article25

۲,۱. محرومیت یا محدودیت در برخورداری از حق تحصیل

گزینش دانشگاه‌ها در دهه ۶۰ و ۷۰ مانعی جدی برای ادامه تحصیل خانواده‌های اعدام‌شدگان در دانشگاه‌های دولتی بود و در مواردی این محرومیت‌ها حتی تا دهه ۸۰ نیز ادامه داشته و شامل کسانی که در دهه ۷۰ به دنیا آمده‌اند نیز شده است.[۲۴۰] خواهر یکی از اعدام‌شدگان می‌گوید: «سال ۱۳۶۱ پس از اعدام برادرم، همسرش که آن زمان دانشجو بود از دانشگاه اخراج شد و از او خواستند که برای بازگشت به دانشگاه، از همسرش انزجار بدهد که او نپذیرفت. در نهایت با ضمانت رئیس دانشگاه که به او اجازه ادامه تحصیل دادند اما چند بار جلویش را گرفتند سر مزار شوهرش در خاوران نرود.»[۲۴۱]

اقوام درجه دوم مثل فرزندان خواهران و برادران اعدام‌شدگان نیز نقض حق ادامه تحصیل را تجربه کرده‌اند و حتی کسانی که نسبت خانوادگی دوری با اعدام شدگان داشتند نیز گاه مشمول این محرومیت‌ها شده‌اند.[۲۴۲]

اکثر فرزندان اعدام‌شدگان می‌گویند که در دوران مدرسه در رابطه با اعدام والدین‌شان سکوت می‌کردند و گاه حتی این موضوع را از مدیر و معلمان مدرسه نیز مخفی نگاه می‌داشتند. سخت‌گیری‌ها در ثبت‌نام فرزندان اعدام شدگان و جو سنگینی که علیه زندانیان سیاسی اعدام شده وجود داشت، از جمله دلایل این سکوت بود:

> در تمام مدت تحصیل نمی‌توانستم در مدرسه دربارهٔ اعدام مادرم یا کشته شدن پدرم صحبت کنم. دلیل این سکوت این نبود که کادر اداری مدرسه اعم از مدیر، ناظم و معلم آدم‌های بدی بودند یا اینکه اگر واقعیت را می‌شنیدند با من بدرفتاری می‌کردند. موضوع این بود که دانستن این واقعیت برایشان مسئولیت داشت و مجبور بودند به آن عکس‌العمل نشان دهند. برای من پیش آمد که مدیر مدرسه پس از آنکه به واقعیات زندگی من پی برد، با تاسف به من گفت بهتر است اگر می‌توانی مدرسه‌ات را عوض کنی. علتش این بود که برایش مشکل ساز بود که مسئله اعدام مادرم در مدرسه مطرح شده بود و امکان داشت دیگران نیز از آن آگاه شوند و معلوم شود که در آن مدرسه دختر یک اعدامی درس می‌خواند.

---

[۲۴۰] شهادت یکی از مصاحبه‌شوندگان به عدالت برای ایران که مایل به ذکر نامش در رابطه با این بخش از شهادتش نبود.

[۲۴۱] شهادت یکی از مصاحبه‌شوندگان به عدالت برای ایران که مایل به ذکر نامش در رابطه با این بخش از شهادتش نبود.

[۲۴۲] شهادت سحر محمدی، عدالت برای ایران، بهمن ۱۳۹۳

هرچند از آنجایی که جمهوری اسلامی یک نسل را قتل عام کرده بود، بچه‌هایی مثل من استثناء نبودند ولی تلاش می‌کردند از علنی شدن این واقعیت و آگاه شدن جامعه از ابعاد این فاجعه جلوگیری کنند.[۲۴۳]

۲,۲. محرومیت یا محدودیت در برخورداری از حق اشتغال

شمار زیادی از خانواده‌ها پس از اعدام بستگان‌شان، شغل خود را از دست داده و به اصطلاح پاکسازی شدند. بسیاری از آنها می‌گویند که هیچ‌گاه به دنبال استخدام در ادارات دولتی نبوده‌اند و بر اساس تجارب بقیه خانواده‌ها می‌دانستند که به جهت نسبت خانوادگی با یک فرد اعدام شده، شانسی برای استخدام ندارند. خانواده‌هایی که شانس استخدام در مراکز دولتی را داشتند نیز می‌گویند که از آزار و اذیت‌های حراست محل کارشان در امان نبوده‌اند و به صورت مدام تحت کنترل و بازخواست حراست بودند. امید منتظری می‌گوید: «یک جاهایی که گزینش داشتند، پیشاپیش خودمان می‌دانستیم نباید برویم و قید استخدام در اداره دولتی را که کاملاً زده بودیم. ولی هریک از خانواده‌ها از فرزندان بگیر تا پدرها و مادرها که می‌خواستند جاهای رسمی استخدام بشوند یک بار باید سر ماجرای اعدام‌ها جواب پس می‌دادند.»[۲۴۴]

در برخی موارد دامنه این محرومیت‌ها به مشاغل خصوصی نیز کشانده می‌شود و کارفرمایان به خاطر فشار نیروهای امنیتی یا هراس خودشان از درگیر شدن احتمالی با نیروهای امنیتی از استخدام خانواده‌های اعدام شدگان خودداری کرده یا آنها را اخراج می‌کنند. منصوره بهکیش که در یک بانک خصوصی کار می‌کرد، سال ۱۳۸۷ در پی شرکت در مراسم سالگرد یکی از اعدام‌شدگان در محل کارش بازداشت شد و سه روز در زندان بود، او ۲۳ روز پس از آزادی توانست اجازه بازگشت به کار را بگیرد[۲۴۵] اما پس از مدتی به بهانه اینکه قراردادش تمام شده، شغلش را از دست داد. منصوره بهکیش می‌گوید چندی پیش قصد داشت یک خانهٔ سالمندان در تهران راه‌اندازی کند، طرحی جامع آماده کرده بود مجوز آن را هم از بهزیستی گرفت، ولی آن طرح جامع سر از وزارت اطلاعات در آورد و عملاً اجازه این کار به او داده نشد و پروژه‌اش نیمه تمام ماند.[۲۴۶]

---

[۲۴۳] شهادت سحر محمدی، عدالت برای ایران، بهمن ۱۳۹۳

[۲۴۴] شهادت امید منتظری، عدالت برای ایران، شهریور ۱۳۹۳

[۲۴۵] منصوره بهکیش، گیریم که ببندید و بگیرید و بکشید، با رویش جوانه‌ها چه می‌کنید، گویا نیوز، ۴ شهریور ۱۳۸۸، قابل دسترسی در:
http://news.gooya.com/politics/archives/2009/08/092752.php

[۲۴۶] شهادت منصوره بهکیش، عدالت برای ایران، اسفند ۱۳۹۳

این محدودیت‌ها در حالی بود که به‌ویژه در سال‌های نخست پس از اعدام‌ها، خانواده‌ها به شدت با مشکلات مالی درگیر بودند و در فقدان مردان خانواده، همه فشار مالی و تامین معاش بر دوش زنانی افتاده بود که اغلب اجازه کارهایی متناسب با تخصص و تحصیلات‌شان به آنها داده نمی‌شد و مجبور بودند در مشاغلی سخت و با حقوق کم مشغول باشند. امید منتظری می‌گوید که مهین فهیمی، مادرش که معلم تاریخ بود، پس از اعدام پدرش مجبور شد در یک کارگاه چرم‌دوزی کار کند و کم نبودند همسران زندانیان اعدام شده‌ای که در شرایط فقر مطلق مالی مجبور به تامین معاش از طریق خیاطی و آشپزی و کارگاه‌های تولیدی شدند.[۲۴۷]

برخی از افراد این خانواده‌ها که اخراج نمی‌شدند، با از دست دادن موقعیت شغلی قبلی یا ممانعت از ارتقای شغلی مواجه بودند. شماری از آنها نیز پس از چند سال وقفه دوباره مشغول به کار شدند، اما اگر مدیر مدرسه بودند، به عنوان معلم یا دفتردار به کار برگشتند[۲۴۸] یا آنها را به مدارس خوب نمی‌فرستادند و مجبور بودند در شرایط سخت‌تری به کار ادامه دهند.[۲۴۹] هرچند در این میان بودند افرادی که با ضمانت و همکاری مدیران محل کارشان توانسته‌اند به کارشان ادامه دهند.[۲۵۰] این فشارها همچنان ادامه دارد و برخی از فرزندان اعدام‌شدگان دهه ۶۰ همچنان از فرصت استخدام رسمی در ادارات دولتی محروم هستند.

۲,۳. محرومیت یا محدودیت در برخورداری از حق سفر

ممنوع‌الخروج کردن خانوادهٔ اعدام‌شدگان و جلوگیری از سفر آنها به خارج از کشور نیز از دیگر روش‌های آزار و اذیت خانواده‌ها بوده که تا کنون نیز ادامه دارد. امید منتظری می‌گوید که مادرش از سال ۱۳۶۷ به مدت ۱۵ سال ممنوع‌الخروج بوده و وقتی در اوایل دهه ۸۰ برای گرفتن پاسپورت و رفع ممنوع‌الخروجی اقدام می‌کند، دور تازه‌ای از احضار و بازجویی در رابطه با بستگان اعدام شده و فعالیت‌های سیاسی آغاز می‌شود.[۲۵۱] فریده امیرشکاری نیز می‌گوید که از سال ۱۳۶۲ ممنوع‌الخروج بوده و در زمان خاتمی توانسته دوباره گذرنامه بگیرد و اجازه

[۲۴۷] شهادت امید منتظری، عدالت برای ایران، شهریور ۱۳۹۳

[۲۴۸] شهادت فریده امیرشکاری، عدالت برای ایران، بهمن ۱۳۹۳

[۲۴۹] شهادت ندا (نام مستعار)، عدالت برای ایران، مهر ۱۳۹۳ (نام و مشخصات شاهد نزد عدالت برای ایران محفوظ است.)

[۲۵۰] شهادت آیدین اخوان، عدالت برای ایران، بهمن ۱۳۹۳

[۲۵۱] شهادت امید منتظری،عدالت برای ایران، شهریور ۱۳۹۳

سفر به خارج از کشور را داشته باشد.[۲۵۲] شمار دیگری از خانواده‌ها نیز تا سال ۱۳۷۶ ممنوع‌الخروج بوده‌اند.[۲۵۳] و پس از آن به آنها اجازه سفر داده شده است.

شماری از خانواده‌ها اما در سال‌های اخیر نیز همچنان با مشکل ممنوع‌الخروجی روبرو هستند. مادر یکی از اعدام‌شدگان هنگامی که در سال ۱۳۹۱ برای حضور در دادگاه ایران تریبونال قصد سفر به لاهه را داشت با ممانعت ماموران امنیتی در فرودگاه مواجه شد و علاوه بر ضبط پاسپورتش، ممنوع‌الخروج نیز شد.

منصوره بهکیش یکی دیگر از خانواده‌هایی است که در سال‌های اخیر برای مدت پنج سال از سفر به خارج از کشور منع شده است. او می‌گوید:

در اسفند سال ۱۳۸۸ قصد سفر به ایتالیا به نزد دخترم را داشتم که در فرودگاه پاسپورتم را ضبط کردند و با نامه‌ای مرا به دادگاه انقلاب ارجاع دادند. با اینکه ممنوع‌الخروج نبودم و از گیت فرودگاه نیز رد شده بودم و می‌خواستم برای رفتن به داخل هواپیما سوار اتوبوس شوم، ولی چندین بار پشت بلندگو صدایم زدند و پاسپورتم را ضبط و بارم را از هواپیما خارج کردند. در همان جا اعتراض کردم و علت را جویا شدم، ولی فایده‌ای نداشت و نامه‌ای دستم دادند که از طریق دادگاه انقلاب پیگیری کنم. بلافاصله پیگیری کردم و مرا به شعبه ۲۸ نزد قاضی مقیسه فرستادند و او با حالتی بسیار توهین‌آمیز و ایستاده مثلاً مرا دادگاهی و ممنوع‌الخروجم کرد.[۲۵۴]

منصوره بهکیش سرانجام در بهمن ۱۳۹۳ پس از پنج سال ممنوع‌الخروجی موفق شد پاسپورت جدید بگیرد و در اردیبهشت ۱۳۹۴ برای دیدار فرزندانش به خارج از کشور سفر کند. او پس از بازگشت از این سفر به اداره گذرنامه بخش نهاد ریاست جمهوری احضار شد و از سوی دو مامور وزارت اطلاعات و یک مامور از نهاد ریاست جمهوری، مورد بازجویی قرار گرفت.

---

[۲۵۲] شهادت فریده امیرشکاری، عدالت برای ایران، بهمن ۱۳۹۳

[۲۵۳] شهادت ندا (نام مستعار)، عدالت برای ایران، مهر ۱۳۹۳ (نام و مشخصات شاهد نزد عدالت برای ایران محفوظ است.)

[۲۵۴] شهادت منصوره بهکیش، عدالت برای ایران، اسفند ۱۳۹۳

ب- تضمین عدم تکرار

تضمین عدم تکرار نقض گسترده و فاحش حقوق بشر نیز اگرچه یکی از اقدامات ترمیمی لازم است که باید دولت‌ها به آن متعهد شوند، اما با توجه به شرایط فعلی ایران هنوز راه درازی تا تحقق آن باقی است و هیچ اراده مشخصی در نظام جمهوری اسلامی در این رابطه به چشم نمی‌خورد. اگر چه پس از سال ۱۳۶۷ دیگر با اعدام دسته‌جمعی زندانیان سیاسی در ایران روبرو نبوده‌ایم و از دهه ۷۰ به بعد نیز آمار اعدام زندانیان سیاسی به نسبت دهه ۶۰ بسیار کاهش پیدا کرده است. اما سازوکارهای قانونی و اجرایی حاکم در جمهوری اسلامی ایران تغییر چندانی نکرده و به گونه‌ای نیست که بتوان آن را تغییراتی برای پیشگیری از وقوع چنین اعدام‌هایی دانست. از سوی دیگر اعدام زندانیان سیاسی در جمهوری اسلامی ایران هیچ‌گاه متوقف نشده و شیوه صدور و اجرای حکم اعدام و دفن اعدام‌شدگان و برخورد با خانواده آنها هم‌چنان بر طبق روال پیشین است.

بسیاری از زندانیان سیاسی که از دهه ۷۰ به بعد اعدام شده‌اند بدون داشتن یک محاکمه منصفانه به اعدام محکوم شده‌اند. بسیاری از آنها پیش از اعدام مورد شکنجه قرار گرفته‌اند و گاه همچون دهه ۶۰ اجسادشان به خانواده‌ها تحویل داده نشده و محل دفن‌شان مشخص نیست و به این ترتیب، در زمره ناپدیدشدگان قهری محسوب می‌شوند. به عنوان مثال فرزاد کمانگر، علی حیدریان، فرهاد وکیلی، شیرین علم‌هولی و مهدی اسلامیان پنج زندانی سیاسی هستند که ۱۹ اردیبهشت ۱۳۸۹ پس از اعدام در زندان اوین تهران، پیکر آنها به خانواده‌های‌شان تحویل داده نشد.[۲۵۵] ماموران زندان آنها را به صورت مخفیانه در محلی نامعلوم دفن کردند و پس از گذشت پنج سال هیچ‌اطلاعی دربارهٔ محل دفن آنها به خانواده‌های‌شان داده نشده است.[۲۵۶]

بر اساس اسناد بین‌المللی تضمین عدم تکرار باید شامل مواردی همچون «تضمین کنترل مؤثر نیروی نظامی و نیروی امنیتی توسط مقامات غیر نظامی»، «مراقبت از تطابق تمامی آیین‌های دادرسی نظامی و غیر نظامی با معیارها و هنجارهای پذیرفته شده بین‌المللی ناظر بر قانونی بودن، عادلانه و بی طرف بودن دادرسی» باشد.

---

[۲۵۵] چهار مرد و یک زن به اتهام 'عضویت در گروههای ضد انقلاب' اعدام شدند، بی بی سی فارسی، ۱۹ اردیبهشت ۱۳۸۹، قابل دسترسی در:
http://www.bbc.com/persian/iran/2010/05/100509_l01_execution_kamangir

[۲۵۶] دومین سالگرد اعدام فرزاد کمانگر در گفتگو با مهرداد کمانگر، خبرگزاری هرانا، ۱۹ اردیبهشت ۱۳۹۱، قابل دسترسی در: https://hra-news.org/fa/uncategorized/1-10955

«تقویت استقلال قوه قضائیه» و «حمایت از افرادی که به مشاغل قضایی، پزشکی و درمانی می پردازند و یا کارکنان رسانه‌های عمومی و یا مشاغل مشابه دیگر و نیز حمایت از مدافعان حقوق بشر» از دیگر مواردی است که در این راستا باید مورد توجه قرار بگیرد.

«پیش‌بینی و ارجحیت بخشیدن به برنامه‌های آموزشی حقوق بشر و قوانین بین‌المللی بشردوستانه به طور مستمر، در تمامی سطوح جامعه، و آموزش مأموران حفظ نظم و اجرای قانون و پرسنل نظامی در مورد حقوق و قوانین مذکور» و «ترویج رعایت قواعد سلوک حرفه‌ای و هنجارهای اخلاقی حرفه‌ای، به ویژه هنجارهای بین‌المللی توسط کارکنان دولتی، از جمله مأموران حفظ نظم و اجرای قانون و کارکنان زندان‌ها و رسانه‌های گروهی، مراکز خدمات درمانی، روانشناختی، و اجتماعی، پرسنل نظامی و نیز کارکنان شرکت‌ها» از دیگر موارد مهم برای تضمین عدم تکرار است.

همچنین دولت‌ها باید «توسعه سازوکارهایی جهت پیشگیری از منازعات اجتماعی و نظارت بر آن و حل این منازعات» و «بازبینی و اصلاح قوانینی که نقض آشکار قوانین بین‌المللی ناظر بر حقوق بشر و نقض فاحش قوانین بشردوستانه بین‌المللی را تسهیل یا تجویز می کنند» را در دستور کارشان قرار دهند.[۲۵۷]

با وجود بی‌تفاوتی جمهوری اسلامی به این موارد و نبود اراده‌ای برای انجام یک سری تغییرات گسترده و سیستماتیک در راستای تغییراتی با چشم‌انداز تضمین عدم تکرار جنایاتی همچون اعدام گسترده زندانیان سیاسی، خانواده‌ها در سخنان و نوشته‌های خود بارها بر اهمیت توجه به پیشگیری از وقوع دوباره این کشتارها تاکید دارند و برای برخی از آنها دلیل اصرارشان بر تحقق عدالت در ایران به سبب تاثیر آن در تضمین عدم تکرار چنین وقایعی است. امید منتظری در این رابطه چنین می‌گوید:

> من نمی‌دانم واقعاً چطور می‌شود رنج ابدی کسانی که کشته شده‌اند را جبران کرد. من نمی‌دانم چطور می‌شود از طریق پروسه‌ای که خودش به اندازه کافی مثل دانستن حقیقت دردناک است می‌توانیم که یک جوری آن بی‌تابی و بی‌قراری تاریخی را سر جایش بنشانیم. حداقل در مورد گذشته عدالت نمی‌تواند به طور کامل اجرا شود بخاطر اینکه عدالت یک بار به شکل ناعادلانه‌ای اجرا شده است. در مورد آینده حداقل شاید اگر این

---

[257] Principles 2223, Basic Principles and Guidelines on the Right to a Remedy and Reparation for Victims of Gross Violations of International Human Rights Law and Serious Violations of International Humanitarian Law, Adopted and proclaimed by General Assembly resolution 60/147 of 16 December 2005, Access online at: http://www.ohchr.org/EN/ProfessionalInterest/Pages/RemedyAndReparation.aspx

اعدام‌ها با روشن شدن حقیقتش یک جوری منتهی به این شود که ما به تاریخ خشونت در این جامعه انتقاد کنیم، اگر منجر به این شود که این سکوت بشکنند باز شاید آن مردگان و این بازماندگان آرام بگیرند. من امیدوارم عدالت به گونه‌ای اجرا شود که هم برای عاملان و آمران [اعدام‌ها] و هم برای جامعه‌ای که سکوت کرده به یک جور بنیان آگاهی تاریخی تبدیل شود. طوری که از امکان تکرار این فاجعه یا امکان شکل‌گیری اتفاق مشابه جلوگیری شود.[۲۵۸]

[۲۵۸] شهادت امید منتظری، عدالت برای ایران، شهریور ۱۳۹۳

نتیجه‌گیری

اعدام مخالفان جمهوری اسلامی که بلافاصله پس از پیروزی انقلاب بهمن ۱۳۵۷ آغاز شده بود، از سال ۱۳۶۰ سرعت بیشتری گرفت و بیش از ۱۵ هزار زندانی سیاسی وابسته به سازمان‌های سیاسی مخالف یا منتقد جمهوری اسلامی طی سال‌های ۱۳۶۰ تا ۱۳۶۷ به شکل مخفیانه اعدام شدند. علی‌رغم تهدیدهای شدید خانواده‌ها برای سکوت دربارهٔ اعدام عزیزان‌شان، آنها از یک سو با برگزاری مراسم‌های فردی و جمعی برای اعدام‌شدگان و حضور در خاوران علیه سکوت و فراموشی فاجعه‌ای که رخ داده است، تلاش می‌کردند و از سوی دیگر به صورت فردی و جمعی معترض این اعدام‌ها و خواهان پاسخگو کردن آمران و عاملان این کشتار بودند.

در سال‌های نخست دهه ۶۰ با وجود برخی حرکت‌های جمعی مادران و خانواده‌های اعدام‌شدگان، عمده فعالیت آنها شرکت در مراسم سوگواری و پخش خبر اعدام‌ها به‌ویژه در خارج از ایران بود. با این حال جمعی که پس از کشتار وسیع تابستان ۱۳۶۷ به صورت منسجم و مستمر پیگیر وضعیت اعدام‌شدگان و دادخواهی برای آنها بود و بعدها به عنوان «مادران و خانواده‌های خاوران» شناخته شد، حاصل ارتباطات همین سال‌ها و حضور مداوم خانواده‌ها در پشت دیوارهای زندان برای ملاقات عزیزان‌شان بود.

«مادران و خانواده‌های خاوران» به عنوان تنها جمع متشکلی که در بیش از سه دهه گذشته به صورت مستمر پیگیر دادخواهی برای اعدام شدگان بوده‌اند، در تمام این سال‌ها تلاش کرده‌اند که با حضور در خاوران به عنوان محل دفن شماری از قربانیان دهه ۶۰ از فراموش شدن این اعدام‌ها جلوگیری کنند و یاد اعدام‌شدگان را زنده نگه دارند. علاوه بر آن در سال ۱۳۶۷ در شرایطی که حکومت ایران از پذیرفتن مسئولیت رسمی اعدام هزاران زندانی سیاسی سرباز می‌زد و حتی تا سال‌های بعد و تا زمان فعلی حاضر نشده که در برگه فوت این زندانیان، شیوه مرگ آنها را «اعدام» اعلام کند، کشف این گورها و انتشار عکس اجساد بیرون مانده از خاک مدرکی روشن و غیرقابل انکار برای اثبات کشتار دسته‌جمعی زندانیان سیاسی در ایران بود که به همت خانواده‌های این زندانیان انجام شد.

براساس آنچه در خلال مصاحبه با خانواده‌ها و به‌ویژه مادران اعدام شدگان و مرور نشریات و گزارش‌های سازمان ملل در سال ۱۳۶۷ به دست آمد، اعدام زندانیان سیاسی و به‌ویژه زندانیان سیاسی طیف چپ پیش از بروز درگیری در

مناطق مرزی و حمله نیروهای سازمان مجاهدین به ایران و صدور فتوای آیت‌الله خمینی برای اعدام زندانیان «سرموضع» آغاز شده بود. کشف گور دسته‌جمعی در خاوران در اواخر تیر و روزهای نخست مرداد ۱۳۶۷ که اجساد درون آن هنوز سالم بودند و به تازگی به خاک سپرده شده بودند، به صراحت و روشنی ادعاهای جمهوری اسلامی ایران برای منتسب کردن اعدام زندانیان سیاسی به حمله مجاهدین و به عنوان تبعات آن حمله را رد می‌کند.

همچنین تحقیقات عدالت برای ایران که بر مبنای اسناد حقوق بین‌الملل، مستندات تاریخی به جای مانده از کشتارهای دهه ۶۰ و شهادت خانواده‌های اعدام‌شدگان و جان به‌در ماندگان از سرکوب مخالفان سیاسی در دهه ۶۰ انجام شده، ثابت می‌کند که اکثر قربانیان این دهه در زمره «ناپدیدشدگان قهری» محسوب می‌شوند. از نظر قوانین بین‌المللی، «ناپدیدشده قهری» به شخصی گفته می‌شود که توسط نیروهای دولتی یا وابسته به دولت دستگیر یا ربوده شود و پس از آن، با پنهان‌کاری در مورد سرنوشت یا مکانش، از حمایت قانون خارج شود. تحقیق دربارهٔ معنای دقیق «سرنوشت» و «مکان» در حقوق بین‌الملل نشان می‌دهد که روشن شدن سرنوشت و مکان فقط به معنای این نیست که شفاهی به خانواده گفته شود که فرد، اعدام شده است، بلکه جزئیات مربوط به دستگیری، وقایعی که در دوران بازداشت اتفاق افتاده، شرایط و جزئیات محاکمه و وقایعی که منتهی به مرگ شده نیز جزیی از سرنوشت فرد محسوب می‌شود که در مورد اعدام‌های مخفیانه دهه ۶۰ و سال ۱۳۶۷ در اکثر موارد از سوی مقامات رسمی پنهان نگه داشته شده است.

با در نظر گرفتن اینکه در بیش از سه دهه گذشته مراجعات خانواده‌ها به مقامات قضایی برای روشن شدن سرنوشت قربانیان دهه ۶۰ بی‌پاسخ مانده است، ابهامات فراوان موجود دربارهٔ سرنوشت زندانیان سیاسی و عدم پاسخ‌گویی و مسئولیت‌پذیری مقامات رسمی جمهوری اسلامی به گونه‌ای است که می‌توان بسیاری از اعدام‌شدگان دهه ۶۰ را در زمره «ناپدیدشدگان قهری» محسوب کرد و در چارچوب قوانین بین‌المللی ناظر بر آن، پیگیر سرنوشت‌شان شد.

از آنجا که بر اساس تحقیقات پیشین از سوی سازمان‌ها و نهادهای حقوق بشری، کشتار زندانیان سیاسی در دهه ۶۰ مصداق روشن «نقض گسترده و فاحش حقوق بشر» و «جنایت علیه بشریت» است و تحقیقات اخیر «عدالت برای ایران» نیز حاکی از «ناپدیدشدگی قهری» بسیاری از قربانیان دهه۶۰ است. جمهوری اسلامی ایران باید در راستای تعهدات بین‌المللی‌اش نسبت به «احقاق حق» قربانیان این دهه اقدام کند. بر اساس حقوق بین‌الملل علاوه بر زندانیان سیاسی که اعدام یا ناپدید شده‌اند، خانواده‌های آنها نیز قربانی نقض حقوق بشر محسوب

می‌شوند و دولت‌ها نسبت به حق آنها برای «دانستن حقیقت»، «برخورداری از عدالت» و «دسترسی به اقدامات ترمیمی و جبران خسارت» مسئول هستند. حق دانستن دلایل نقض حقوق بشر، حق دانستن جزئیات رخداد، حق دسترسی به اطلاعات کامل دربارهٔ سرنوشت قربانیان، حق دانستن نام عاملان، حق درخواست اطلاعات به دور از تهدید و فشار، حق دسترسی به بایگانی‌های دولتی و مدارک و حق دانستن آزادی بیان برای اطلاع رسانی در رابطه با رخداد از جمله مواردی است که در زیرمجموعه حق دانستن حقیقت قرار می‌گیرند. با وجود اینکه خانواده اعدام‌شدگان از سال ۱۳۶۰ تا کنون بارها خواست خود مبنی بر دانستن حقیقت دربارهٔ سرنوشت عزیزان‌شان را پیگیری کرده‌اند و در نامه به مقامات رسمی داخلی و بین‌المللی پیگیر آن بوده‌اند، جمهوری اسلامی ایران نه تنها قدمی در راستای روشن شدن حقیقت برنداشته و تمامی درخواست‌های خانواده‌ها را بی‌پاسخ گذاشته، بلکه خانواده‌های پیگیر این موضوع را بارها تهدید کرده و مورد آزار و اذیت قرار داده است.

در رابطه با حق خانواده‌ها برای برخورداری از عدالت که بر اساس قوانین و مقررات بین‌المللی شامل اقدام به تحقیقات مستقل قضایی، تعقیب قضایی مجرمان و اصلاحات قضایی در قوانین داخلی برای زمینه‌سازی اجرای عدالت می‌شود، نیز وضعیت به‌همین منوال است و حکومت تا کنون هیچ قدمی در راستای تحقق عدالت در رابطه با اعدام‌های دهه ۶۰ برنداشته است. در حالی‌که گام نخست اجرای عدالت به رسمیت شناختن وقوع نقض حقوق بشر است، مقامات و نهادهای رسمی جمهوری اسلامی با دفاع از اعدام‌های دهه ۶۰ و نپذیرفتن مسئولیت رسمی اعدام‌های تابستان ۱۳۶۷ از یک سو و ممنوعیت طرح این موضوع از سوی دیگر، هرگونه امکان گفت‌وگو برای شروع پروسه تحقیقات قضایی و دادرسی عادلانه در رابطه با این اعدام‌ها را مسدود کرده‌اند. علاوه بر این بسیاری از مقامات قضایی و اجرایی که در اعدام‌های دهه ۶۰ و به‌ویژه سال ۱۳۶۷ دست داشته‌اند و اسامی آنها مشخص است، بدون آنکه در رابطه با نقش خود اعم از آمریت و عاملیت یا اطلاع و سکوت در برابر آن، پاسخ‌گو باشد در مقام خود باقی مانده، ارتقای مقام پیدا کرده‌اند و از هرگونه پیگیری قضایی مصون مانده‌اند. درخواست خانواده‌ها برای اجرای عدالت در رابطه با کشتارهای دهه ۶۰ نیز با پاسخ خشونت‌آمیز حکومت مواجه شده و شمار زیادی از مادران و خانواده‌هایی که در سال‌های نخست پس از کشتار ۱۳۶۷ با تجمع در برابر دادگستری و سازمان ملل به دنبال دادخواهی بودند، مورد ضرب و شتم قرار گرفته و بازداشت شدند.

در شرایطی که خانواده‌ها از حق دانستن حقیقت دربارهٔ سرنوشت اعدام شدگان و برخورداری از عدالت در رابطه با آمران و عاملان اعدام‌ها محروم هستند،

جمهوری اسلامی حق آنها برای «اقدامات ترمیمی و جبران خسارت» را نیز به رسمیت نمی‌شناسد. در تمام بیش ازسه دهه‌ای که از کشتار مخالفان سیاسی می‌گذرد، خانواده آنها از حق خود برای سوگواری و حضور آزادانه در محل دفن آنها محروم بوده‌اند، برگزاری هرگونه مراسم سوگواری عمومی و خصوصی ممنوع شده، خاوران و سایر گورستان‌های محل دفن اعدام‌شدگان، ویرانه‌هایی بدون سنگ قبر و یابود هستند که بارها و بارها تخریب شده‌اند و بسیاری از خانواده‌ها برای حضور در خاوران بارها و بارها مورد توهین و تهدید و ضرب و شتم و بازداشت قرار گرفته‌اند.

در حالی‌که مقررات بین‌المللی در موارد نقض حقوق بشری همچون کشتارهای دهه ۶۰ وظیفه جلب رضایت خانواده قربانیان، جبران خسارت‌های وارد شده بر آنها و تضمین عدم تکرار را برعهده دولت‌ها گذاشته‌اند، جمهوری اسلامی ایران با زیرپا گذاشتن تعهدات خود در این زمینه، با بی‌توجهی به هرگونه جبران خسارت و ترمیم صدمات وارد شده بر آنها به روند نقض حقوق بدیهی خانواده‌ها ادامه می‌دهد و پاسخ درخواست‌های آنها را با خشونت و سرکوب معترضان داده است.

بر اساس حقوق بین‌الملل، تا زمانی که وضعیت ناپدیدشدگی قهری تداوم دارد و حقایق دربارهٔ سرنوشت و محل کسانی که جمهوری اسلامی ادعا می‌کند به طور مخفیانه اعدام کرده روشن نشده است، حقوق قربانیان و خانواده‌های آنان همچنان و به طور مستمر نقض می‌شود. به همین دلیل، احقاق حقوق اولیه خانواده‌های قربانیان نقض شدید حقوق بشر، یک مسئله روز و یک نقض مستمر حقوق بشر است که باید به عنوان یک امر حال و نه موضوعی مربوط به گذشته، در دستور کار نهادهای حقوق بشری قرار بگیرد. باید نگاه جامعه حقوق بشری ایرانی و بین‌المللی به مسئله دهه ۶۰ تغییر کند و آن را به صورت یک نقض مستمر حقوق بشر که از آن دهه شروع شده و تا امروز نیز همچنان ادامه دارد ببینند. باید خانواده‌های قربانیان دهه ۶۰ و آنچه بر آنان رفته و همچنان می‌رود، به صورت مستقل از عزیزان از دست رفته‌شان و به عنوان یک موضوع جداگانه نقض حقوق بشر دیده شوند، تا بتوان امیدوار بود بیش از سه دهه جست‌وجوی حقیقت و مطالبه عدالت آنان به نتیجه برسد.

ضمائم

ضمیمه اول

روزشمار ۳۴ سال اعدام، اعتراض، خشونت، دادخواهی

خرداد ۱۳۶۰: آغاز روند دفن مخفیانه زندانیان سیاسی اعدام شده در خاوران.

۳۰ خرداد- مهر ۱۳۶۰: اعدام دست‌کم ۱۶۰۰ زندانی سیاسی.[۱]

پاییز ۱۳۶۰: مراجعه دسته‌جمعی خانواده‌ها به مجلس شورای اسلامی برای اعتراض به اعدام‌ها و پیگیری وضعیت زندانیان.[۲]

تیر ۱۳۶۱: دفن ۱۵۰ تن از اعدام‌شدگان در یک گور دسته‌جمعی در خاوران.[۳]

۱۳۶۵-۱۳۶۴: مراجعه مکرر خانواده‌ها به دفتر آیت‌الله منتظری، قائم مقام رهبری.

۲۷ تیر تا ۶ مرداد ۱۳۶۷ : آغاز دوره چند ماهه قطع ملاقات و هر گونه تماس زندانیان با خانواده‌شان.

اواخر تیر تا اوایل مرداد ۱۳۶۷: کشف گور دسته‌جمعی متعلق به اعدام‌شدگان تابستان۱۳۶۷ در خاوران.[۴]

تابستان ۱۳۶۷: مراجعه دسته‌جمعی خانواده‌ها به دفتر هاشمی رفسنجانی، رئیس وقت مجلس شورای اسلامی، میرحسین موسوی، نخست وزیر، آیت‌الله منتظری، قائم مقام رهبری و بازرسی کل کشور برای پیگیری وضعیت زندانی و ابراز نگرانی از احتمال اعدام آنها.[5]

---

[۱] عفو بین‌الملل، اعدام در ایران در پرتو ضوابط بین المللی حقوق بشر، بیش از ۱۶۰۰ حکم اعدام در سه ماه، ۲۲ آذر ۱۳۶۰ قابل دسترسی در:
http://www.iranrights.org/fa/library/document/144/executions-in-iran-in-light-of-international-human-rights-standard-june-september-1981-more-than-1600-executions

[۲] شهادت عفت ماهباز، عدالت برای ایران، مهر ۱۳۹۳

[۳] شهادت یکی از نزدیکان روبرت پاپازیان، عدالت برای ایران، بهمن ۱۳۹۳

[۴] شهادت فریده امیرشکاری و مادر شریفی، عدالت برای ایران

[5] ناصرمهاجر، «جنبش مادران خاوران»، سالنامه نوزدهمین کنفرانس بنیاد پژوهشهای زنان ایران، ۲۰۰۹. منتشر شده در تارنمای بیداران

۲۶-۲۷مرداد ۱۳۶۷: تجمع بیش از ۶۰۰ تن از خانواده‌های زندانیان سیاسی در برابر مجلس شورای اسلامی و دادگستری.[۶]

اوایل شهریور ۱۳۶۷: نامه خانواده‌ها به خاویر پرز دو کوئیار، دبیر کل سازمان ملل برای توقف اعدام‌ها و برقراری ارتباط بین زندانیان سیاسی و خانواده‌های‌شان.[۷]

شهریور ۱۳۶۷: مراجعه خانواده‌ها به بیوت آیت‌الله خمینی، آیت‌الله منتظری و آیت‌الله مرعشی نجفی برای دادخواهی.[۸]

مهر ۱۳۶۷: ارسال شکایت‌های کتبی و شفاهی دربارهٔ موج کشتارها به گالیندو پل، نماینده ویژه کمیسیون حقوق بشر سازمان ملل متحد.[۹]

آذر ۱۳۶۷: آغاز روند اعلام خبر اعدام به برخی خانواده‌ها و تحویل ساک و لوازم شخصی.

آذر ۱۳۶۷: کشف چند گور دسته‌جمعی از سوی خانواده‌ها در خاوران.[۱۰]

آذر ۱۳۶۷: تجمع اعتراضی نزدیک به ۲۰۰ نفر از خانواده‌ها در اتوبان خاوران.[۱۱]

اواخر آذر ۱۳۶۷: تلاش بیش از ۳۰ تن از خانواده‌ها برای تجمع در میدان خراسان و سرکوب خشونت‌آمیز آنها از سوی نیروهای امنیتی.[۱۲]

آذر ۱۳۶۷: نامه ۵۰ تن از خانواده‌ها به آزادی‌خواهان جهان.[۱۳]

---

[۶] ماهنامه راه کارگر،ارگان سیاسی سازمان کارگران انقلابی ایران (راه کارگر) دوره دوم، شماره‌ی ۵۵ مهر ماه ۶۷. به نقل از ناصرمهاجر، جنبش مادران خاوران، سالنامه نوزدهمین کنفرانس بنیاد پژوهش‌های زنان ایران، ۱۳۸۸. منتشر شده در تارنمای بیداران، قابل دسترسی در: http://www.bidaran.net/spip.php?article231

[۷] جعفر بهکیش، در خلوت روشن با تو گریسته ام برای خاطر زندگان، تارنمای بیداران، ۱۵ مهر ۱۳۸۵، قابل دسترسی در: http://www.bidaran.net/spip.php?article86

[۸] روزنامه انقلاب اسلامی (در هجرت)، شماره‌ی ۱۸۵، شهریور۱۳۶۷ به نقل از ناصرمهاجر، جنبش مادران خاوران، سالنامه نوزدهمین کنفرانس بنیاد پژوهشهای زنان ایران، ۱۳۸۸. منتشر شده در تارنمای بیداران، قابل دسترسی در:
http://www.bidaran.net/spip.php?article231

[9] Reynaldo Galindo Pohl, Interim Report annexed to Note by the Secretary General, ECOSOC Report, “Situation of Human Rights in the Islamic Republicof Iran,” A/43/705, 13 October 1988 (“*Interim*1988*Report*”), paras 5–11, 59

[۱۰] شهادت خاطره معینی، عدالت برای ایران، آبان ۱۳۹۱

[۱۱] شهادت خاطره معینی، عدالت برای ایران، آبان ۱۳۹۱

[۱۲] شهادت خاطره معینی، عدالت برای ایران، آبان ۱۳۹۱

۵ دی ۱۳۶۷: تجمع خانواده‌های اعدام‌شدگان در مقابل کاخ دادگستری، نوشتن نامه اعتراضی به حسن حبیبی، وزیر دادگستری و بازداشت شماری از خانواده‌های حاضر در این تجمع.[۱۴]

دی ۱۳۶۷: برگزاری اولین مراسم دسته‌جمعی در خاوران به عنوان مراسم چهلم اعدام‌شدگان و بازداشت شماری از شرکت‌کنندگان در این مراسم.[۱۵]

۱۰شهریور ۱۳۶۸: حمله ماموران حکومتی به اولین مراسم سالگرد اعدام‌های ۱۳۶۷ در خاوران و بازداشت شماری از خانواده‌های اعدام‌شدگان.[۱۶]

بهمن ۱۳۶۸: تجمع خانواده‌ها در مقابل دفتر سازمان ملل در میدان آرژانتین هم‌زمان با سفر گالیندوپل، گزارشگر ویژه کمیسیون حقوق بشر به ایران و نوشتن نامه‌ای به گزارشگر ویژه دربارهٔ اعدام زندانیان سیاسی.[۱۷]

۱۰ آذر ۱۳۶۹: انتشار شهادت‌های خانواده‌های اعدام‌شدگان سال ۱۳۶۷ از سوی عفو بین‌الملل در رابطه با ممانعت نیروهای امنیتی از سوگواری و بی‌خبر نگه داشتن آنها از محل دفن عزیزان شان.[۱۸]

۱۳۶۹: تخریب گسترده خاوران و صاف کردن نشانه قبرها با بولدزر همزمان با سفر گالیندوپل به ایران.[۱۹]

---

[۱۳] جعفر بهکیش، نگاهی به تجربه "کانون دفاع از زندانیان سیاسی (داخل کشور)"، تارنمای بیداران، ۲۰ مهر ۱۳۸۴، قابل دسترسی در:
http://www.bidaran.net/spip.php?article83

[۱۴] شکایت نامه‌های خانواده های زندانیان اعدامی ۱۳۶۷ – ۱۳۸۲، تارنمای بیداران، ۱۰ مهر ۱۳۸۲، قابل دسترسی در: http://www.bidaran.net/spip.php?article25

[۱۵] شهادت فریده امیرشکاری، عدالت برای ایرانِ، همچمین ن.ک.ب: گفت‌وگو با مینا لبادی، تارنمای مادران پارک لاله، ۱۵ مهر ۱۳۹۲، قابل دسترسی در:
http://www.mpliran.org/2013/10/1.html

[۱۶] همان‌جا.

[۱۷] رضا معینی در مصاحبه با کامبیز حسینی، مادرم تا لحظه مرگ ندانست فرزندش کجا دفن شده است، کمپین بین‌المللی حقوق بشر در ایران، ۸ شهریور ۱۳۹۲، قابل دسترسی در:
http://persian.iranhumanrights.org/1392/06/hosseini_moini/

[۱۸] گزارش عفو بین‌الملل، نقض حقوق بشر در ایران، ۱۹۹۰-۱۹۸۷: قتل عام در زندان‌ها ۱۹۸۸، ۱۰ آذر ۱۳۶۹ ، قابل دسترسی در:
http://www.iranrights.org/fa/library/document/349/report-on-human-rights-violations-in-iran-1987-to-1990-the-massacre-of-1988

[۱۹] شهادت فریده امیرشکاری، عدالت برای ایران

۱۳۷۴: ممانعت از دیدار خانواده‌ها برای دیدار با موریس کاپیتورن[۲۰] گزارشگر ویژه کمیسیون حقوق بشر طی سفرش به ایران.[۲۱]

۱۳۷۶: نامه جعفر بهکیش به محمد خاتمی در رابطه با احقاق حقوق تضییع شده اعدام‌شدگان و وابستگان آنان.

شهریور ۱۳۷۶: برگزاری مراسم دسته‌جمعی سالگرد اعدام‌ها در خاوران پس از هشت سال.[۲۲]

۱۳۷۷: نوشتن نامه دسته‌جمعی از سوی شماری از خانواده‌های اعدام‌شدگان به محمد خاتمی و درخواست برای مشخص شدن اسامی، زمان فوت و محل دفن اعدام‌شدگان.

۱۳۷۸: ارسال نامه‌ای به محمد خاتمی دربارهٔ لزوم رعایت حقوق خانواده‌های اعدام‌شدگان از سوی پروانه میلانی.

۱۳۷۹: اعلام دریافت شکایت‌هایی مبنی بر پاکسازی زندان‌ها در سال ۱۳۶۷ و فهرست طولانی از قربانیان این رخداد از سوی دبیر کمیسیون اسلامی حقوق بشر.[۲۳]

۱۳۸۰ :تلاش برای از بین بردن گورستان خاوران از طریق دادن بخشی از خاوران به بهایی‌ها.[۲۴]

۲۸ فروردین ۱۳۸۱: ارسال نامه پروانه میلانی و جمعی از خانواده‌ها به شورای شهر تهران.

بهمن ۱۳۸۱: نامه شماری از خانواده اعدام‌شدگان به هیات گزارشگران کمیسیون حقوق بشر سازمان ملل متحد.

---

[۲۰] موریس دنبی کاپیتورن از سال تا ۱۳۸۰ ۱۳۷۴ سومین گزارشگر ویژه حقوق بشر سازمان ملل در ایران بود. او در سال ۱۳۷۴ اجازه یافت تا برای تهیه گزارش از وضعیت حقوق بشر ایران به این کشور سفر کند.

[۲۱] گفت و گوی سایت مادران پارک لاله با آسیب دیدگان خشونت های دولتی ۴- خانم پروانه میلانی، ۲۴ آذر ۱۳۹۲، تارنمای مادران پارک لاله، قابل دسترسی در:
http://www.mpliran.org/2013/12/4.html

[۲۲] شهادت فریده امیرشکاری، عدالت برای ایران

[۲۳] گفت‌وگو با محمد حسن ضیایی‌فر، پیام امروز، شماره ۳۸، نوروز ۱۳۷۹، ص ۳۴ به نقل از جفری رابینسون، کشتار زندانیان سیاسی ایران در سال ۱۳۶۷ بنیاد برومند، صفحه ۸

[۲۴] شهادت خاطره معینی، عدالت برای ایران

شهریور ۱۳۸۴: تهدید و ارعاب شرکت‌کنندگان در مراسم سالگرد اعدام‌ها در خاوران و بازداشت شماری از شرکت‌کنندگان.[۲۵]

آبان ۱۳۸۴: قصد تخریب گسترده خاوران و از بین بردن نشانه‌های محل دفن اعدام‌شدگان.[۲۶]

آبان ۱۳۸۴: مراجعه خانواده‌ها به بهشت زهرا برای اعتراض به مدیران بهشت زهرا در رابطه با تخریب خاوران و بی پاسخ ماندن اعتراضات.[۲۷]

شهریور ۱۳۸۵: آزار و اذیت خانواده‌های حاضر در خاوران برای مراسم سالگرد اعدام‌شدگان و بازداشت شماری از حاضران در خاوران.[۲۸]

شهریور ۱۳۸۶: برخورد شدید نیروهای امنیتی و اطلاعاتی با شرکت‌کنندگان در مراسم سالگرد اعدام‌ها در خاوران و بازداشت شماری از آنها که منجر به اعدام علی صارمی از بازداشت‌شدگان این مراسم شد.[۲۹]

جمعه آخر سال ۱۳۸۶: بستن راه‌های ورودی به خاوران از سوی ماموران و اخطار به خانواده‌ها برای ترک خاوران.[۳۰]

تیر ۱۳۸۷: اعطای جایزه زن برگزیده سال از سوی بنیاد پژوهش‌های زنان در نوزدهمین کنفرانس سالانه خود، به مادران خاوران.

---

[۲۵] منصوره بهکیش، در خاوران چه گذشت؟ ایران امروز، ۱۰ شهریور ۱۳۸۵، قابل دسترسی در: http://www.iran-emrooz.net/index.php?/news1/more/10033

[۲۶] افراد ناشناس قبرهای اعدامیان سیاسی دهه ۶۰ را در گورستان خاوران تخریب کردند، رادیو فردا، ۲۷ آبان ۱۳۸۴، قابل دسترس در: http://www.radiofarda.com/content/article/313353.html

[27] افراد ناشناس قبرهای اعدامیان سیاسی دهه ۶۰ را در گورستان خاوران تخریب کردند، رادیو فردا، ۲۷ آبان ۱۳۸۴، قابل دسترس در: http://www.radiofarda.com/content/article/313353.html

[۲۸] مراسم هجدهمین سالگرد قتل عام هزاران زندان سیاسی در گورستان خاوران تحت کنترل نیروهای امنیتی حکومت برگزار شد، رادیو فردا، ۱۰ شهریور ۱۳۸۵، قابل دسترسی در: http://www.radiofarda.com/content/article/287244.html

[۲۹] نادر کرمی، ۱۷ سال حبس برای حضور در خاوران، روز آنلاین، ۲۰ آبان۱۳۸۷ قابل دسترسی در: www.roozonline.com/persian/news/newsitem/archive/2008/november/10/article/17-2.html

[۳۰] شهادت امید منتظری، عدالت برای ایران، شهریور ۱۳۹۳

شهریور ۱۳۸۷: ممانعت ماموران امنیتی از برگزاری مراسم سالگرد اعدام‌ها در خاوران و بازداشت بیش از ۱۶ تن از شرکت‌کننده‌گان.

آبان ۱۳۸۷: ارسال نامه‌ای به ناوی پیلای، کمیسر عالی حقوق بشر سازمان ملل متحد از سوی خانواده‌ها در رابطه با آزار و اذیت بازماندگان اعدام‌های دهه ۶۰ از سوی جمهوری اسلامی ایران.

آبان ۱۳۸۷: نامه رضا معینی و جعفر بهکیش به آیت‌الله شاهرودی، رئیس وقت قوه قضاییه برای پایان دادن به اقدامات غیرقانونی ماموران جمهوری اسلامی در احضار و بازجویی و اذیت و آزار خانواده‌ها.

۲۷-۲۰ دی ۱۳۸۷: صاف کردن خاوران با بولدزر و از بین بردن نشانه‌های مبنی بر دفن اعدام شدگان، گذاشتن نهال‌های خشک در خاوران، دیده شدن استخوان روی سطح خاک که گمان می‌رفت بخشی از اجساد اعدام‌شدگان باشد و رواج شایعاتی مبنی بر انتقال و خروج بقایای اجساد اعدام‌شدگان از خاوران.[۳۱]

شهریور ۱۳۸۸: احضار و تهدید خانواده‌ها برای نرفتن به خاوران و ممانعت از ورود خانواده‌ها به خاوران.[۳۲]

اسفند ۱۳۸۸: تهدید تلفنی شمار زیادی از خانواده‌ها مبنی بر عدم حضور در خاوران و برخورد با حاضران در خاوران.[۳۳]

اسفند ۱۳۹۰: نامه جعفر بهکیش و رضا معینی به احمد شهید گزارش‌گر ویژه سازمان ملل در رابطه با اعدام‌های دسته‌جمعی دهه ۶۰.

خرداد ۱۳۹۰: شهادت شماری از خانواده‌های اعدام‌شدگان نزد احمد شهید به عنوان گزارشگر ویژه حقوق بشر در ایران در رابطه با اعدام‌های دهه ۶۰ و آزار و اذیت خانواده‌ها.

---

[۳۱] استخوان‌های عزیزان‌مان هم در امان نیستند، اخبار روز، ۵ بهمن ۱۳۸۷، قابل دسترسی در:
http://www.akhbar-rooz.com/article.jsp?essayId=19110

[۳۲] باز هم به خاوران خواهیم رفت، تارنمای بیداران، ۶ شهریور ۱۳۸۸، قابل دسترسی در:
http://www.bidaran.net/spip.php?article246

[۳۳] منصوره بهکیش، باز هم تهدید و ارعاب برای رفتن به خاوران!، اسفند ۱۳۸۸، تارنمای بیداران، قابل دسترسی در: http://www.bidaran.net/spip.php?article26

مرداد ۱۳۹۲: نامه منصوره بهکیش به حسن روحانی، رئیس جمهوری در رابطه با لزوم پاسخگویی و پیگرد مقامات و نهادهای مسئول در زمینه اعدام‌ها و آزار و اذیت خانواده‌ها.

مرداد ۱۳۹۲: نامه پروانه میلانی به حسن روحانی، رئیس جمهوری در اعتراض به انتصاب مصطفی پورمحمدی به وزارت دادگستری.

۱۳۹۲: نامزدی مادران خاوران از سوی شبکه زنان و قوانین در جوامع مسلمان (ولوم)، برای دریافت جایزه سازمان ملل در زمینه حقوق بشر.

اردیبهشت ۱۳۹۳: انتخاب مادران خاوران از سوی بنیاد ۱۸ مه در کره جنوبی به عنوان برنده جایزه حقوق بشری بین‌المللی گوانگجو.

شهریور ۱۳۹۳: برگزاری مراسم دسته‌جمعی سالگرد اعدام‌ها در خاوران پس از هفت سال بدون مزاحمت ماموران امنیتی و انتظامی.[۳۴]

۳ آبان ۱۳۹۳: یورش ماموران نیروی انتظامی به خانواده‌های حاضر در خاوران و اخراج خشونت‌آمیز و توهین‌آمیز آنها از خاوران.[۳۵]

اسفند ۱۳۹۳: ممانعت از برگزاری مراسم دسته‌جمعی آخرین جمعه سال در خاوران.[۳۶]

شهریور ۱۳۹۴: ممانعت از برگزاری مراسم سالگرد اعدام‌شدگان ۱۳۶۷ در خاوران[۳۷]

---

[۳۴] منصوره بهکیش، مقاومت مادران و خانواده‌های خاوران، حکومت را به عقب‌نشینی وادار کرد، ۸ شهریور ۱۳۹۳، تارنمای گویا نیوز، قابل دسترسی در:
http://news.gooya.com/politics/archives/2014/08/185249print.php

[۳۵] منصوره بهکیش، صفحه شخصی فیس بوک، ۳ آبان ۱۳۹۳، قابل دسترسی در:
https://www.facebook.com/mansoureh.behkish.3/posts/366651686837251

[۳۶] منصوره بهکیش، صفحه شخصی فیس بوک،۲۲ اسفند ۱۳۹۳

[۳۷] منصوره بهکیش،خاوران و بحران پاسخ‌گویی و مسئولیت‌پذیری حکومت، تارنمای اخبار روز، ۸ شهریور ۱۳۹۴، قابل دسترسی در:
http://www.akhbar-rooz.com/article.jsp?essayId=68956

ضمیمه دوم

نامه‌ها و بیانیه‌های مادران و خانواده‌های خاوران

بسیاری از نامه‌ها و بیانیه‌هایی که خانواده‌های اعدام‌شدگان در بیش از سه دهه گذشته در اعتراض به اعدام زندانیان سیاسی و درخواست دادخواهی خطاب به مقامات و نهادهای داخلی و بین‌المللی نوشته‌اند، هیچ‌گاه در رسانه‌ها منتشر نشده‌اند و نسخه‌ای از متن کامل آنها نیز در دسترس نیست. ۱۰ نامه و بیانیه‌ای را که اغلب‌شان در دهه ۸۰ و ۹۰ نوشته شده‌اند، اسنادی است که ما توانسته‌ایم به دست بیاوریم. این نامه‌ها و بیانیه‌ها، تنها نمونه‌ای از مطالبات و اعتراض‌های خانواده‌ها است که در ۳۳ سال گذشته بارها و بارها تکرار شده و همواره بی‌پاسخ مانده است.[۱] امید که در آینده بتوان این مجموعه را با همراهی و همکاری خانواده‌ها تکمیل کرد.

---

[۱] نامه‌ها و بیانیه‌هایی که متن کامل آن در این بخش آمده در تارنماهای بیدارن، ایران تریبونال، مادران پارک لاله، گویا نیوز، عدالت برای ایران و وبلاگ شخصی جعفر بهکیش منتشر شده‌اند

۵ دی ۱۳۶۷: دادخواست خانواده زندانیان سیاسی خطاب به حسن حبیبی وزیر دادگستری

آقای دکتر حبیبی وزیر دادگستری

شما را به عنوان وزیر «داد»گستری جمهوری اسلامی مورد خطاب قرار می‌دهیم. در ماه‌های اخیر اقدامات هولناکی در زندان‌های کشور ما به‌وقوع پیوسته است. اعدام هزاران تن از زندانیان سیاسی که اکثر قریب به اتفاق آنان قبلاً محاکمه شده و حکم دریافت کرده و دوران محکومیت خود را سپری می‌کرده‌اند و حتی دوران محکومیت‌شان سپری شده بوده، موجی از حیرت و تاثر در افکار عمومی ایران و جهان برانگیخته است و همگان جویای پاسخی در خور برای این اقدام می‌باشند.

ما که مادر و پدر و بستگان این قربانیان هستیم، هر لحظه از خود می‌پرسیم چرا باید چنین بی‌رحمانه، این فرزندان برومندمان را به خاک و خون کشند. ادعاهائی که می‌خواهند اینان را به عملیات نظامی این یا آن گروه در مرزهای کشور منتسب کنند، با توجه به اوضاعی که در زندانها حاکم بوده، به طور کلی باطل است، چرا که فرزندان ما در سخت‌ترین شرایط بسر می‌بردند، ملاقات‌های ۱۵ روز یکبار آن هم به مدت ۱۰ دقیقه از پشت شیشه و بوسیله تلفن و محرومیت اینان از داشتن هر گونه وسیله ارتباط با خارج زندان، که ما آن را در هفت سال اخیر از نزدیک تجربه کرده‌ایم، حقانیت ادعاهای ما را به اثبات می‌رساند.

ما سئوال می‌کنیم: اگر اقدامات مقامات قانونی بوده است، چرا اعدام‌ها از چشم همگان پنهان نگاه‌داشته شد؟

ما سئوال می‌کنیم: اگر این اقدامات موجه بوده چرا صریحاً اعلام نمی‌گردد، چرا باید ملاقات‌ها که حق طبیعی هر فرد زندانی است قطع شود؟ چرا فرزندان ما را در حصاری که حتی بسیاری از مسئولین نیز بعنوان «نامحرم» در آنجا تلقی می‌گردند، گروه گروه به جوخه‌های اعدام سپرده‌اند؟

ما سئوال می‌کنیم: چرا مقامات با بازدید یک هیئت بی‌طرف بین‌المللی از زندان‌ها و مذاکره با زندانیان و خانواده‌های زندانیان و قربانیان مخالفت می‌نماید؟

ما سئوال می‌کنیم: کدام اصل قانون اساسی به مقامات این اجازه را داده است که چه در گذشته و چه در حال حاضر محاکمات خود را در پشت درهای بسته و آن هم در شرایطی که زندانی حق حتی یک کلام دفاع از خود را ندارد، انجام دهند؟

ما سئوال می‌کنیم: کدام محکمه، به چه اتهامی، در چه تاریخی، حکم اعدام عزیزان ما را صادر کرده است؟ آن هم در شرایطی که پرونده مثلاً بنیاد نبوت ماه‌ها مورد

بررسی قرار می‌گیرد، در حالی که اتهامات و جرائم آنها برای تمام مردم ایران مثل روز روشن است.
ما سئوال می‌کنیم: کدام قانون اجازه داده است که حکم اعدام دسته‌جمعی صادر کنند؟ و هزاران سئوال ریز و درشت دیگر.
ما خانواده‌های قربانیان فاجعه اخیر و خانواده‌های زندانیان سیاسی خواستار اقدام فوری، جدی و مسئولانه شما هستیم.
و خواست‌های زیر را با شما در میان می‌گذاریم:
۱. تاریخ محاکمه، مدتی که محکمه مشغول بررسی پرونده هر یک از قربانیان بوده، دلیل محاکمه دوباره و محل محاکمه برای تک تک قربانیان را اعلام دارید؛
۲. محل دفن و تاریخ اعدام کلیه قربانیان را به خانواده‌ها آنان اطلاع دهید؛
۳. وصیت‌نامه‌های قربانیان را به خانواده‌های آنان مسترد کنید؛
۴. تعداد و اسامی اعدام‌شدگان را اعلام نمائید؛
۵. به دلیل اینکه این اقدام ناقص صریح اصول قانون اساسی جمهوری اسلامی و اعلامیه جهانی حقوق بشر است، ما علیه مسئولین این فاجعه دردناک اعلام جرم می‌کنیم و خواهان آن هستیم که اینان بازداشت و در یک محکمه علنی محاکمه گردند؛
۶. ما خواهان موافقت جمهوری اسلامی، با بازدید یک هیئت بین‌المللی برای بررسی وضعیت زندان‌های کشور و اجازه مذاکره این هیئت با زندانیان سیاسی و خانواده‌های قربانیان فاجعه اخیر هستیم.

گروه کثیری از خانواده‌های شهدای قتل عام اخیر زندانیان سیاسی

رونوشت:
- دفتر آیت‌الله العظمی منتظری
- دفتر سازمان ملل متحد در ایران
- آقای خاویر پرز دکوئیار دبیر کل سازمان ملل متحد
- کلیه سازمان‌ها و محافل بشر دوست و مترقی

نامه آذرنوش خطیب دختر ابوالحسن خطیب یکی از اعدام‌شدگان به دبیر کل سازمان ملل

آقای پرز دوکوئیار

من دختری ۹ ساله هستم. بابای مرا که ابوالحسن خطیب نام دارد خمینی در زندان کشت. یعنی یک روز وسایل او را دادند و گفتند او را کشتیم چون عقیده‌اش عوض نشده بود. حتماً شما خوب می‌دانید که خیلی از باباها را در زندان کشتند. من از هر کس می‌پرسم چرا بابایم را کشتند، مگر او چکار کرده بود، اما هیچ‌کس نمی‌داند. شما بمن بگید چرا بابایم را که ۷ سال بی‌گناه او را زندانی کرده بودند یک‌دفعه اعدام کردند؟ گناه او چه بود؟ اگر شما نمی‌دانید از آنها بپرسید چرا بابایم را اعدام کردند. من فقط می‌دونم بابایم یک انقلابی، یک توده‌ای و یک آدم خیلی خوب بود. او به فکر همه بچه‌ها بود. او صلح را دوست داشت. خودش هم در یکی از نامه‌هاش برایم نوشت. نامه‌اش را هم برایتان می‌فرستم. از شما می‌خواهم که بپرسید گناه پدرم چی بود؟ چرا او را کشتند و قبرش را هم به مادر بزرگ نشان ندادند. توی کدوم دادگاه دستور دادند بابایم را بکشند؟

آقای دکوئیار من از تلویزیون شنیدم شما طرفدار صلح هستید. طرفدار آزادی آدم‌ها هستید. چرا کاری نکردید تا خمینی بابای مرا نکشد؟ من و خواهرم آلاله که هفت سال دارد و هیچ‌وقت بابا را ندیده است از شما تقاضا داریم که به حرف‌های ما گوش بدهید و به سئوالات ما جواب بدهید.

آذرنوش خطیب

۱۳۷۶: بخشی از نامه جعفر بهکیش به محمد خاتمی، رئیس جمهوری

احتراماً.. امیدوار هستم که با استقرار حکومت قانون که جنابعالی بر آن تاکید دارید و با توجه به پنجاهمین سالگشت (سال ۱۹۹۸ میلادی) تصویب اعلامیه جهانی حقوق بشر که از طرف سازمان ملل متحد به عنوان سال تحکیم مبانی حقوق بشر اعلام گردیده است، و با توجه به اینکه امسال دهمین سالگشت کشتار جمعی زندانیان سیاسی در سال ۶۷ می‌باشد و با عنایت به اصل یکصد و سیزدهم قانون اساسی که مسئولیت اجرای این قانون را بر عهده ریاست جمهوری قرار داده است، تقاضا دارم با ارجاع این دادخواست به قوه قضائیه و پیگیری آن، نسبت به احقاق حقوق تضییع شده زندانیان سیاسی و اعدام‌شدگان به دلایل سیاسی و اعتقادی و وابستگان آنان، اقدام لازم معمول گردد.

اولاً- مسئولان این فاجعه بشری بر حسب کنوانسیون در یک دادگاه علنی محاکمه گردیده و نمایندگان خانواده‌های اعدام‌شدگان به عنوان شاکی در این دادگاه حضور داشته باشند.

ثانیاً- از کلیه اعدام‌شدگان سال ۶۷ اعاده حیثیت گردیده و خسارات وارده جبران گردد. گرچه جبران کامل امری غیر ممکن است.

ثالثاً- محل دفن اعدام‌شدگان به عنوان آرامگاه قربانیان جنایت کشتار جمعی (ژنوساید) شناخته شوند.

۱۳۷۷: نامه جمعی از خانواده‌ها به محمد خاتمی، رئیس جمهور[2]

ریاست محترم جمهوری اسلامی ایران،

به استحضار می‌رساند که متن زیر قبلاً به مسئولین ذیربط ارائه شده است ولی از آنجا که پاسخی دریافت نشده است جهت پیگیری به اطلاع شما می‌رسانیم:
تاریخ فوت و محل دفن بسیاری از اعدام‌شدگان پس از انقلاب اسلامی به ویژه جان باختگان سال ۱۳۶۷ که جنازه‌های‌شان را در گورهای دسته‌جمعی دفن کردند برای خانواده‌های داغدارشان مشخص نشده و هیچیک از ارگان‌های مربوطه در این زمینه پاسخگو نیستند.
یکی از مکان‌هائی که عده‌ای از دگراندیشان و اعضای احزاب و گروه‌های سیاسی را در آن به شکل انفرادی یا دسته‌جمعی دفن کرده‌اند مزار خاوران- جنب قبرستان ارامنه- است که با گورستان بهائی‌ها مشترک بوده و خانواده‌های داغدار با محدودیت‌ها و فشارهای عدیده‌ای روبرو هستند از جمله:
الف- اجازه هیچ‌گونه نشانه‌گذاری بر خاک مزار را ندارند.
ب- گورستان بهائی‌ها هر روز گسترش می‌یابد و بر جنازه‌های عزیزان ما مرده دفن می‌شود.
بسیاری از عزیزان ما را در مکان‌های دیگری که برما معلوم نیست دفن کرده‌اند.
ما بازماندگان و خانواده‌های داغدار از مسئولین مربوطه مصرانه می‌خواهیم که:
۱- اسامی، زمان فوت و محل دفن عزیزان ما را اعلام نمایند.
۲- از دفن اموات دیگر بر خاک جان باختگان ما جلوگیری نمایند. چرا که این امکان‌ها ناخواسته برما تحمیل گردیده و ما را از آن گریزی نیست. ولی برای تازه درگذشتگان بهائی می‌توان چاره‌ای اندیشید و محلی دیگر در اختیارشان گذاشت.
۳- مانع نشانه گذاری و گل‌کاری در مزار و محل خاک سپاری عزیزان ما نشوند.

رونوشت به:
کمیسیون حقوق بشر سازمان ملل متحد
گزارشگران محترم حقوق بشر سازمان ملل متحد

[2] این نامه در سال ۱۳۷۷ به ریاست جمهوری ارسال شد اما در پی بی‌پاسخ ماندنش، خانواده‌ها در سال ۱۳۸۲ برای بار دوم آن را به دفتر ریاست جمهوری ارسال کردند.

۲۸ فروردین ۱۳۸۱: نامه پروانه میلانی به شورای شهر تهران

شورای محترم شهر تهران:

با سلام و احترام

این نامه که متن و موضوع آن بارها به شکل و عناوین متفاوت در نزد مراجع مختلف مسئول کشوری مطرح شده و همه آن را از وظایف شورای شهر و شهرداری تشخیص داده‌اند. به حضورتان تقدیم و ضمن یادآوری نکاتی درخواست بذل توجه عاجل و مسئولانه به آن را دارد:

طی سال‌های ۱۳۶۷-۱۳۶۰ تعداد زیادی از شهروندان دگراندیش ایرانی در دادگاه‌های مجهول به صورت غیرقانونی و در زمان‌های بسیار کوتاه بدون حضور بستگان و وکلای مدافع محاکمه، سریعاً اعدام و در مکان‌های بی‌نشان و بعضاً شناخته شده به خاک سپرده شدند. در این نامه در مورد یکی از این گورستان‌ها که آرامگاه فردی و جمعی برخی از اعدام‌شدگان یاد شده است و در حوزه انتخابی شما قرار دارد صحبت می‌شود. گورستان موسوم به خاوران که در نزدیکی تهران در جاده خراسان و در زمینی متعلق به بهاییان است.

صرف نظر از نحوه توقیف، محاکمه و مرگ این افراد که مقوله‌ای است حقوقی، بر اساس آئین، سنن و باورهای متداول بین همه اقوام و ملل، آداب و رسومی بر مرگ افراد مرتبت است که برای تشفی خاطر بازماندگان و بزرگداشت یاد و خاطره درگذشتگان انجام می‌گیرد که متاسفانه شرایط حاکم بر جامعه ما مانع اجرای آن بوده است. حتی در اعلامیه اسلامی حقوق بشر قاهره هم به صراحت آمده است: «هر انسانی حرمتی دارد که می‌باید از آوازه و منزلت او در زندگی یا پس از مرگ پاسداری شود و دولت و جامعه موظف است که از پیکر و مدفن او نیز پاسداری کند.»

با کمال تاسف باید عرض شود در این مدت نه فقط از آوازه و منزلت آنانی که اعدام شده‌اند پاسداری نشده بلکه حتی بعد از مرگ هم به انحاء مختلف مورد تحقیر و اهانت و خانواده‌هایشان مورد تهدید و ایذا و آزار بوده‌اند. شرح ماوقع بسیار تلخ، طولانی و از حوصله این نامه خارج است. فقط لازم به یادآوری است حتی در سال‌های اخیر هم الزام به عدم برگزاری مجالس یادبود، سنگ‌گذاری بر مزار و یا کشت بوته گیاه و... ادامه داشته است.

با عنایت به مطالب فوق از آنجایی‌که تولیت امور شهر بعهده آن شورای محترم است، متمنی است به هر مقام و مرجعی که مسئولیت دارد دستور فرمایید به

وظیفه قانونی خود در مورد نگهداری، آبادی، ایجاد امکانات و تسهیلات لازم در گورستان خاوران اقدام فرمایند.
در صورت عدم توانایی و امکان در ایفای درخواست فوق مجوز کافی و لازم را به خانواده‌های مربوطه صادر فرموده و شرایط لازم را برای جلوگیری از مزاحمت‌های افراد و مراجع فاقد صلاحیت و مسئولیت فراهم آورند.

با تشکر پروانه میلانی و جمعی از خانواده‌ها
۲۸ فروردین ۱۳۸۱

رونوشت:
دفتر ریاست محترم جمهوری پیرو نامه مورخ مرداد ماه سال ۱۳۷۸
کمیسیون اصل ۹۰ مجلس شورای اسلامی
خبرگزاری‌های ایسنا، ایرنا و روزنامه‌های نوروز، حیات نو، ایران و بنیان

۳۰ بهمن ۱۳۸۱: نامه به هیئت محترم گزارشگران کمیسیون حقوق بشر سازمان ملل متحد

ازسوی: خانواده‌های داغدار شهدای زندانی فاجعه ملی سال ۱۳۶۷
بازدیدکنندگان عزیز امید داریم بعد از گذشت یک دهه بانگ دادخواهی ما را به محافل و مجامع، سازمان‌ها و مراجع انسان‌دوست و دمکرات برسانید، به آنان که نداهای بشریت ترقی‌خواهی را شنوا هستند و برای دادستانی از دشمنان بشریت تلاش می‌کنند. عزم‌شان گرامی باد.
فرزندان دختر و پسر، شوهران و همسران، پدران ما را از سال ۱۳۶۰ ایرانی دستگیر کردند به جرم عدالت‌خواهی در سلول‌های انفرادی، بیابان‌ها، محوطه‌های نظامی، زیرزمین‌ها، اعماق دره‌ها در حفاظت سیم‌های خاردار، دیوارهای بلند، مجاورت جریان‌های بی‌حفاظ برق فشار قوی، جزیره‌های متروک و... مدت‌های طولانی زیر شدیدترین شوک‌های فیزیکی و روانی در معرض شکنجه قرار دارند. به دور از خانواده‌ها و بدون ملاقات، بدون هواخوری، به دور از آفتاب و در تاریکی و یا در مقابل نورهای خیره‌کننده و صداهای دلخراش. بوسیله بازجویان مخصوص نظامی و پاسدار ظلم بدون حق استفاده از وکیل مورد بازجویی همراه با شکنجه قرار دادند. ارتباط عاطفی آنها را با خانواده قطع کردند یا زیر مراقبت دقیق داشتند.
در مراجعات به خانواده‌ها جواب می‌دادند که اینان ضدانقلاب و ضد دین و اسلام هستند و تعزیر و آزار آنها خود نوعی صواب و عبادت است.
سرتاسر دوران دهه ۶۰ عزیزان ما را به جرم‌های پیش‌گفته که همگی تصنعی و اتهام واهی بود از آسایش و زندگی عادی و دیدار خانواده محروم داشتند. اغلب خانواده‌ها تحت تکفل عزیزان زندانی خود بودند و زندانی بودن نان‌آور خانواده آنها را نیز از زندگی عادی و گذران روزمره در فشار و تنگنا قرار داده و اکنون نیز می‌دهد. از آن گذشته در راه اشتغال و کار و زندگی روزمره خانواده‌های این زندانیان نیز محدودیت‌های بسیاری ایجاد کرده و حتی بسیاری از فرزندان آنان را از تحصیل در دانشگاه محروم نمودند.
سرانجام نیز در مرداد ماه تا اواخر سال ۱۳۶۷ آن تعداد را که از شکنجه‌ها سالم و یا علیل باقی مانده بودند به میدان‌های تیر بردند و حتی کسانی را که دوره زندان‌شان تمام شده بود و چشم به‌راه آزادی بودند به جوخه‌های اعدام سپردند.
بدین‌سان در نبود آمار و پنهان‌کاری از لحاظ محل اعدام و مکان خاک‌سپاری تنها با حدس و گمان، هر خانواده در مجاورت گورستان ارامنه و سایر اقلیت‌ها محلی را یافتند، که اعدام‌شدگان را در گورهای دسته‌جمعی با لباس زندانی به خاک سپرده

یافتند. در دره‌های کوهستان‌ها و بیابان‌های متروک نیز اجساد متلاشی شده شهیدان زندانی یافته شد و آنجا را مزار شهیدان فاجعه ملی سال ۱۳۶۷ نام نهادند. اینک خانواده‌های بسیاری گورستان خاوران را نمادی از قتل‌گاه زندانیان شهید خود می‌دانند و با وجود مزاحمت‌های پلیس در آنجا گردهم می‌آیند و یاد عزیزان خود را گرامی می‌دارند. مصاحبه‌کنندگان عزیز از آغاز دهه شصت تا پایان این دهه تعداد این اعدامیان در گورستان خاوران از دو هزار نفر تجاوز می‌کند. این رقم را هم از روی حدس و گمان می‌گوئیم و حتم داریم که بیشتر هم هستند. اما اگر نام نمی‌بریم چون تامین نداریم. همه ما خانواده‌ها به خاطر فقدان عزیزان و نان‌آوران خود در فشار و محدودیت به‌سر می‌بریم، این را تحمل می‌کنیم اما آنچه را انتظار داریم این است که خون‌های عزیزان ما پایمال شده است به همین جهت از شما خواهانیم که در مراجع ذیصلاح بازگوکننده سختی‌ها و خون‌خواه عزیزان ما باشید. اینان قربانیان تمامیت‌خواهی حکومتی هستند که پیوسته تبلیغ مردم‌سالاری و دینداری می‌کند. ما می‌خواهیم جامعه جهانی و بشریت صلح‌دوست و ترقی‌خواه آنها را به پاسخ‌گویی در برابر ما، ملت ایران و تاریخ وادار نماید.

با تشکر

خانواده زندانیان سیاسی اعدام‌شده و شهید فاجعه ملی سال ۱۳۶۷ ایران

تهران ۱۹ فوریه ۲۰۰۳ (۳۰ بهمن ۱۳۸۱)

۱۷ ابان ماه ۱۳۸۷: نامه خانواده‌ها به آیت‌الله شاهرودی، رئیس قوه قضاییه

همان‌گونه که مستحضرید بیست سال قبل چند هزار زندانی سیاسی که قبلاً در دادگاه‌هایی که مغایر با قوانین جمهوری اسلامی و موازین شناخته شده حقوق بین‌الملل، به زندان محکوم شده بودند، در زندان‌های جمهوری اسلامی ایران به دار آویخته شدند. تعدادی از این قربانیان در هنگام اعدام دوران محکومیت خود را به پایان رسانده بودند. خبر اعدام زندانیان سیاسی را در آذرماه همان سال به خانواده‌ها اطلاع دادند. مسئولان و ماموران هیچ پاسخی به پرسش‌های خانواده‌ها در مورد دلیل اعدام، زمان رسیدگی هیئت منصوب از طرف آیت‌الله خمینی به پرونده آنها و تاریخ اعدام آنها ندادند. محل دفن قربانیان هرگز به اطلاع خانواده‌های آنان نرسید. وصیت‌نامه قربانیان را نیز از خانواده‌های آنان دریغ کردند.

لازم است اشاره کنیم که ما باور داریم که این زندانیان بدون بهرمند شدن از دادگاهی عادلانه و به شکل غیرقانونی مجازات شده‌اند و اما به فرض درست بودن جرم و مجازات آنها آیا بار دیگر مجازات خانواده آنها از نظر قانونی و اخلاقی درست است؟ امسال مسئولان وزارت اطلاعات جمهوری اسلامی با تحت فشار قرار دادن بازماندگان قربانیان، از برگزاری مراسم یادبود چه به طور خصوصی و چه در خاوران جلوگیری کردند.

با توجه به «اظهار بی‌اطلاعی سخنگوی قوه قضائیه» ما می‌پرسیم:

اگر دستگاه قضایی ار این رویدادها بی‌اطلاع است ماموران انتظامی و اطلاعاتی که بنا بر قانون «ضابطین» دستگاه قضایی محسوب می‌شوند، با کدام حکم و با دستور چه کسانی به منازل خانواده‌ها حمله و اموال آنها را مصادره و تخریب کرده‌اند؟

اگر دستگاه قضایی بی‌اطلاع است «ضابطین دستگاه قضایی» با کدام مجوز اقدام به احضار و بازجویی و در مواردی بازداشت برخی از اعضای خانواده‌ها کرده‌اند؟ اگر دستگاه قضایی بی‌اطلاع است ماموران انتظامی و اطلاعاتی با کدام مجوز قانونی از تاریخ ۸ شهریور عبور و مرور خانواده‌ها و شهروندان یک کشور را به یک منطقه از کشور خود و مکانی که محل دفن فرزندان آنها است ممنوع و یا محدود کرده‌اند؟

برگزاری مراسم ختم و یادبود در قوانین کشور ممنوع نشده‌اند؟ ممنوعیت اعلام شده برای خانواده‌ها در برگزاری مراسم سوگواری و یادبود از سوی کدام دادگاه برای «ضابطین» دستگاه قضایی صادر شده است؟

با رای کدام مرجع قضایی مادران ۸۵ ساله که برخی از آنها بیش از بیست سال عمر خود را در پشت درهای بسته زندان‌های دو نظام گذرانده‌اند، احضار و از آنها می‌خواهند برای «عدم برگزاری مراسم یادبود خصوصی در منازل خود» و یا

«نرفتن به سر گور فرزند خود» تعهد کتبی امضا کنند. ایا این اعمال باز هم از سوی «ماموران خودسر» انجام گرفته است؟
اگر به گفته اقای جمشیدی دستگاه قضایی از این «تظلمات، تعدیات» بی‌اطلاع است آیا خانواده‌ها امروز می‌توانند در این باره به مراجع قضایی شکایت کنند؟
ما متاسفانه تا امروز پاسخی به شکوائیه خوددریافت نکرده‌ایم.
راست این است، سال‌ها است که از سوی مسئولان جمهوری اسلامی کشتار عزیزان‌مان در ابهام و سکوت مانده است. سال‌ها است حق برگزاری آیین سوگواری در مکان‌های عمومی که حق هر شهروند ایرانی است، برای ما ممنوع شده است. سال‌ها است مادران و همسران و فرزندان قربانیان نمی‌دانند عزیزشان کجا دفن شده است و شکایات متعدد ما بی‌پاسخ مانده است. امروز با تخریب خاوران حضور و وجود ما را هم انکار می‌کنند. ما در آن شکوائیه بازهم بر خواست‌ها تاکید کرده بودیم و برای اطلاع آقای جمشیدی و همگان در اینجا دوباره طرح می‌کنیم.
ما امضاکنندگان این نامه که از بازماندگان قربانیان کشتار بزرگ تابستان ۶۷ و اعدام‌های دهه ۶۰ ایران هستیم از شما تقاضا داریم نسبت به ایجاد تضعیقات و آزار غیر قانونی خانواده‌ها پیگری به عمل آورید و به خاتمه آزار و اذیت بازماندگان این قربانیان و حفظ و بازگشائی گورستان خاوران اقدام فرمایید.
ما همچنین خواهان پاسخ شما به‌عنوان عالی‌ترین مقام قضایی به درخواست خانواده قربانیان هستیم. این درخواست سال‌ها است که با مسئولان جمهوری اسلامی ایران مطرح شده است:

- تاریخ بررسی مجدد پرونده قربانیان به اطلاع بازماندگان رسانده شود.
- تاریخ اعدام‌ها و مشخصات قربانیان اعلام شود.
- وصیت‌نامه قربانیان به خانواده‌های آنان تسلیم گردد.
- محل دفن قربانیان را به اطلاع خانواده آنان برسانند و اجازه دهند گروه مجرب انسان‌شناسی قضایی که مورد تائید بازماندگان قربانیان خواهد بود، اطلاعات ارائه شده را بررسی کند.

ما در این سال‌ها با همه وجود خود تنهایی و بی‌پناهی را در شهر و کشور خود لمس کرده‌ایم و امروز می‌پرسیم: آیا سکوتی که به فاجعه کشتار جمعی زندانیان سیاسی انجامید و امروز به انکار وجود آنها و خانواده‌هایشان که بخشی از شهروندان این کشور هستند، رسیده است، ادامه می‌یابد؟

اسفند ۱۳۸۷: نامه سرگشاده تعدادی از خانواده‌های اعدام‌شدگان دهه شصت، ایران امروز

این نامه‌ای سرگشاده است برای کسانی که هنوز به انسان و حقوق انسانی افراد حرمت می‌گذارند و حق حیات را بالاترین حق موجودات زنده اعم از انسان وحیوان و نبات می‌دانند. اگر انسان هنوز خود را مختار می‌داند که برای منافع شخصی و نوعی‌اش دیگر حیوانات را سلاخی کند و یا نباتات را به نیش کشد، اما حداقل این را پذیرفته است که برای کشتن هم‌نوع خود باید پاسخ دهد و محاکمه و مجازات شود.

بار دیگر حمله به گورستان خاوران مرده‌های ما را در گور لرزاند. این اولین بار نیست و هیچ ضمانتی نیست که آخرین بار باشد. سال ۶۸ نیز گورستان خاوران با بلدوزر زیر و رو شد. در تمام این سال‌ها هرگاه برای تسلی دل‌مان به گورستان خاوران رفتیم، به‌کرات متحمل آزار و اذیت شده‌ایم. تکه‌سنگ‌هایی که بر قبر عزیزان‌مان می‌گذاشتیم خرد و خاکشیر و گل‌ها نیز هم‌چون تن آنان لگد مال می‌شد. خودمان نیز مورد بی‌حرمتی و توهین قرار می‌گرفتیم. امسال در بیستمین سالگرد اعدام‌های دسته‌جمعی سال ۶۷ نه تنها اجازه ندادند وارد گورستان خاوران شویم و مراسم بگیریم بلکه به ما حمله کردند، کتک‌مان زدند، به ماشین‌های‌مان آسیب رساندند و پلاک آنها را کندند. بعد از آن‌هم یک شبه دوباره خاوران را زیرورو کردند و در جای گورها نهال کاشتند.

ما، خانواده‌های اعدام‌شدگان در تمامی این سال‌ها فقط به حداقل‌ها رضایت دادیم: مشتی خاک که گفته می‌شد جنازه به خون آغشته عزیزمان در آن خفته است. تمام تلاش‌مان در این سه دهه این بوده است که قبر آنان را حفظ کنیم و هرگز به فکر دادخواهی نیافتادیم. دادخواهی اینکه آنها چرا و به چه جرمی کشته شده‌اند. چرا نتوانستیم مثل تمامی خانواده‌هایی که عزیزی را از دست می‌دهند مرده خود را بشوییم و در جایی مشخص به خاک بسپاریم. اینکه او در آخرین لحظه چه وصیتی داشته است.

گورش به واقع کجاست و چرا اجازه نداریم بر قبر او سنگی و گلی بگذاریم. در میان ما خانواده‌ها، عده‌ای بداقبال‌تر بودند چرا که زمانی که منتظر پایان حکم عزیز خود بودند و در انتظار آزادی او لحظه‌شماری می‌کردند به ناگهان خبر اعدام او را دریافت کردند. به چه جرمی؟ چرا حکم قبلی او نقض شد؟ واقعاً چرا نباید بدانیم؟ اگر برخی از خانواده‌ها شماره‌ای به عنوان محل دفن در خاوران و احیاناً چند جمله‌یی به عنوان وصیت‌نامه دریافت کردند، بسیاری از این خانواده‌ها حتی از آن

هم محروم بودند. بدن عزیزانشان را دسته‌جمعی در کانال‌هایی دفن کردند. نه شماره‌ای و نه وصیت‌نامه‌ای. حال حتی همین کانال‌ها و شماره‌ها هم تخریب می‌شود. به چه جرمی؟ آیا مرده‌ها مرتکب جرم شده‌اند و یا خانواده‌ها که در این سال‌ها تنها کاری که کرده‌اند رفتن بر سرخاک عزیزان‌شان بوده و از ترس از دست دادن همان خاک که تصور می‌کنند تن عزیزشان را در برگرفته، تمامی حقوق خود را نادیده گرفتند؟

اما این بار به قصد دادخواهی فریاد برمی‌آوریم:

۲۸ سال از کشتارهای فردی عزیزان‌مان در دهه شصت و ۲۰ سال از کشتارهای دسته‌جمعی زندانیان سیاسی سال ۶۷ می‌گذرد و هیچ نهاد یا ارگانی پاسخ‌گوی ما نیست.

ما خانواده‌ها در طی این سال‌ها تحت سخت‌ترین شرایط بوده‌ایم.

عزیزان‌مان را زندانی کردند و ما تحمل کردیم. آنها را شکنجه دادند و ما تاب آوردیم. اعدام آنها را هم تحمل کردیم. نه از زمان محاکمه‌ی آنها اطلاع داشتیم و نه کسانی که آنها را محاکمه کردند دیدیم و نه جرم آنها را فهمیدیم. بعد از اعدام‌شان نه وصیت‌نامه‌یی از آنها دریافت کردیم و نه محل دفن‌شان را می‌دانستیم. پس از مدت‌ها جستجو گفتند که عزیزان‌مان را در گورهای فردی و یا دسته‌جمعی در خاوران دفن کرده‌اند.

درطی این مدت ما خانواده‌ها را نیز همانند عزیزان‌مان مورد اذیت و آزار قرار دادند. ما را از ادامه تحصیل محروم کردند. از کار اخراج‌مان کردند و راه هرگونه ترقی و پیشرفت را برما بستند. خانواده‌هایمان پاشیده شد و در این میان کسانی سکته کردند و یا دیوانه شدند. عده زیادی مجبور به مهاجرت از مملکت خود شدند و در غربت دچار افسردگی، فقر و بیماری شدند.

حتی راه گورهایی که خود به ما آدرس داده بودند را بستند. زمانی درب خاوران را بستند. زمانی دیگر بدون بهانه قبرها را زیر و رو کردند. اجازه ندادند حتی در خانه‌هایمان مراسم بگیریم. ما و فرزندان‌مان را تهدید و دستگیر کردند. به مراسمی که در خانه‌های شخصی خود برگزار کرده بودیم حمله کردند و خانواده‌ها را تحت فشار گذاشتند که حتی در خانه‌ها هم مراسم برگزار نکنند.

و باز بار دیگر خاوران را به بهانه‌ی «طرح توسعه و ساماندهی گورستان‌های اقلیت‌های مذهبی» تخریب کردند و به جای گورها نهال کاشتند. عده‌یی از خانواده‌ها ۴ دیماه به دادستانی بهشت زهرا مراجعه کردند تا علت را جویا شوند اما پاسخی دریافت نکردند. مسئولین از کل ماجرا اظهار بی‌اطلاعی کردند. وعده‌ی بررسی و پاسخ‌گویی دادند اما هم اکنون که بیش از دو ماه از ماجرا می‌گذرد هنوز هیچ پاسخی دریافت نکرده‌ایم.

بنابر این این بار فریاد دادخواهیمان به سوی مردم آزاده‌ی ایران و جهان است:

ما عده‌یی از خانواده‌های اعدام‌شدگان دهه‌ی شصت ضمن محکوم کردن تخریب دوباره‌ی خاوران خواستار:

۱. پی‌گرد و محاکمه‌ی مسببین کشتارهای دهه‌ی شصت، به ویژه اعدام‌های دسته‌جمعی سال ۶۷

۲. اعلام اسامی دفن شدگان در گورستان خاوران

۳. دریافت کیفرخواست این اعدام‌شدگان و افشای علت اعدام آنان

۴. دریافت وصیت‌نامه اعدام شدگان

۵. به رسمیت شناختن محل دفن آنان به عنوان گورستان خاوران

۶. اجازه‌ی گذاشتن سنگ بر قبرشان

۷. پی‌گرد و محاکمه‌ی کسانی که اقدام به تخریب خاوران و آزار خانواده‌ها می‌کنند،

۸. بازگرداندن حقوق شهروندی خانواده‌ها و متوقف کردن هرگونه محدودیت و محرومیت اجتماعی، سیاسی، فرهنگی واقتصادی در مورد آنان... و

۹. پذیرش و حفظ گورستان خاوران به عنوان سندی تاریخی از جانب نهادهای محلی و بین‌المللی هستیم.

اسفند ۱۳۸۷

اسفند ۱۳۹۰: نامه جعفر بهکیش و رضا معینی به احمد شهید:

جناب آقای احمد شهید گزارشگر ویژه سازمان ملل برای بررسی وضعیت حقوق بشر در ایران،

گزارش تازه شما را در باره‌ی نقض حقوق بشر در ایران را خواندیم. می‌دانیم که در شرایط کنونی، و تنش جاری میان ایران و جامعه جهانی و با وجود محدودیت‌های فراوان به وجود آمده از سوی مقامات جمهوری اسلامی و برخی نهادهای سازمان ملل، تهیه این گزارش، کاری آسان نبود. می‌دانیم مسئولان جمهوری اسلامی به شما اجازه‌ی حضور در ایران را ندادند و از این نظر شما را از دیدار با بخش عمده‌ای از شاهدان و قربانیان و یا حتا مسئولان دولتی محروم کردند. اما گزارش شما بعنوان روزشمار سرکوب و نقض حقوق بشر در ایران و به ویژه در دو سال گذشته موفق است. شما توانستید، خوشبختانه با بسیاری از قربانیان در خارج از ایران دیدار داشته باشید و روایت آنها را ثبت کنید. که در گزارش به شکل تفصیلی منتشر شده است. این خود گامی به پیش برای مبارزه با نقض فاحش و گسترده حقوق بشر در کشور ماست.
اما متاسفانه گزارش شما درباره یکی از اصلی‌ترین مصداق‌های جنایت علیه بشریت در ایران، کشتار جمعی زندانیان سیاسی در سال ۱۳۶۷، سکوت کرده است. ما شهادت می‌دهیم که برخی از اعضای خانواده‌های قربانیان و بازماندگان اعدام‌های جمعی و غیر قضایی، دهه شصت در ایران، با شما و همکارانتان دیدار داشتند و روایت آنها شنیده و ثبت شده بود. این قربانیان به شما مدارک و اسناد مهمی تحویل دادند، که برخی از آنها تا کنون به هیچ نهادی حقوقی ارائه نشده بود. در گزارش شما هیچ نشانی از این شاهدان و قربانیان نیست.
سکوت شما، به عنوان گزارشگر ویژه مهم‌ترین نهاد بین‌المللی برای توسعه حقوق بشر و عدالت، در مورد اعدام‌های غیرقضائی دهه شصت و به ویژه کشتار سال ۶۷، بزرگترین کشتار زندانیان سیاسی در تاریخ معاصر ایران، سانسور مدارک و شواهد و نادیده گرفتن آسیب‌پذیرترین بخش از قربانیان نقض حقوق بشر در ایران قابل قبول نیست.
در سی سال گذشته، خانواده‌های ما، به دلیل نپذیرفتن دستور سکوت مقامات امنیتی و حضور مداوم‌شان بر گورهای ویران شده‌ی کشتگانمان در گورستان خاوران، با وجود ممنوعیت و مزاحمت‌های ماموران، دائماً از سوی نهادهای امنیتی، احضار، بازداشت و توسط دادگاه‌های انقلاب محاکمه و محکوم شده‌اند. ما شهادت می‌دهیم

که این حوادث استثنائی نیستند و بسیاری از بستگان قربانیان جنایت‌های دهه شصت در سکوت با قساوتی مشابه روبرو بوده‌اند.

ما به فراموشی و سکوت معترضیم و به‌عنوان قربانی و دادخواه، از شما در باره سکوت گزارش‌تان در مورد این قساوت‌ها و آنچه بر بستگان قربانیان گذشته است، توضیح می‌خواهیم. به شما یادآور می‌شویم: که سکوت و سانسور این بخش از قربانیان و بازماندگان، نه تنها کمکی به گسترش حقوق بشر در ایران نکرده است، برعکس به عنوان یکی از پایه‌های سرکوب و خشونت مورد استفاده قرار گرفته است. که این سکوت کمکی به مبارزه با مصونیت از مجازات، که یکی از مهمترین عوامل تداوم جنایت و خشونت در ایران است، نمی‌کند.

جعفر بهکیش

رضا معینی

۹ مارس ۲۰۱۲ برابر با ۱۹ اسفند ۱۳۹۰

۲۶ خرداد ۱۳۹۱: پیام جمعی از مادران خاوران به دادگاه رسیدگی به اعدام فرزندان مان

ما گروهی از مادران خاوران، از چهار سال و نیم پیش، که تلاش برای برگزاری این دادگاه مردمی برای رسیدگی به اعدام عزیزمان آغاز شد، با حساسیت زیادی آن را دنبال کردیم. برگزاری این دادخواهی تاریخی، خواست ما و همه‌ی خانواده‌هائی است که عزیزان‌شان را در زندان‌های ایران به ناحق اعدام کردند. جمهوری اسلامی، فرزندان ما را از همان روزهای اول انقلاب تحت تعقیب قرار داد، پس از دستگیری و شکنجه، اعدام‌شان کرد. آنها، نسل کشی را از سال شصت آغاز کردند و در سال شصت و هفت با کشتار فرزندان دربندمان، که از اعدام‌های سال‌های پیش از آن جان سالم بدر برده بودند، به اوج رساندند. نسلی را که در پیدایش و ظهور انقلاب نقش داشت، نابود و در کانال‌هائی که در گورستان های بدون نام و نشان کندند، در پنهان دفن کردند.

ما، از سال شصت به دنبال این حقیقت بودیم که بدانیم عزیزان مان را چرا کشتند و به چه علت و به چه جرمی کشتند. سی سال منتظر بودیم مسئولان جمهوری اسلامی به ما پاسخ دهند. نه تنها هیچ پاسخی نگرفتیم، نه تنها حاضر نشدند به این جنایت هولناک اعتراف کنند، ما را همه‌ی این سال‌ها تحت فشار قرار دادند، کتک‌مان زدند، حبس‌مان کردند، اجازه برگزاری سالگردها و جلسات یادمان را به ما ندادند، از رفتن به خاوران هم محروم‌مان کردند. می‌دانیم سرگذشت ما، سرگذشت غم‌انگیز همه‌ی مادران و همسران و خواهران و پدران و فرزندان و برادرانی است که عزیزان‌شان در زندان‌های سراسر ایران قتل عام شدند. ما مادران خاوران، ضمن تبریک برگزاری این دادخواهی تاریخی، آن را اقدامی بسیار مهم در راستای روشن شدن جنایاتی می‌دانیم که جهان سی سال است چشم بر روی آن بسته است. این یک دستاورد تاریخی برای ما خانواده‌ها و همه‌ی مردم ایران است، که شکل‌گیری آن را یک موفقیت بزرگ در راستای مبارزات مردم ایران برای رهائی‌می دانیم.

جمعی از مادران خاوران
۲۶خرداد ۱۳۹۱ برابر با ۱۵ ژوئن ۲۰۱۲

مرداد ۱۳۹۲: نامه منصوره بهکیش به حسن روحانی

آقای روحانی صدای ما را بشنوید!

شما به عنوان رئیس‌جمهور حکومت جمهوری اسلامی ایران معرفی شدید و در مراسم سوگند بیان کردید که "نماینده" تمامی مردم ایران هستید. به عنوان یک ایرانی لازم دیدم یادآوری کنم که شما نماینده امثال ما که رای نداده‌ایم نیستید. ما به دلیل غیر دموکراتیک بودن شیوه انتخاب شدن و انتخاب کردن و همچنین نبود آزادی بیان و امکان ایجاد تشکل‌های مستقل و مردمی، انتخابات را در ایران آزادانه نمی‌دانیم ولی معتقدیم رئیس‌جمهور یک کشور به عنوان مهم‌ترین مقام اجرایی آن موظف است که بدون تبعیض در جهت خواسته‌های همه مردم حرکت کند و پاسخ‌گوی همه آنهایی که رای داده و رای نداده‌اند، باشد.

شما در مقابل مردم سوگند یاد کردید و گفتید زمانی می‌توان قفل درب‌های بسته را باز کرد که همه چیز شفاف باشد. عالی است. شفاف بودن یکی از ارکان مدیریت سالم است و امیدوارم لااقل خودتان این شعار را عملی سازید. چیزی که ما در این سی و چهار سال ندیدیم و به آن نیاز داریم. ولی تنها شفاف بودن کافی نیست، مسوولیت‌پذیری و پاسخ‌گویی و همچنین نبود تبعیض و برقراری عدالت اجتماعی ارکان دیگر مدیریت سالم و انسانی است.

ما از همان ابتدای سال ۱۳۵۸ که مردم به جمهوری اسلامی رای آری دادند، با مشکلات بسیاری روبرو شدیم ولی همواره مسئولان حکومتی از مردم می‌خواستند که دندان روی جگر بگذارند و امید به آینده‌ای روشن داشته باشند تا آرامش و آسایش و آزادگی در کشور برقرار شود ولی تفاوت گفتار و کردار از زمین تا به آسمان بود. آقای خمینی در نوفل لوشاتو گفت همه، حتی کمونیست‌ها آزادند ولی در دهه شصت و به ویژه در تابستان شصت و هفت هزاران نفر از بهترین فرزندان ایران زمین به دستور شخص ایشان اعدام شدند.

به جای آینده روشنی که برای مردم ترسیم کرده بودید، بگیر و ببندها و شکنجه و اعتراف‌گیری و کشتار مخالفان و دگراندیشان شروع شد؛ سپس جنگ و پیامدهای خانمان برانداز آن؛ حجاب اجباری؛ بستن دانشگاه‌ها و اخراج دانشجویان؛ اعدام دسته‌جمعی زندانیان سیاسی در تابستان شصت و هفت در کمتر از یک ماه در حالی که بسیاری از آنان حکم زندان داشتند؛ دفن گروهی آنها با لباس در کانال‌هایی در خاوران بدون اطلاع و حضور خانواده‌های‌شان؛ قتل‌های زنجیره‌ای نویسندگان در سال ۱۳۷۷ بدون آن که پرونده آن به سرانجامی برسد؛ حمله به

کوی دانشگاه در سال ۱۳۷۸ و کشته و زخمی و بازداشت شدن تعدادی از دانشجویان؛ بازداشت و کشتار مردم معترض در خیابان در سال ۱۳۸۸؛ شکنجه و قتل زندانیان در زندان کهریزک و قتل‌های خاموش در زندان‌ها که هنوز پاسخ روشنی بر چرایی و چگونگی هیچ یک از آنها داده نشده است.

آقای روحانی، در این سی و چهار سال شما و همراهان‌تان هر چه توانستید بر سر ما آوردید و با کشیدن تیغ بر روی مخالفان و مردمی که شاه را برای به دست آوردن آزادی و آزادگی و داشتن زندگی بهتر و انسانی‌تر بیرون کرده بودند، حکومت کردید و هر کدام تقصیرها را گردن دیگری انداختید.

من و بسیاری از ما بهترین عزیزان‌مان را به خاطر نبود آزادی در جمهوری اسلامی از دست داده‌ایم و شاهد نقض گسترده و سیستماتیک حقوق بشر در ایران بوده و هستیم. ولی امروز دیگر دهه شصت نیست که تنها با حذف بی صدای دگراندیشان بتوانید به زندگی خود ادامه دهید. این بار با مردمی روبرو هستید که نه تنها از فشار اجتماعی و سیاسی بلکه از فشار اقتصادی و بیکاری و گرانی سرسام‌آور به تنگ آمده‌اند و اغلب از روی ناچاری شما را انتخاب کرده‌اند زیرا نه شیفته جمهوری اسلامی‌اند و نه شیفته امثال شما، بلکه خواهان یک زندگی شرافتمند و انسانی به دور از تبعیض و جنگ و خون ریزی هستند.

ما خانواده‌ها و بستگان‌مان نیز چیزی جز ساختن دنیایی انسانی نمی‌خواستیم ولی در طی این سال‌ها در بدترین شرایط زندگی کرده و سرکوب شده‌ایم. جمهوری اسلامی نه تنها حق زندگی را از عزیزان ما گرفت، بلکه مادران و پدران و همه ما را کشت و از داشتن یک زندگی انسانی محروم کرد. نه تنها ما، بلکه دختران و پسران ما را نیز درگیر این بیداد کرد و سایه تهدید و محروم شدن از زندگی فردی و اجتماعی همواره روی سر ما بوده است. من یک نمونه‌ام که برای کشف حقیقت و برقراری عدالت و پیگیری دادخواهی بارها بازداشت و ده‌ها بار به وزارت اطلاعات احضار و از کار بیکار شده‌ام. از اسفند ۱۳۸۸ پاسپورت‌ام در فرودگاه ضبط شده است و به چهار سال حبس، سه و سال و نیم تعلیقی و شش ماه تعزیری محکوم شده‌ام و هر لحظه در انتظار اجرای حکم زندان هستم و پس از آخرین احضار برای اجرای حکم و معرفی خودم به زندان اوین در پانزده بهمن ۱۳۹۱، به خانه باز پس فرستاده شدم تا روزی دیگر و هنوز چمدانم در گوشه اتاق خاک می‌خورد و نمی‌دانم با بیان بخشی از حقیقت تلخی که بر ما رفته است چه سرانجامی در انتظارم خواهد بود.

عمق فاجعه اینجاست که تا به حال هیچ مقام مسوولی به ما خانواده‌ها و دادخواهان پاسخی نداده است که چه بر سر عزیزان ما در زندان‌ها آورده‌اند. از شما که به دنبال شفاف‌سازی هستید می‌خواهم این حداقل را برای ما روشن کنید:

۱- اعدام زندانیان سیاسی در دهه شصت و به ویژه کشتار زندانیان سیاسی در سال ۱۳۶۷ چگونه انجام شده است؟

۲- چرا زندانیانی که حکم زندان داشتند بی‌خبر از خانواده‌ها اعدام شدند؟

۳- چرا محاکمه آنها توسط کمیسیون مرگ پشت درهای بسته انجام شده است؟

۴- چرا هیچ مقام مسوولی پاسخی رسمی مبنی بر چگونگی و چرایی این کشتارها به ما نداده است؟

۵- چرا محل دقیق دفن آنها را به ما نمی‌دهند؟

۶- چرا وصیت‌نامه‌های آنها را به ما نمی‌دهند؟

۷- چرا خانواده‌ها را از حضور در خاوران منع می‌کنند یا مورد پیگرد و آزار و اذیت قرار می‌دهند؟

۸- چرا نمی‌گذارند آزادانه در منازل یا در خاوران و دیگر گورستان‌ها مراسم یادبود بگیریم؟

۹- چرا خاوران را برای چندمین بار در سال ۱۳۸۷ زیر و رو کردند و پاسخ شکایت ما به بهشت زهرا را نداده‌اند؟

۱۰- چرا پنج سال است درب اصلی خاوران را بسته‌اند و مادران و پدران پیر مجبورند مسافت زیادی را با پای پیاده تا رسیدن به محل نامعلوم دفن عزیزان‌شان طی کنند؟

۱۱- چرا اجازه گذاشتن سنگ قبر و کاشتن گل و گیاه و آب یاری و نظافت به ما نمی‌دهند؟

۱۲- چرا حق شکایت را از ما گرفته‌اند و ما را مورد پیگرد و اذیت و آزار قرار می‌دهند؟

آقای روحانی، آیا می‌دانید وزیر "داد"گستری که شما انتخاب کرده‌اید، در بیست و پنج سال پیش یکی از اعضای کمیسیون مرگ بوده و چندین هزار نفر از بهترین و صادق‌ترین انسان‌ها و از جمله دو برادر نازنین‌ام که حکم زندان داشتند را به دلیل دگراندیشی اعدام کردند!

و بسیاری از افرادی که به شما رای داده‌اند از همین خانواده‌ها هستند، کسانی که پدر یا مادرشان، همسرشان، خواهر یا برادرشان و پسر یا دخترشان در جمهوری اسلامی کشته شده‌اند. خانواده‌هایی که با تمام این فشارها باز هم دوام آوردند و این شرایط را تحمل می‌کنند. آنها از سر درد و ناچاری به این جابجایی‌ها دل بسته‌اند ولی اگر این بار به نیازها و خواسته‌های آنها بی‌توجهی شود، قطعاً راه دیگری را برای تحقق مطالبات‌شان پیدا خواهند کرد. شما اگر واقعاً آگاه به زمان و موقعیت خود شده‌اید و این حقیقت تلخ را به همراه تمامی مسئولان پذیرفته‌اید که حداقل

برای نجات خودتان باید کاری دیگر کنید، همین امروز انجام دهید، زیرا فردا دیر است.

آقای رئیس‌جمهور، امسال بیست و پنج سال از کشتار زندانیان سیاسی در سال ۱۳۶۷ می‌گذرد و ما همچنان به دنبال کشف حقیقت و پاسخ‌گویی مسئولان جمهوری اسلامی هستیم و تا زمانی که حقیقت آنچه بر بستگان ما در زندان‌های جمهوری اسلامی گذشته است روشن نشود، این داغ برای ما همچنان تازه است و پیگیری‌های ما ادامه خواهد داشت.

ما از شما می‌خواهیم که به اذیت و آزار مادران و دیگر بستگان اعدام‌شدگان و ناپدیدشدگان قهری پایان دهید؛ درهای خاوران به روی ما گشوده شود و برای برگزاری مراسم سالگرد خانواده‌ها محدودیت و مزاحمت ایجاد نشود؛ ما می‌خواهیم محل دفن عزیزان گمشده‌مان را مشخص کنیم و آنجا را به سلیقه خودمان بیاراییم؛ این حداقل حق ما خانواده‌های آسیب دیده است و از شما می‌خواهیم که این حق را محترم بشمارید و به رسمیت بشناسید. تلاش ما دادخواهان برای ساختن دنیایی بهتر و انسانی‌تر است تا جهان شاهد بروز و تکرار چنین جنایت‌هایی نباشد.

منصوره بهکیش
۱۶ مرداد ۱۳۹۲

۲۸ مرداد ۱۳۹۲: دادنامه سرگشاده پروانه میلانی به رئیس‌جمهور

سینه تنگ من و بار غم او هیهات
مرد این بار گران نیست دل مسکین‌ام
بر دلم گرد ستم‌هاست خدایا مپسند
که مکدر شود آیینه مهر آیین‌ام

آقای رئیس جمهور؛

من به شما رأی ندادم، اما از آنجایی که شما خود را رئیس جمهور همه‌ی مردم ایران نامیده‌اید، به خود این اجازه را می‌دهم که سخنی چند با جناب عالی داشته باشم. سال‌هاست، سی و دو سال است که زخمی را که رژیم جمهوری اسلامی با کشتن تنها برادرم بر جان و دلم نهاده است در تنهایی خود می‌لیسم.
من این دادنامه را خطاب به جناب عالی می‌نویسم و می‌خواهم توجه شما را به مسئله‌ی بسیار مهمی که مربوط به یکی از اعضای کابینه‌ی سرکار است، جلب نمایم. همان‌گونه که پیش‌تر گفته آمد، تنها برادرم را در بی دادگاه‌های جمهوری اسلامی از دست دادم، و وقتی خبر کشته شدنش را به من دادند از هیچ‌گونه توهین و ناسزای بسیار رکیک به من و بدن پاره‌پاره‌ی برادر عزیزم دریغ نورزیدند، آری، از آن تاریخ دارم زخم‌هایم را می‌لیسم. در آن زمان به ما اجازه‌ی برگزاری هیچ‌گونه مراسمی را هم ندادند.
آقای رئیس جمهور؛
ما در خانواده‌ی کم درآمدی زندگی می‌کردیم. برادرم رحیم، در رشته‌ی مهندسی شیمی دانشگاه آریامهر (دانشگاه شریف) فارغ التحصیل شد. لازم به یادآوری‌ست که وی در رژیم گذشته نیز از فعالان دانشجویی بوده است و در آن زمان سه سال را در زندان گذراند. شاه او را نکشت، اما در این رژیم مثلاً اسلامی ششم مهرماه سال شصت، دستگیر و در هفتم آبان ماه همان سال به جوخه‌ی اعدام سپرده شد. چه سریع!!! حتا مهلت دفاع به او ندادند.
اکنون پرسش من از شما این است که چگونه توانستید آقای پورمحمدی را که عالم و آدم از جنایت‌های ایشان که بسیار هم سنگین است به وزارت دادگستری بگمارید. داد!!! دادگستری!!! یا بی‌داد گستری؟ من آدم ساده لوحی نیستم که فکر کنم شما از سوابق مشعشع ایشان در بسیاری از کشتارها چه در بندرعباس، چه در مشهد، و چه در زندان اوین و چه در زندان رجایی شهر بی‌خبر بوده باشید. به ویژه آنکه ایشان یکی از سه نفر مأموران هیئت مرگ بودند که در کلیه‌ی زندان‌های

ایران در تابستان هزار و سیصد و شصت و هفت باقیمانده‌ی زندانیان را به جوخه‌ی اعدام سپردند یا حلق‌آویز کردند و در گورهای دسته‌جمعی، در گورستان خاوران به خاک سپردند.

وجدان انسان‌ها بزرگ‌ترین فضیلتی‌ست که خداوند در ما به ودیعه گذاشته است. آیا شما با این فضیلت آشنا هستید؟! آیا می‌دانید ایشان چه خیل عظیمی از خانواده‌ها را داغدار کرده‌اند، آن‌هم چه فرزندان نخبه و با تحصیلات عالی که یا در گورستان‌ها خفته‌اند یا فرار را بر قرار ترجیح داده و به خارج از کشور مهاجرت کرده‌اند.

پرونده جنایات ایشان بسیار سیاه است. در خاتمه از شما می‌خواهم زحمت کشیده و سری به گورستان خاوران بزنید و خود همه چیز را به رأی‌العین ببینید و خود قضاوت کنید که چه ظلمی بر ما خانواده‌های داغدار رفته است. شاید بد نباشد که بدانید مادر من پس از کشته شدن تنها پسرش به دو بیماری صعب‌العلاج آرتریت روماتوئید و پارکینسون مبتلا شد. لطفاً وضعیت بیماری مادرم را به سیاهه‌ی جنایات ایشان بیفزایید.

نکته پایانی: جریان رأی‌گیری برای وزرای انتخابی شما را از تلویزیون دنبال می‌کردم. آن سه وزیر شایسته‌ی شما از مجلس فرمایشی رأی نیاوردند. واقعاً جای تأسف دارد. گرچه شیرازه‌ی مملکت چنان از هم گسسته است که نه شما و نه هیچ وزیری را توان بازگرداندن مملکت به شرایط عادی نیست.

پروانه میلانی ۲۸ مرداد ۱۳۹۲

۷ خرداد ۱۳۹۳: پیام مادران خاوران هنگام دریافت جایزه گوانگجو

هیات داوران جایزه حقوق بشری گوانگجو
با درود و احترام
ما مادران و خانواده‌های خاوران از انتخاب شما بسیار سپاسگزاریم و خشنودیم که به این وسیله صدای دادخواهی ما در سراسر دنیا گسترده‌تر می‌شود. ما سال‌ها است که برای به رسمیت شناختن حقوق از دست رفته خود و کشف حقیقت آنچه بر عزیزانمان رفته است ایستاده‌ایم و تلاش می‌کنیم. در این راه فشارهای زیادی بر ما تحمیل کردند و می‌کنند. بارها ما را تهدید و احضار و بازداشت کردند، بارها از برگزاری مراسم فردی و گروهی در منازل شخصی و گورستان خاوران محروممان کردند، بارها ما را از خاوران باز گرداندند یا پلاک ماشین‌هایمان را کندند و حتی اجازه ندادند سنگی بر گور عزیزانمان بگذاریم و گاهی دسته گل‌هایی که با خود آورده بودیم را از ما گرفتند یا زیر پا له کردند.
در طی این سال‌ها بسیاری از ما، تنها به خاطر داشتن خانواده‌ای دگراندیش یا برای پیگیری کشف حقیقت یا برای شرکت در مراسم یادبود کشته شدگان خودمان یا دیگری از کار برکنار یا ممنوع‌الخروج یا به اشکال مختلف تحقیر و تهدید و از زندگی اجتماعی محروم شده‌ایم، ولی علیرغم تمامی این اذیت و آزارها ما همچنان ایستاده‌ایم تا بتوانیم به کشف حقیقت و برقراری عدالت یاری رسانیم.
در دهه شصت خورشیدی یعنی از سال ۱۳۶۰ (۱۹۸۱میلادی) تا حدود سال ۱۳۶۷ شمسی (۱۹۸۸میلادی)، هزاران نفر از عزیزان ما را یا اعدام کردند یا زیر شکنجه کشتند یا در خیابان به گلوله بستند و جنازه‌ای نیز به ما تحویل ندادند و آنها را بی‌خبر از خانواده‌ها به شیوه‌ای بسیار توهین آمیز در گورستان خاوران و گورستان‌های مشابه به خاک سپردند و تا مدت‌ها در بی‌خبری مطلق بسر می‌بردیم.
خاوران قطعه زمینی در جنوب شرقی تهران و بخشی از گورستان غیرمسلمان‌-هاست. این گورستان از سال ۱۳۶۰ شمسی و پس از اولین اعدام‌های فعالان سیاسی دگراندیش و عمدتاً چپ راه‌اندازی شد. حکومت آن را لعنت‌آباد نامید و خانواده‌ها آن را گورستان یا گلزار خاوران نامیدند. هیچ یک از دفن شدگان در این گورستان توسط خود خانواده‌ها به خاک سپرده نشده‌اند و حکومت آنها را مخفیانه در گورهای فردی و جمعی مدفون کرده است.
اما خاوران تنها گورستانی نیست که دگراندیشان را به شکلی غیرمتعارف دفن کرده‌اند. احتمالاً در تهران و قطعاً در شهرستان‌ها، گورستان‌هایی مشابه و حتی

ناشناخته‌ای وجود دارد که عزیزان ما را بی‌خبر از خانواده‌هایشان در آنجا مدفون کرده‌اند و خانواده‌ها را برای دانستن حقیقتِ چرایی و چگونگی این کشتارها مورد اذیت و آزار قرار می‌دهند. تمامی این خانواده‌ها جزو مادران خاوران هستند.
ما مادران و خانواده‌ها تلاش کردیم از سال ۱۳۶۸ شمسی (۱۹۸۹میلادی)، مراسم عمومی یادبود برای جان‌باختگان کشتار گروهی زندانیان سیاسی در تابستان ۶۷ را هر سال در نزدیک‌ترین جمعه به دهم شهریور و جمعه آخر سال در خاوران برگزار کنیم؛ هرچند دولت از سال‌ها پیش درب اصلی خاوران را به روی ما بسته است و با امنیتی کردن آنجا مزاحمت‌های فراوانی برای ما ایجاد کرده و می‌کند تا از جمع شدن ما خانواده‌ها جلوگیری کند و گاهی هم موفق شده است، ولی ما همچنان حضور می‌یابیم تا یادشان را گرامی بداریم.
ما مادران و خانواده‌های خاوران، علیرغم خطراتی که همواره برای ما ایجاد کردند، تلاش کرده‌ایم در هر فرصتی برای کشف حقیقت و برقراری عدالت بکوشیم.
ما همچنین تلاش کردیم هر سال مراسم بزرگ‌داشت جان‌باختگانمان را در منازل شخصی خود برگزار کنیم تا بتوانیم یادشان را گرامی بداریم و سیاست انکار و فراموشی را به چالش بکشیم.
ما چندین بار به مقامات دولتی نامه نوشتیم ولی تا به حال هیچ مقام مسوولی پاسخی مبنی بر چرایی و چگونگی اعدام‌های فردی و گروهی به ما نداده است.
ما به گزارشگران ویژه سازمان ملل نیز اعتراض کردیم و صدای دادخواهی خود را به آنها رساندیم، ولی متاسفانه پیگیری‌های ما تا کنون بدون نتیجه باقی مانده است. هم‌اکنون انتظار داریم که فعالان حقوق بشر در سراسر دنیا و مقامات مسئول حقوق بشر در سازمان ملل، از جمله آقای احمد شهید «گزارشگر ویژه سازمان ملل دربارهٔ وضعیت حقوق بشر در ایران»، حق ما خانواده‌ها را برای دانستن حقیقت و برگزاری آزادنه مراسم یادبود به عنوان مثال‌های به روز به رسمیت بشناسند و برای رفع این بی‌حقوقی و نقض آشکار حقوق بشر بکوشند.
ما به دنبال خون‌خواهی نیستیم و با کشته شدن حتی قاتلان فرزندان‌مان مخالفیم، ولی می‌خواهیم که مسئولان این جنایت‌ها شناسایی و در دادگاهی عادلانه و علنی و مردمی محاکمه شوند و چرایی و چگونگی این اعدام‌ها برای ما و همه مردم ایران روشن شود تا شاید بتوانیم به این وسیله از تکرار جنایت جلوگیری کنیم.
هرچند بسیاری از ما پیر و ضعیف و ناتوان و بیمار شده‌ایم و برخی نیز فوت کرده‌اند، ولی تا زمانی که جان در بدن داریم، ما خانواده‌های خاوران از مادر و پدر و خواهر و برادر و همسر و فرزندان؛ در هر کجای دنیا که باشیم، برای کشف حقیقت تلاش خواهیم کرد تا بتوانیم یک زندگی انسانی بسازیم و دیگر هیچ کسی به خاطر داشتن عقیده‌اش به بند کشیده نشود و جان خود را از دست ندهد.

ضمیمه سوم

جدول مشخصات مصاحبه‌شوندگان

	نام و نام خانوادگی مصاحبه شونده	نسبت با فرد اعدام شده	نام فرد اعدام/ کشته شده	سازمان سیاسی فرد اعدام شده	زمان اعدام/ یا کشته شدن	شیوه اعدام/ کشته شدن	محل احتمالی دفن
۱	امید منتظری	فرزند	حمید منتظری	سازمان فداییان خلق (اکثریت)	۱۳۶۷	اعدام	خاوران
۲	آیدین اخوان اقدم	فرزند	ناصر اخوان اقدم	انشعاب شانزده آذر از سازمان فداییان خلق (اکثریت)	۱۳۶۷	اعدام	خاوران
۳	پروانه میلانی	خواهر	رحیم میلانی	سازمان کارگران انقلابی ایران (راه کارگر)	۷ آبان ۱۳۶۰	اعدام	خاوران
۴	مادر شریفی	مادر	فرزین شریفی	سازمان فداییان خلق ایران (اکثریت)	۶ مهر ۱۳۶۰	اعدام	خاوران
۵	جعفر بهکیش	برادر	زهرا بهکیش	سازمان چریک‌های فدایی خلق ایران (اقلیت)	شهریور ۱۳۶۲	کشته شدن در زیر شکنجه یا در اثر خوردن سیانور	خاوران
		برادر	محمود بهکیش	سازمان فداییان خلق ایران (اکثریت)	شهریور ۱۳۶۷	اعدام	خاوران
		برادر	محمدعلی بهکیش	سازمان چریک‌های فدایی خلق ایران (اقلیت)	شهریور ۱۳۶۷	اعدام	خاوران
		برادر	محسن بهکیش	سازمان چریک‌های فدایی خلق ایران (اقلیت)	۲۴ اردیبهشت ۱۳۶۴	اعدام	قطعه ۹۹ بهشت‌زهرا
		برادر	محمدرضا بهکیش	سازمان چریک‌های فدایی خلق ایران (اقلیت)	۲۴ اسفند ۱۳۶۰	کشته شدن در هنگام دستگیری	قطعه ۹۱ بهشت‌زهرا
		برادر همسر	سیامک اسدیان	سازمان چریک‌های فدایی خلق ایران (اقلیت)	۱۳ مهر ۱۳۶۰	کشته شدن در هنگام دستگیری	گورستانی در خرم‌آباد
		همسر خواهر	مهرداد پناهی شبستری	سازمان چریک‌های فدایی خلق ایران (اقلیت)	شهریور ۱۳۶۷	اعدام	خاوران

۶	خاطره معینی	خواهر	هبت‌الله معینی	انشعاب بیانیه شانزده آذر از سازمان فداییان خلق (اکثریت)	تابستان ۱۳۶۷	اعدام	خاوران
۷	رخشنده حسین‌پور رودسری	خواهر	رحیم حسین‌پور رودسری	سازمان کارگران انقلابی ایران (راه کارگر)	تابستان ۱۳۶۷	اعدام	خاوران
		خواهر	حمید حسین‌پور رودسری	سازمان کارگران انقلابی ایران (راه کارگر)	۱۳۶۲	کشته شدن در درگیری مسلحانه	کردستان
		همسر	علی مهدیزاده	سازمان کارگران انقلابی ایران (راه کارگر)	۷ مهر ۱۳۶۲	اعدام	خاوران
۸	سحر محمدی	فرزند	سوسن امیری	اتحادیه کمونیست های ایران (سربداران)	پاییز ۱۳۶۳	اعدام	خاوران
		فرزند	پیروت محمدی	اتحادیه کمونیست‌های ایران (سربداران)	۱۳۶۰	کشته شدن در درگیری مسلحانه در آمل	
		برادرزاده	رسول محمدی	اتحادیه کمونیست‌های ایران (سربداران)	۱۳۶۰	کشته شدن در درگیری مسلحانه در آمل	
		خواهرزاده	اصغر امیری	اتحادیه کمونیست‌های ایران (سربداران)	پاییز ۱۳۶۳	اعدام	خاوران
		خواهرزاده	حسن امیری	اتحادیه کمونیست‌های ایران (سربداران)	۱۱ اردیبهشت ۱۳۶۴	اعدام	خاوران
۹	شورا مکارمی	فرزند	فاطمه زارعی	سازمان مجاهدین خلق ایران	تابستان ۱۳۶۷	اعدام	گورستان شیراز
۱۰	عفت ماهباز	خواهر	علی ماهباز	سازمان فداییان خلق ایران (اکثریت)	۲۸ آذر ۱۳۶۰	اعدام	خاوران
		همسر	علیرضا اسکندری	سازمان فداییان خلق ایران (اکثریت)	تابستان ۱۳۶۷	اعدام	خاوران
۱۱	فتحیه زرکش	چندین عضو خانواده	نام اعدام‌شدگان نزد عدالت برای ایران محفوظ است	سازمان مجاهدین خلق ایران		اعدام	

۱۲	فریده امیرشکاری	خواهر	سعید امیرشکاری	سازمان چریک‌های فدائی خلق ایران	۲۷ مرداد ۱۳۵۸	ترور در جاده باقرآباد کرمان	گورستانی در کرمان
		خواهر	علی امیرشکاری	سازمان چریک‌های فدائی خلق ایران	۱ شهریور ۱۳۵۸	اعدام	گورستانی در کرمان
		همسر	محمد جعفر ریاحی	سازمان کارگران انقلابی ایران (راه کارگر)	تابستان ۱۳۶۷	اعدام	خاوران
		همسر برادر	علی ریاحی	سازمان چریک‌های فدایی خلق ایران (اقلیت)	۲۰ بهمن ۱۳۶۱	اعدام	خاوران
		همسر برادر	محمد صادق ریاحی	سازمان کارگران انقلابی ایران (راه کارگر)	تابستان ۱۳۶۷	اعدام	خاوران
۱۳	فریده دیزجی	همسر	رستم بهمنی	سازمان انقلابی زحمتکشان کردستان ایران (کومه‌له)	۲ بهمن ۱۳۶۰	اعدام	بهشت‌زهرا
۱۴	گلزار قباخلو	مادر	حمید قباخلو	سازمان چریک‌های فدایی خلق ایران (اقلیت)	تابستان ۱۳۶۷	اعدام	خاوران
۱۵	لادن بازرگان	خواهر	بیژن بازرگان	سازمان اتحادیه کمونیست‌های ایران (سربداران)	تابستان ۱۳۶۷	اعدام	خاوران
۱۶	یکی از نزدیکان ربرت پاپازیان	یکی از نزدیکان ربرت پاپازیان	ربرت پاپازیان	سازمان پیکار در راه آزادی طبقه کارگر	۲۸ تیر ۱۳۶۱	اعدام	خاوران
۱۷	منصوره بهکیش	خواهر	زهرا بهکیش	سازمان چریک‌های فدایی خلق ایران (اقلیت)	شهریور ۱۳۶۲	کشته شدن در زیر شکنجه یا در اثر خوردن سیانور	خاوران
		خواهر	محمود بهکیش	سازمان فداییان خلق ایران (اکثریت)	شهریور ۱۳۶۷	اعدام	خاوران
		خواهر	محمد علی بهکیش	سازمان چریک‌های فدایی خلق ایران (اقلیت)	شهریور ۱۳۶۷	اعدام	خاوران
		خواهر	محسن بهکیش	سازمان چریک‌های فدایی خلق ایران (اقلیت)	۲۴ اردیبهشت ۱۳۶۴	اعدام	قطعه ۹۹ بهشت‌زهرا
		خواهر	محمدرضا بهکیش	سازمان چریک‌های فدایی خلق ایران (اقلیت)	۲۴ اسفند ۱۳۶۰	کشته شدن در هنگام دستگیری	قطعه ۹۱ بهشت‌زهرا
		خواهر همسر	سیامک اسدیان	سازمان چریک‌های فدایی خلق ایران (اقلیت)	۱۳ مهر ۱۳۶۰	کشته شدن در هنگام دستگیری	گورستانی در خرم‌آباد

بهشت‌زهرا	اعدام	۱۳۶۰	سازمان مجاهدین خلق ایران	نام زندانی اعدام شده به خواست مصاحبه شونده نزد عدالت برای ایران محفوظ است	خواهر	ندا (نام مستعار)	۱۸
---------	---------	---------	------------	-----------	روزنامه‌نگار	سولماز ایکدر	۱۹
---------	---------	---------	------------	-----------	روزنامه‌نگار	رسول اصغری	۲۰
---------	---------	---------	------------	-----------	روزنامه‌نگار	رضا علیجانی	۲۱

ضمیمه چهارم

نقشه خاوران

نقشه دقیق خاوران و جزئیات مربوط به گورهای دسته جمعی و محل دفـن برخـی اعدام شدگان در صفحه ۴۴ و ۴۵ ترسیم شده است.

منابع

اسناد بین‌المللی حقوقی:

- Basic Principles and Guidelines on the Right to a Remedy and Reparation for Victims of Gross Violations of International Human Rights Law and Serious Violations of International Humanitarian Law, Adopted and proclaimed by General Assembly resolution 60/147 of 16 December 2005.

- Commission on Human Rights, Study on the right to the truth – Report of the OHCHR, E/CN.4/2006/91, 8 February 2006

- Commission on Human Rights, Updated Set of Principles for the Protection and Promotion of Human Rights through Action to Combat Impunity, UN Doc. E/CN4/2005/102/Add 1, 8 February 2005 (prepared by Diane Orentlicher), Definitions

- Declaration on enforced disappearance 1993: retrieved

- General Assembly, Basic Principles and Guidelines on the Right to a Remedy and Reparation for Victims of Gross Violations of International Human Rights Law and Serious Violations of International Humanitarian Law, A/Res/60/147, 21 March 2006 (prepared by M. Cherif Bassiouni and Theo van Boven).

- General Assembly, Declaration of Basic Principles of Justice for Victims of Crime and Abuse of Power, A/Res 40/34, 29 November 1985.

- General Assembly, Situation of human rights in the Islamic Republic of Iran, 13 October 1988, A/43/705

- General Assembly, Report of the Working Group on Enforced or Involuntary Disappearances, 2 March2012, A/HRC/19/58/Rev.1

- International Convention for the protection of All persons from Enforced Disappearance,2006.

- International Covenant on Civil and Political Rights,1996

- Promotion And Protection Of Human Rights Study On The Right To The Truth Report Of The Office Of The United Nations High Commissioner For Human Rights, E/CN.4/2006/91 8 February 2006

- Report of the working group on enforced or involuntary disappearance Human Rights Council Twenty–seventh session 2014

- Reynaldo Galindo Pohl, Interim Report annexed to Note by the Secretary General, ECOSOC Report, "Situation of Human Rights in the Islamic Republicof Iran," A/43/705, 13 October 1988 ("Interim۱۹۸۸ Report")

- Rome Statute of the International Criminal Court 2002

- UN Commission on Human Rights' 1989 Report on the Situation of Human Rights in Iran, Renaldo Galindo Phol, United Nations, 26 January 1988, Paras 15-18

- UN Commission on Human Rights Resolution on the Situation of Human Rights in Iran, 14 March 1984

- UN Sub-Commission on the Promotion and Protection of Human Rights, Question of the impunity of perpetrators of human rights violations (civil and political), 26 June 1997, E/CN.4/Sub.2/1997/20

- UN Sub-Commission on the Promotion and Protection of Human Rights, Question of the impunity of perpetrators of human rights violations (civil and political), 26 June 1997, E/CN.4/Sub.2/1997/20.

- گزارش در باره وضع حقوق بشر در جمهوری اسلامی ایران، رینالدو گالیندوپل، سازمان ملل متحد، ۲۴ بهمن ۱۳۶۹، پاراگراف ۲۱۳، قابل دسترسی در:
http://www.iranrights.org/fa/library/document/182

- گزارش گزارشگر ویژه در مورد حقوق بشر در جمهوری اسلامی ایران، تارنمای احمد شهید، ۱ آبان ۱۳۹۲، بند ۳۱، قابل دسترسی در:
http://shaheedoniran.org/english/dr-shaheeds-work/latest-reports/october-2013-report-of-the-special-rapporteur-on-the-situation-of-human-rights-in-the-islamic-republic-of-iran-2/

گزارش‌های سازمان‌های حقوق بشری:

- Amnesty International, Amnesty International Seeks To Send Mission To Iran In Effort To Stop Executions,12 October 1981, Access on www.iranrights.org/library/document/174/amnesty-international-seeks-to-send-mission-to-iran-in-effort-to-stop-executions

- Amnesty International, Law And Human Rights in The Islamic Republic of Iran, February 1, 1980,Accesse on: http://www.iranrights.org/library/document/338/law-and-human-rights-in-the-islamic-republic-of-iran

- Amnesty International,IRAN BREIFING 1987, 13 Aguste 1987, Access online at: http://www.iranrights.org/library/document/104/iran-breifing-1987

- Amnesty International, Biggest Wave Of Political Execution In Iran Since Early 1980sAI index: MDE 13/31/88 Distr: SC/PO, 13 December 1988, Access online at: http://d-n-i.abdolian.com/archive/1988/documents/AI_13_31_88.html

- بنیاد برومند، جفری رابینسون، کشتار زندانیان سیاسی ایران در سال ۱۳۶۷، ۱۳۹۰، قابل دسترسی در:
http://www.iranrights.org/fa/library/document/1380/the-massacre-of-political-prisoners-in-iran-1988-report-of-an-inquiry

- بنیاد برومند، کشتار زندانیان سیاسی در ایران، ۱۳۶۷: روایت بازماندگان و اظهارات مسئولان، ۱۹ آذر ۱۳۹۲، قابل دسترسی در:
http://www.iranrights.org/fa/library/document/2498/the-massacre-of-political-prisoners-in-iran-1988-an-addendum-witness-testimonies-and-official-statements

- جامعه دفاع از حقوق بشر در ایران، پس از ۲۵ سال، هنوز اثری از عدالت نیست، ۱۳۹۲، قابل دسترسی در:
https://www.fidh.org/IMG/pdf/report-1988_prison_executions_092013_per_.pdf

- حکم دادگاه ایران تیربیونال، ۱۷ بهمن ۱۳۹۱، قابل دسترسی در:
http://www.irantribunal.com/images/PDF/Iran%20Triibunal%20judgmeh-Final-Farsi.pdf

- عفو بین‌الملل، گزارش نقض حقوق بشر در ایران، ۱۹۹۰-۱۹۸۷: قتل عام در زندان‌ها ۱۹۸۸، ۱۰ آذر ۱۳۶۹، قابل دسترسی در:
http://www.iranrights.org/fa/library/document/349/report-on-human-rights-violations-in-iran-1987-to-1990-the-massacre-of-1988

- عفو بین‌الملل، اعدام در ایران در پرتو ضوابط بین المللی حقوق بشر ، بیش از ۱۶۰۰ حکم اعدام در سه ماه، ۲۲ آذر ۱۳۶۰ قابل دسترسی در:
http://www.iranrights.org/fa/library/document/144/executions-in-iran-in-light-of-international-human-rights-standard-june-september-1981-more-than-1600-executions

- مرکز اسناد حقوق بشر ایران، فتوای مرگبار: قتل عام زندانیان ۱۳۶۷ ایران، شهریور ۱۳۸۸، قابل دسترسی در:
http://www.iranhrdc.org/persian/permalink/3297.html#.VVs99vlViko

کتاب‌ها:

- حسینعلی منتظری، خاطرات، جلد یک، سال ۱۳۷۹
- شادی امین و شادی صدر، جنایت بی‌عقوبت، شکنجه و خشونت جنسی علیه زندانیان سیاسی زن در جمهوری اسلامی، گزارش اول: دهه ۶۰، عدالت برای ایران، آذر ۱۳۹۰
- یرواند آبراهامیان، ترجمه فرهاد مهدوی، اسلام رادیکال مجاهدین ایرانی، نشر نیما، آلمان، ۱۳۸۶
- مادران پارک لاله، مفاهیم دادخواهی به زبان ساده و مروری بر فعالیت‌های دادخواهانه، انتشارات خاوران، ۱۳۹۳

روزنامه‌ها و نشریات:

- روزنامه انقلاب اسلامی (در هجرت)، شماره ۱۸۵،شهریور ۱۳۶۷
- روزنامه اطلاعات،۳۰ فروردین ۱۳۶۰
- روزنامه آریا، ۱۴ اسفند ۱۳۷۸
- روزنامه رسالت، ۱۶ آذرماه ۱۳۶۷
- روزنامه صبح آزادگان، ۲۸ شهریور ۱۳۶۳
- روزنامه عصر آزادگان: شماره ۶۸، ۷ دی ۱۳۷۸ و شماره ۷۲، ۱۴ دی ۱۳۷۸
- فصل‌نامه باران، شماره ۱۷ و ۱۸، پاییز و زمستان ۱۳۸۶، سوئد
- ماهنامه ایران فردا: شماره ۶۳، ۱۰ آذر ۱۳۷۸ و شماره ۵۷، ۱۷ شهریور ۱۳۷۸
- ماهنامه راه کارگر، ارگان سیاسی سازمان کارگران انقلابی ایران (راه کارگر) دوره دوم، شماره ۵۵ مهر ماه ۱۳۶۷
- نشریه اکثریت شماره‌های ۲۰۸- ۲۱۸-۲۱۶ در خرداد، تیر و مرداد ۱۳۶۷
- نشریه پیام امروز، شماره ۳۸ ، نوروز ۱۳۷۹
-نشریه پیکار، ۹ شهریور ۱۳۶۰، شماره ۱۱۶
- نشریه کار، ارگان سازمان چریک‌های فدایی خلق ایران- اقلیت شماره ۱۱۲مورخ ۱۳ خرداد ۱۳۶۰

وب‌سایت‌های اینترنتی:

- احضار دوباره منصوره بهکیش از گروه مادران عزادار به وزارت اطلاعات، کمپین بین‌المللی حقوق بشر در ایران، ۱۸ شهریور ۱۳۹۲، قابل دسترسی در:
http://persian.iranhumanrights.org/1392/06/behkish_khavaran/

- آرژانتین: مادران میدان مایو، تارنمای زن‌نگار، آبان ۱۳۹۲، قابل دسترسی در:
http://zannegaar.net/content/404

- آرمان مستوفی، خاوران؛ ۲۱ سال پس از کشتار زندانیان سیاسی در سال ۶۷، رادیو فردا، ۸
شهریور ۱۳۸۸ قابل دسترسی در:
www.radiofarda.com/content/F7_Khavaran_after_21years_from_1367_Prisoners_
Massacre/1810572.html

- آنها قصد دارند گلزار خاوران را به گورستان عادی تبدیل نمایند، عصرنو، ۵ شهریور ۱۳۸۴، قابل
دسترسی در:
http://asre-nou.net/1384/shahrivar/5/m-khavaran.html

- استخوان‌های عزیزان‌مان هم در امان نیستند، اخبار روز، ۵ بهمن ۱۳۸۷، قابل دسترسی در:
http://www.akhbar-rooz.com/article.jsp?essayId=19110

- اعتراض دانشجویان به میرحسین موسوی با فریاد "میرحسین، ۶۷، جواب بده"، تارنمای فعالین
حقوق بشر و دموکراسی در ایران، ۱۴ اردیبهشت ۱۳۸۸، قابل دسترسی در:
http://hrdai.blogspot.co.uk/2009/05/67.html

- اعتراض سازمان گزارشگران بدون مرز به بازداشت آرش سیگارچی، سردبیر «گیلان امروز»، رادیو
فردا، ۲ بهمن ۱۳۸۳، قابل دسترسی در:
http://www.radiofarda.com/content/article/293031.html

- اعدام‌های ۶۷ و ماجرای صیغه کردن دختران اعدامی، خبرگزاری دانشجویی ایران (ایسنا)، ۲۷
شهریور ۱۳۹۲، قابل دسترسی در:
http://goo.gl/GGeXQD

- اعدام دو زندانی دیگر در جمهوری اسلامی، دویچه وله، ۷دی ۱۳۸۹ قابل دسترسی در:
http://goo.gl/AvGewu

- افراد ناشناس قبرهای اعدامیان سیاسی دهه ۶۰ را در گورستان خاوران تخریب کردند، رادیو فردا،
۲۷ آبان ۱۳۸۴، قابل دسترس در:
http://www.radiofarda.com/content/article/313353.html

- اکبر گنجی، نگاهی دیگر: خاطرات اکبر هاشمی رفسنجانی و حذف روایت کشتار ۶۷، بی‌بی‌سی
فارسی، ۸ تیر ۱۳۹۰،قابل دسترسی در:
http://www.bbc.co.uk/persian/iran/2011/06/110629_l13_hashemi_memoirs_ganji.sh
tml

- باز هم به خاوران خواهیم رفت، تارنمای بیداران، ۶ شهریور ۱۳۸۸، قابل دسترسی در:
http://www.bidaran.net/spip.php?article246

- بازداشت جعفر اقدامی، زندانی سیاسی سابق در مراسم خاوران، مجموعه فعالان حقوق بشر، ۱۸
شهریور ۱۳۸۷، قابل دسترسی در:
http://news.gooya.com/politics/archives/2008/09/076301.php

- برجام نیاز به ارجاع به مجلس ندارد، خبرگزاری جمهوری اسلامی ایران (ایرنا)، ۱۱ شهریور
۱۳۹۴، قابل دسترسی در:
http://www.irna.ir/fa/News/81744662/

- بهرام مرادی، یاد کاک اسماعیل، نقشی جاوید در خاطره زمانه، اخبار روز، ۲۸ بهمن ۱۳۹۰، قابل دسترسی در:
http://www.akhbar-rooz.com/article.jsp?essayId=43755

- بیوگرافی آرش سیگارچی در وبلاگ شخصی‌اش
http://www.sigarchi.com/Arash/aboutme-01.htm?we

- پیام مادران خاوران هنگام دریافت جایزه گوانگجو، تارنمای عدالت برای ایران، ۲۸ اردیبهشت ۱۳۹۳، قابل دسترسی در:
http://justice4iran.org/persian/publication/articles/mothers-of-khavaran-gwangju-award/

- تخریب خاوران را متوقف کنید، تارنمای کمپین بین‌المللی حقوق بشر در ایران، ۱۷ بهمن ۱۳۸۷، قابل دسترسی در:
http://bit.ly/1bzJT6d

- تعدد روزنامه نگاران زندانی، نشانی از حقانیت جنبش سبز، تارنمای کلمه، ۱۳ مرداد ۱۳۸۹، قابل دسترسی در:
http://www.kaleme.com/1389/05/13/klm-27824/

- تورج طاهباز، مهرنوش سلوکی: بازداشت زندگی مرا دگرگون کرد، رادیو فردا، ۲ بهمن ۱۳۸۶، قابل دسترسی در:
http://www.radiofarda.com/content/f3_solouki_jailedfilmmaker/431396.html

- جعفر بهکیش، امسال هم ماموران از برگزاری مراسم دهم شهریور ماه در گورستان خاوران جلوگیری کردند، ۸ شهریور ۱۳۹۲، قابل دسترسی در:
http://jafar-behkish.blogspot.co.uk/2013/08/blog-post_30.html

- جعفر بهکیش، امسال هم ماموران از برگزاری مراسم دهم شهریور ماه در گورستان خاوران جلوگیری کردند، ۸ شهریور ۱۳۹۲، قابل دسترسی در:
http://jafar-behkish.blogspot.co.uk/2013/08/blog-post_30.html

- جعفر بهکیش، چرا به آنچه در خاوران اتفاق میافتد معترض هستم وبلاگ من از یادت نمی کاهم، ۲۰ بهمن ۱۳۸۷، قابل دسترسی در:
http://jafar-behkish.blogspot.co.uk/2009/02/blog-post.html

- جعفر بهکیش، خاوران، دوم خرداد ۷۶ و دهمین سالگرد قتل عام تابستان ۶۷، وبلاگ من از یادت نمی‌کاهم، ۱۷ آذر ۱۳۸۷، قابل دسترسی در:
http://jafar-behkish.blogspot.co.uk/2008/12/76-67.html

- جعفر بهکیش، در خلوت روشن با تو گریسته ام برای خاطر زندگان، تارنمای بیداران، ۱۵ مهر ۱۳۸۵، قابل دسترسی در:
http://www.bidaran.net/spip.php?article86

- جعفر بهکیش، گفتمان دادخواهی و «مادران خاوران»، وبلاگ من از یادت نمی‌کاهم، ۲۷ اسفند ۱۳۹۱، قابل دسترسی در:
http://jafar-behkish.blogspot.co.uk/2013/03/blog-post.html

- جعفر بهکیش، نگاهی به تجربه "کانون دفاع از زندانیان سیاسی (داخل کشور)"، تارنمای بیداران،
۲۰ مهر ۱۳۸۴، قابل دسترسی در:
http://www.bidaran.net/spip.php?article83

- جعفر بهکیش، نگاهی به تجربه کانون دفاع از زندانیان سیاسی (داخل کشور)، تارنمای بیداران،
۲۰ مهر ۱۳۸۴، قابل دسترسی در:
http://www.bidaran.net/spip.php?article83

- جعفر بهکیش، نگاهی به مقاله آقای همنشین بهار به نام انسان، گرگ انسان است، در حاشیه قتل
عام سال ۶۷، جعفر بهکیش، گویا نیوز، ۱۵ شهریور ۱۳۸۴، قابل دسترسی در:
http://news.gooya.com/politics/archives/035461.php

- جعفر بهکیش، اعدام‌های ۶۷ و اصلاح طلبان حکومتی، روزآنلاین، ۲ شهریور ۱۳۸۹، قابل
دسترسی در:
http://www.roozonline.com/persian/news/newsitem/article/67-1.html

- جعفر بهکیش، سیاست حافظه، رادیو زمانه، ۱۹ شهریور ۱۳۹۳، قابل دسترسی در:
http://www.radiozamaneh.com/174334

- جلوگیری از برگزاری مراسم یابود اعدام‌شدگان سال ۶۷ در خاوران، رادیو فردا، ۶ شهریور ۱۳۸۹،
قابل دسترسی در:
http://www.radiofarda.com/content/o2_iran_mass_executions_anniversary/2139668
.html

- جنبش دادخواهی ایران در سوگ فقدان پروانه میلانی، عدالت برای ایران، ۱۴ دی ۱۳۹۳، قابل
دسترسی در:
http://justice4iran.org/persian/publication/call-for-action/parvaneh-milani/

- چهار مرد و یک زن به اتهام "عضویت در گروه‌های ضد انقلاب" اعدام شدند، بی بی سی فارسی،
۱۹ اردیبهشت ۱۳۸۹، قابل دسترسی در:
http://www.bbc.com/persian/iran/2010/05/100509_l01_execution_kamangir

- خاوران، نامی است برای فراموش نکردن، رضا معینی، نشریه آرش، منتشر شده در تارنمای
خاوران، شهریور ۱۳۸۱، قابل دسترسی در:
http://www.bidaran.net/spip.php?article48

- دادنامه سرگشاده پروانه میلانی به رئیس‌جمهور، تارنمای مادران پارک لاله، ۲۸ مرداد ۱۳۹۲،
قابل دسترسی در:
http://www.mpliran.org/2013/08/blog-post_19.html

- در سوگ برفوننه، از گروه "مادران شنبه"، بی بی سی فارسی، ۱۲ اسفند ۱۳۹۱، قابل دسترسی در:
http://www.bbc.com/persian/iran/2013/03/130302_l93_barfoo.shtml
Also: Jonathon Burch, Turkey's Kurdish 'Saturday Mothers' hold 500th vigil for the
disappeared, Rudaw, 25/10/2014, Access online
at: http://rudaw.net/english/middleeast/turkey/251020141

- خاوران که ۱۶ شهریور ۱۳۹۲ برای نخستین بار در یوتیوپ منتشر شد و نام سازنده آن اعلام
نشده است. قابل دسترسی در:
https://www.youtube.com/watch?v=tLqmnSpf260

- درباره خاوران مجازی، تارنمای بیداران، ۲۲ اردیبهشت ۱۳۸۹، قابل دسترسی در:
http://www.bidaran.net/spip.php?article270

- دو ماه از بستن درهای خاوران گذشت!، تارنمای بیداران، ۱۵ خرداد ۱۳۸۸، قابل دسترسی در:
http://www.bidaran.net/spip.php?article230

- دو متهم به جاسوسی برای موساد و عضویت در سازمان مجاهدین خلق اعدام شدند، رادیو فردا،
۷ دی ۱۳۸۹، قابل دسترسی در:
http://www.radiofarda.com/content/f10_iran_executed_one_iranian_convicted_of_s
pying_for_israel/2261044.html

- دومین سالگرد اعدام فرزاد کمانگر در گفتگو با مهرداد کمانگر، خبرگزاری هرانا، ۱۹ اردیبهشت
۱۳۹۱، قابل دسترسی در:
https://hra-news.org/fa/uncategorized/1-10955

- رضا معینی، جعفر بهکیش، جهت اطلاع آقای علیرضا جمشیدی سخنگوی قوه قضاییه، تارنمای
بیداران، ۱۳ بهمن ۱۳۸۷، قابل دسترسی در:
http://www.bidaran.net/spip.php?article211

- رضامعینی در مصاحبه با کامبیز حسینی، مادرم تا لحظه مرگ ندانست فرزندش کجا دفن شده
است، کمپین بین‌المللی حقوق بشر در ایران، ۸ شهریور ۱۳۹۲، قابل دسترسی در:
http://persian.iranhumanrights.org/1392/06/hosseini_moini/

- زندگینامه مادر میلانی،ایران تریبونال، قابل دسترسی در:
http://www.irantribunal.com/images/PDF/Madar-Milani-Bio.pdf

- زندگینامه مادر معینی، ایران تریبونال، قابل دسترسی در:
http://www.irantribunal.com/images/PDF/Madar-Moeini-Bio.pdf

- زندگینامه مادر ریاحی، ایران‌تریبوتال، قابل دسترسی در:
http://www.irantribunal.com/images/PDF/Madar-Reyahi.pdf

- زندگینامه مادر سرحدی‌زاده،ایران تریبونال، قابل دسترسی در:
http://www.irantribunal.com/images/PDF/Madar-Sarhad-Sitei.pdf

- شبکه زنان و قوانین در جوامع مسلمان، «مادران خاوران» را نامزد دریافت جایزه حقوق بشر
سازمان ملل می کند، تارنمای شبکه زنان و قوانین در جوامع مسلمان، قابل دسترسی در:
http://farsidari-wluml.org/?p=2080

- شکایت‌نامه‌های خانواده‌های زندانیان اعدامی ۱۳۶۷ – ۱۳۸۲ ،تارنمای بیداران،۱۰ مهر ۱۳۸۲،
قابل دسترسی در:
http://www.bidaran.net/spip.php?article25

- صنم دولتشاهی، مادران خاوران، زنان برگزیده سال، رادیو زمانه، ۱۵ تیر ۱۳۸۷، قابل دسترسی در:
http://zamaaneh.com/special/2008/07/post_596.html

- فروغ تاجبخش (مادر لطفی) در حمله مامورا اطلاعاتی به منزلش دچار سکته شده و در
بیمارستان بستری شده‌اند، تارنمای بیداران، ۷ خرداد ۱۳۸۹، قابل دسترسی در:
http://www.bidaran.net/spip.php?article273

- فهرست اعدام‌شدگان دهه ۶۰ منتشر شده از سوی کمیسیون حقوق بشر ایران در سوئد قابل دسترسی در:
http://www.komitedefa.org/text/edamha.pdf

- کتاب سیاه ۶۷، اسناد نسل‌کشی کمونیست‌ها، انقلابیون و زندانیان سیاسی ایران، نشر گفت‌وگوهای زندان، ۱۳۷۸، قابل دسترسی در:
http://www.dialogt.net/fileadmin/goftegoohs/ketab%20Siah67.pdf

- کریم دحیمی، اعدام شهروندان عرب ایرانی از انقلاب تا کنون، بی بی سی فارسی، ۲۶ شهریور ۱۳۹۲، قابل دسترسی در:
http://www.bbc.com/persian/iran/2013/09/130917_25_anniversary_arabs_execution_political

- کنوانسیون حمایت از ناپدیدشدگان قهری الزام آور شد، فدراسیون بین‌المللی جامعه های حقوق بشر،۲ دی ۱۳۸۹، قابل دسترسی در:
https://goo.gl/xhTl0o

- گزارش دیدار کمیته خاوران در نروژ با احمد شهید،گویا نیوز، ۴ آذر ۱۳۹۱، قابل دسترسی در:
http://news.gooya.com/politics/archives/2012/11/150942.php

- گزارشی از مراسم بزرگداشت قربانیان کشتار ۶۷، تارنمای عصرنو، ۱۰ شهریور ۱۳۸۷، قابل دسترسی در:
http://asre-nou.net/php/view.php?objnr=43

- گفت و گوی سایت مادران پارک لاله با آسیب دیدگان خشونت های دولتی- پروانه میلانی، تارنمای مادران پارک لاله، ۲۴ آذر ۱۳۹۲، قابل دسترسی در:
http://www.mpliran.org/2013/12/4.html

- گفت‌وگوی اختصاصی خودنویس با زهرا رهنورد، تارنمای خودنویس، ۲۰ مهر ۱۳۸۹، قابل دسترسی در:
https://khodnevis.org/article/42512#.VYLvR_lVhBc

- گفت‌وگو با جعفر بهکیش، خانواده قتل عام شده،اخبار روز، ۳ شهریور ۱۳۹۲، قابل دسنرسی در:
http://www.akhbar-rooz.com/article.jsp?essayId=54845

- گفت‌وگو با معزز خواهشی، تارنمای مادران پارک لاله، تارنمای مادران پارک لاله ، اسفند ۱۳۹۲، قابل دسترس در:
http://www.mpliran.org/2014/03/6.html

- گفت‌وگو با مینا لبادی، تارنمای مادران پارک لاله، ۱۵ مهر ۱۳۹۲، قابل دسترسی در:
http://www.mpliran.org/2013/10/1.html

- گفت‌وگو شکوفه منتظری با منیره برادران، از جنازه های در باغچه تا خاوران مجازی، رادیو زمانه، قابل دسترسی در:
http://www.bidaran.net/spip.php?article277

- گفت‌وگوی مادران عزادار با مادر بهکیش، تارتمای ایران تریبونال، ۳۰ اردیبهشت ۱۳۸۹، قابل دسترسی در:
http://www.irantribunal.com/index.php/fa/news/2012-12-29-22-09-13/77-2012-12-25-19-34-41

- علی‌اصغر ضیغمی، بیداران، قابل دسترسی در:
http://www.bidaran.net/spip.php?breve457

- لادن بازرگان، آیا می‌توان کشتار سال ۶۷ را بخشید و یا فراموش کرد؟، تارنمای بیداران، ۲۴ شهریور ۱۳۹۰، قابل دسترسی در:
http://www.bidaran.net/spip.php?article304

- م. رها، گلزار خاوران، تارنمای بنیاد برومند، ۱۲ دی ۱۳۷۵، قابل دسترسی در:
http://www.iranrights.org/fa/library/document/190/khavaran-rose-garden-the-story-of-a-mass-grave

- مادر انصاری (عصمت یوسفی) درگذشت، تارنمای بیداران، ۵ بهمن ۱۳۸۸، قابل دسترسی در:
http://www.bidaran.net/spip.php?article261

- مادر سرحدی درگذشت، اخبار روز، ۷ اردیبهشت ۱۳۹۲، قابل دسترسی در:
http://www.akhbar-rooz.com/article.jsp?essayId=52412

- مادران خاوران در گوانگجو، صدایی برای دادخواهی کشته‌شدگان دهه ۶۰ ، تارنمای عدالت برای ایران، ۲۶ اردیبهشت ۱۳۹۳، قابل دسترسی در:
http://justice4iran.org/persian/reports/mothers-of-khavaran-gwangju/

- مادران خاوران در مراسم اهدای جایزه گوانگجو: تا زمانی که جان در بدن داریم، برای کشف حقیقت تلاش خواهیم کرد، تارنمای عدالت برای ایران، ۲۸ اردیبهشت ۱۳۹۳، قابل دسترسی در:
http://justice4iran.org/persian/reports/award-mothers-of-khavaran/

- محمدحسین رمضانی قوام آبادی، مهین سبحانی، برنامه‌های جبران خسارت جوامع انتقالی، فصلنامه سیاست جهانی، دوره۲، شماره ۱، بهار ۱۳۹۲، صفحه ۱۵۱-۱۱۷، قابل دسترسی در:
http://interpolitics.guilan.ac.ir/article_744_199.html

- مدافعان حقوق بشر از ایران، کامبوج، کنیا، ازبکستان، کلمبیا و موریتانی برای جایزه فرانت لاین برای مدافعان حقوق بشر در معرض خطر سال ۲۰۱۳ نامزد شدند، تارنمای فرانت لاین، قابل دسترس در:
https://www.frontlinedefenders.org/fa/node/21548

- مراسم هجدهمین سالگرد قتل عام هزاران زندان سیاسی در گورستان خاوران تحت کنترل نیروهای امنیتی حکومت برگزار شد، رادیو فردا، ۱۰ شهریور ۱۳۸۵، قابل دسترسی در:
http://www.radiofarda.com/content/article/287244.html

- مراسم هجدهمین سالگرد قتل عام هزاران زندان سیاسی در گورستان خاوران تحت کنترل نیروهای امنیتی حکومت برگزار شد، رادیو فردا، ۱۰ شهریور ۱۳۸۵، قابل دسترسی در:
http://www.radiofarda.com/content/article/287244.html

- مریم محمدی، بی‌اطلاعی از سرنوشت بازداشت‌شدگان مراسم خاوران، رادیو زمانه،۱۵ شهریور ۱۳۸۷، قابل دسترسی در:
http://zamaaneh.com/humanrights/2008/09/post_291.html

- مصاحبه با محمدرضا معینی، سکوت در مورد کشتار ۶۷ به نفع هیچ‌کس نیست، رادیو زمانه،۲۰ شهریور ۱۳۸۷

منصوره بهکیش، آقای روحانی صدای ما را بشنوید، تارنمای مادران پارک لاله، ۱۶ مرداد ۱۳۹۲، قابل دسترسی در:

http://zamaaneh.com/daneshvar/2008/09/print_post_101.html

- منصوره بهکیش، باز هم تهدید و ارعاب برای رفتن به خاوران!، اسفند ۱۳۸۸، تارنمای بیداران، قابل دسترسی در:

http://www.bidaran.net/spip.php?article269

- منصوره بهکیش، خاوران و بحران پاسخ‌گویی و مسئولیت‌پذیری حکومت، تارنمای اخبار روز، ۸ شهریور ۱۳۹۴، قابل دسترسی در:

http://www.akhbar-rooz.com/article.jsp?essayId=68956

- منصوره بهکیش، در خاوران چه گذشت؟ ایران امروز، ۱۰ شهریور ۱۳۸۵، قابل دسترسی در:
http://www.iran-emrooz.net/index.php?/news1/more/10033

- منصوره بهکیش، ساک‌هایی که مسافری به همراه نداشت، مادران پارک لاله ایران، ۴ آذر ۱۳۹۳، قابل دسترسی در:

http://www.mpliran.org/2014/11/blog-post_89.html

- منصوره بهکیش، مادر سرحدی، یکی دیگر از مادران خاوران از میان ما رفت، تارنمای بیداران، ۸ اردیبهشت ۱۳۹۲، قابل دسترسی در:

http://www.bidaran.net/spip.php?article321

- منصوره بهکیش، مقاومت مادران و خانواده‌های خاوران، حکومت را به عقب‌نشینی وادار کرد، ۸ شهریور ۱۳۹۳، تارنمای گویا نیوز، قابل دسترسی در:
http://news.gooya.com/politics/archives/2014/08/185249print.php

- منصوره بهکیش،گیریم که ببندید و بگیرید و بکشید، با رویش جوانه‌ها چه می‌کنید، گویا نیوز، ۴ شهریور ۱۳۸۸، قابل دسترسی در:
http://news.gooya.com/politics/archives/2009/08/092752.php

- منصوره بهکیش، مادر سرحدی، یکی دیگر از مادران خاوران از میان ما رفت، وب سایت بیداران، ۸ اردیبهشت ۱۳۹۲، در این نشانی اینترتی:
http://www.bidaran.net/spip.php?article321

- منیره برادران، فاجعه۶۷، نماد جنایت‌های جمهوری اسلامی، مجله آرش، شماره ۱۰۳ ،ص -۱۴۵ ۱۴۶، قابل دسترسی در:
http://arashmag.com/wp-content/uploads/2013/08/%D8%A2%D8%B1%D8%B4-
103-%D8%B5-144-%D8%AA%D8%A7-209.pdf

- مهدی اصلانی، نوزده بهمن؛ موسی خیابانی؛ سیاهکل؛ پایکوبی اکثریت، گویا نیوز، ۱۹ بهمن ۱۳۹۲، قابل دسترسی در:
http://news.gooya.com/politics/archives/2014/02/175014.php

- موضع گیری مقامات وقت دربارهٔ اعدام‌های دهه ۶۰، بی‌بی‌سی فارسی، ۲۱ شهریور ۱۳۹۲، قابل دسترسی در:
http://www.bbc.com/persian/iran/2013/09/130912_25_anniversary_authoriteis_spe
ech_nm

- میرحسین در جمع اصحاب رسانه: تعدد روزنامه نگاران زندانی، نشانی از حقانیت جنبش سبز، تارنمای کلمه، ۱۳ مرداد ۱۳۸۹، قابل دسترسی در:
http://www.kaleme.com/1389/05/13/klm-27824/

- میهن روستا، متن سخنرانی در برنامه بزرگداشت جان باختگان ۶۷ در مراسم یادمان فرانکفورت، تارنمای بیداران، ۲۶ شهریور ۱۳۸۵، قابل دسترسی در:
http://www.bidaran.net/spip.php?article117

- نادر کرمی، ۱۷ سال حبس برای حضور در خاوران، روز آنلاین، ۲۰ آبان۱۳۸۷ قابل دسترسی در:
www.roozonline.com/persian/news/newsitem/archive/2008/november/10/article/17-2.html

- ناصرمهاجر، «جنبش مادران خاوران»،سالنامه نوزدهمین کنفرانس بنیاد پژوهش‌های زنان ایران، ۲۰۰۹، منتشر شده در تارنمای بیداران، قابل دسترسی در:
http://www.bidaran.net/spip.php?article231

- نامه سرگشاده تعدادی از خانواده‌های اعدام‌شدگان دهه شصت، تارنمای گویا نیوز، ۲۹ اسفند ۱۳۸۷، قابل دسترسی در:
http://news.gooya.com/politics/archives/2009/03/085328.php

- یک سرگذشت: علیرضا اسکندری، بنیاد برومند، قابل دسترسی در:
https://www.iranrights.org/fa/memorial/story/-4277/ali-reza-eskandari

- یک سرگذشت،علی ماهباز، بنیاد برومند، قابل دسترسی در:
https://www.iranrights.org/fa/memorial/story/33594/ali-mahbaz

- یک سرگذشت: انوشیروان لطفی، بنیاد برومند، قابل دسترسی در:
http://www.iranrights.org/fa/memorial/story/-4280/anushirvan-lotfi

- یک سرگذشت: هبت‌الله معینی، بنیاد برومند، قابل دسترسی در:
http://www.iranrights.org/fa/memorial/story/-5240/heybatollah-moini-chagharvand

- یک سرگذشت: بیژن بازرگان، بنیاد برومند، قابل دسترسی در:
https://www.iranrights.org/fa/memorial/story/-7227/bijan-bazargan

- یک سرگذشت: کوروش گلچوبیان، بنیاد برومند، قابل دسترسی در:
http://www.iranrights.org/fa/memorial/story/-7089/kurosh-golchubian

- یک سرگذشت: منوچهر سرحدی‌زاده، بنیاد برومند، قابل دسترسی در:
http://www.iranrights.org/fa/memorial/story/-4965/manuchehr-sarhadi

- یک سرگذشت: حمید منتظری، بنیاد برومند، قابل دسترسی در:
http://www.iranrights.org/fa/memorial/story/-5336/hamid-montazeri

- یک سرگذشت: بهمن رستمی، بنیاد برومند، قابل دسترسی در:
http://www.iranrights.org/fa/memorial/story/-4831/rostam-bahmani

- یک سرگدشت: علی مهدی‌زاده، بنیاد برومند، قابل دسترسی در:
http://www.iranrights.org/fa/memorial/story/33595/ali-mehdizadeh-valujerdi

- یک سرگذشت: رحیم حسین‌پور رودسری، بنیاد برومند، قابل دسترسی در:
http://www.iranrights.org/fa/memorial/story/33590/rahim-hosseinpur-rudsari

- یک سرگذشت: پروین آبکناری، بنیاد برومند، قابل دسترسی در:
https://www.iranrights.org/fa/memorial/story/-4255/parvin-goli-abkenari

- یک سرگذشت: ربرت پاپازیان، بنیاد برومند، قابل دسترسی در:
http://www.iranrights.org/fa/memorial/story/-5136/robert-papazian

- یک سرگذشت: فاطمه زارعی، بنیاد برومند، قابل دسترسی در:
https://www.iranrights.org/fa/memorial/story/-5311/fatemeh-zarei

- یک سرگذشت: محسن بهکیش، بنیاد برومند، قابل دسترسی در:
http://www.iranrights.org/fa/memorial/story/36177/mohsen-behkish

- یک سرگذشت: زهرا بهکیش، بنیاد برومند، قابل دسترسی در:
http://www.iranrights.org/fa/memorial/story/36175/zahra-behkish

- یک سرگذشت: محمود بهکیش، بنیاد برومند، قابل دسترسی در:
http://www.iranrights.org/fa/memorial/story/-5210/mahmud-behkish

- یک سرگذشت: محمدعلی بهکیش، بنیاد برومند، قابل دسترسی در:
http://www.iranrights.org/fa/memorial/story/-5214/mohammad-ali-behkish

- یک سرگذشت: منوچهر سرحدی، بنیاد برومند، قابل دسترسی در:
http://www.iranrights.org/fa/memorial/story/-4965/manuchehr-sarhadi

- Baha'i International Community deplores destruction of Khavaran
cemetery,Bahaei world news service, 30 January 2009, Access online at:
http://news.bahai.org/story/691

فهرست نام‌ها